科学が教える

山歩き超入門

監修
能勢 博（信州大学医学部特任教授）
山本 正嘉（鹿屋体育大学 教授）
猪熊 隆之（株式会社ヤマテン 代表）
宮内 佐季子（アドベンチャーレーサー）

エクシア出版

はじめに

「山は逃げない」。
「登りたい山」より「登れる山」。
すべての登山者が胸に刻むべき言葉である。

登山は危険が潜んでいるスポーツだが、きちんとリスクを避けた計画を立て、いざというときの行動を想定しておけば、危険は最小限に抑えられる。

しかし登りたい山を優先するあまり、無謀な登山計画を立て、計画段階ですでに遭難しているケースも少なく

ない。

本書では、体力や遭難、天気図や地図の読み方、登山に必要な道具や使い方を、それぞれの分野のエキスパートが紹介している。

本書の目的は、登山で最高の体験をしてもらうこと。そしてそのために、自分たちで危険を排除できるようになっていただくこと。

本書がみなさんの喜びを倍増させる手助けになれば幸いである。

科学が教える 山歩き超入門 目次

本書は、2017年刊行『登山の科学』、2019年刊行『最新！登山の科学』（いずれも洋泉社MOOK）の内容を改訂し、新規原稿を追加して再構成したものです。

PART 2 登山と体力の関係とは

PART 3 登山に必要な体力を養うエクササイズ

PART 4 山に登るなら知っておきたい気象の科学

PART 5 地図ぎらいのための読図入門

監修

能勢 博（のせ・ひろし）

1952年生まれ、京都府立医科大学医学部卒業。京都府立医科大学助手、米国イエール大学医学部博士研究員、京都府立医科大学助教授、信州大学医学部教授などを経て現在、信州大学医学部特任教授。これまでのウォーキングの常識を変えたといわれるインターバル速歩を提唱。インターバル速歩について書かれた論文は国外でも高く評価されNew York Times でも紹介された。長野県の常念岳診療所長などを歴任。著書に『いくつになっても自分で歩ける！「筋トレ」ウォーキング』（青春出版社）、『山に登る前に読む本』（講談社）、『「もう山でバテない！インターバル速歩」の威力』（山と渓谷社）など。

PART 1 山でバテない歩き方

登山でいちばん心配なことの1つが「バテる」こと。このパートでは、登山に必要な体力とバテてしまう原因、理想の歩き方と今すぐに始められるエクササイズを紹介する。

01
山でバテない歩き方

登山に必要な体力とは

持久力の大きな決定要因は心臓の機能

体力は持久力や筋力（瞬発力、パワー）、平衡性、バランス感覚、柔軟性などに分けられる。登山にもこれらの要素が必要だが、なかでも重要となるのが持久力と筋力だ。

持久力は、1分間あたりの最大酸素消費量（図1–1）で表され、心臓の機能が大きな決定要因となる。

また、筋肉のなかにどのくらいの速度で酸素を取り込めるのかも大切な要素で、この

図1-1 最大酸素消費量の加齢による変化

15歳から16歳をピークに、10歳年をとるごとに5～10mℓ/kg/分ずつ低下する。例えば40歳で40mℓ/kg/分あった最大酸素消費量は、50歳になると35mℓ/kg/分になり、13%の体力の低下が起きたことになる

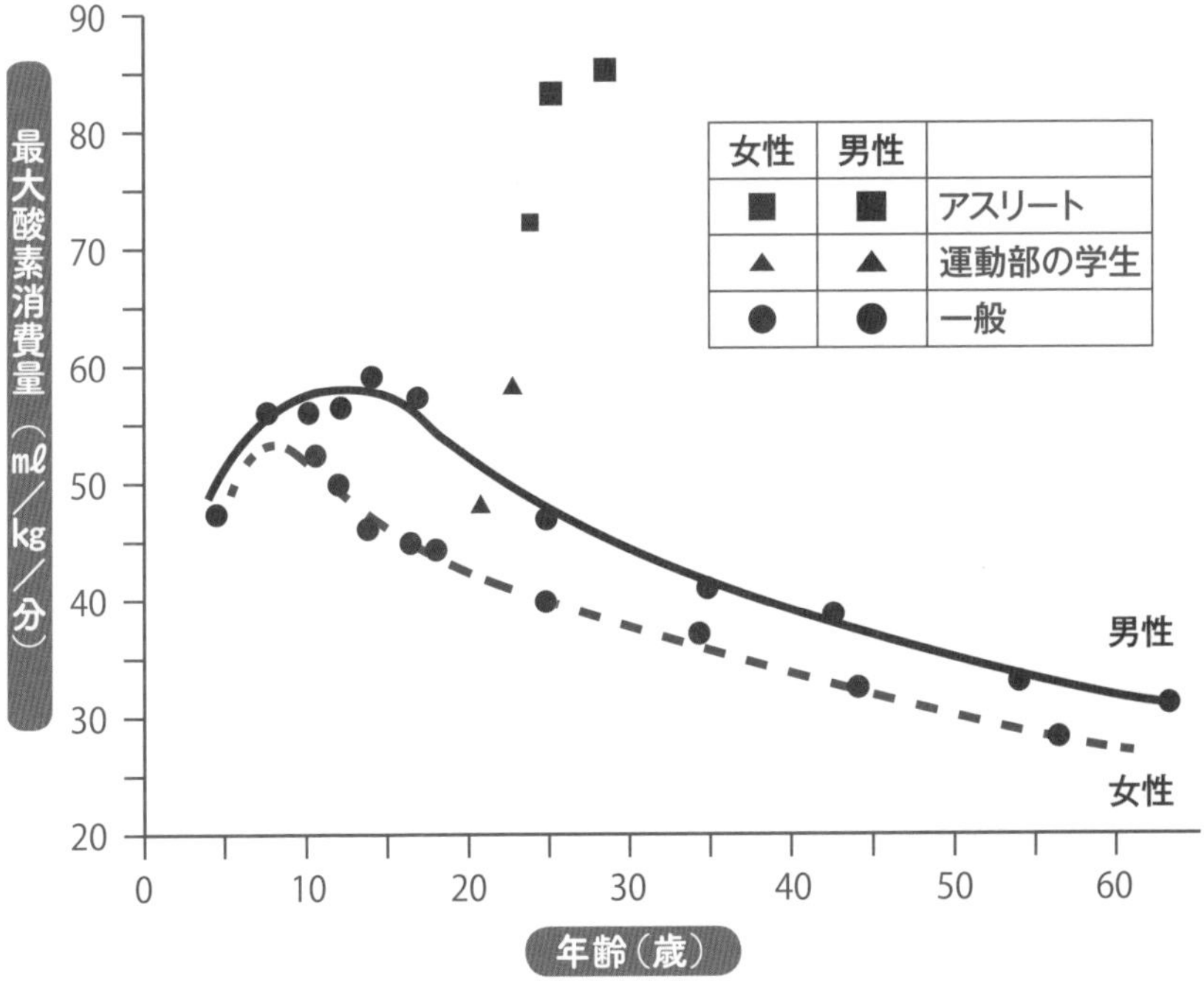
最大酸素消費量（mℓ/kg/分）
90
80
70
60
50
40
30
20
0
10
20
30
40
50
60
年齢（歳）
女性
男性
アスリート
運動部の学生
一般
男性
女性

出典：Astrand et al.Textbook of work physiology p337, McGraw-Hill,1986

2つが持久力の決定要因となる。

　心臓の働きは血液の量によって決まる。血液は心臓のポンプ機能によって全身を巡り、再び心臓に戻ってくるが、この心臓に戻る量が多いほど、心臓が1回で拍出する血液量は大きくなる。そのために重要となるのが下肢、特にふくらはぎの筋肉である。

　実は心臓のポンプ機能は、心臓より低い位置にある血液をくみ上げることができない。そのため下肢の筋肉によるポンプ機能を使って、心臓へ血液を戻している。

　人の酸素消費量と血液量は、加齢とともに低下する。しかし血液量はトレーニングによ

図1-2 心臓の働きとポンプ機能

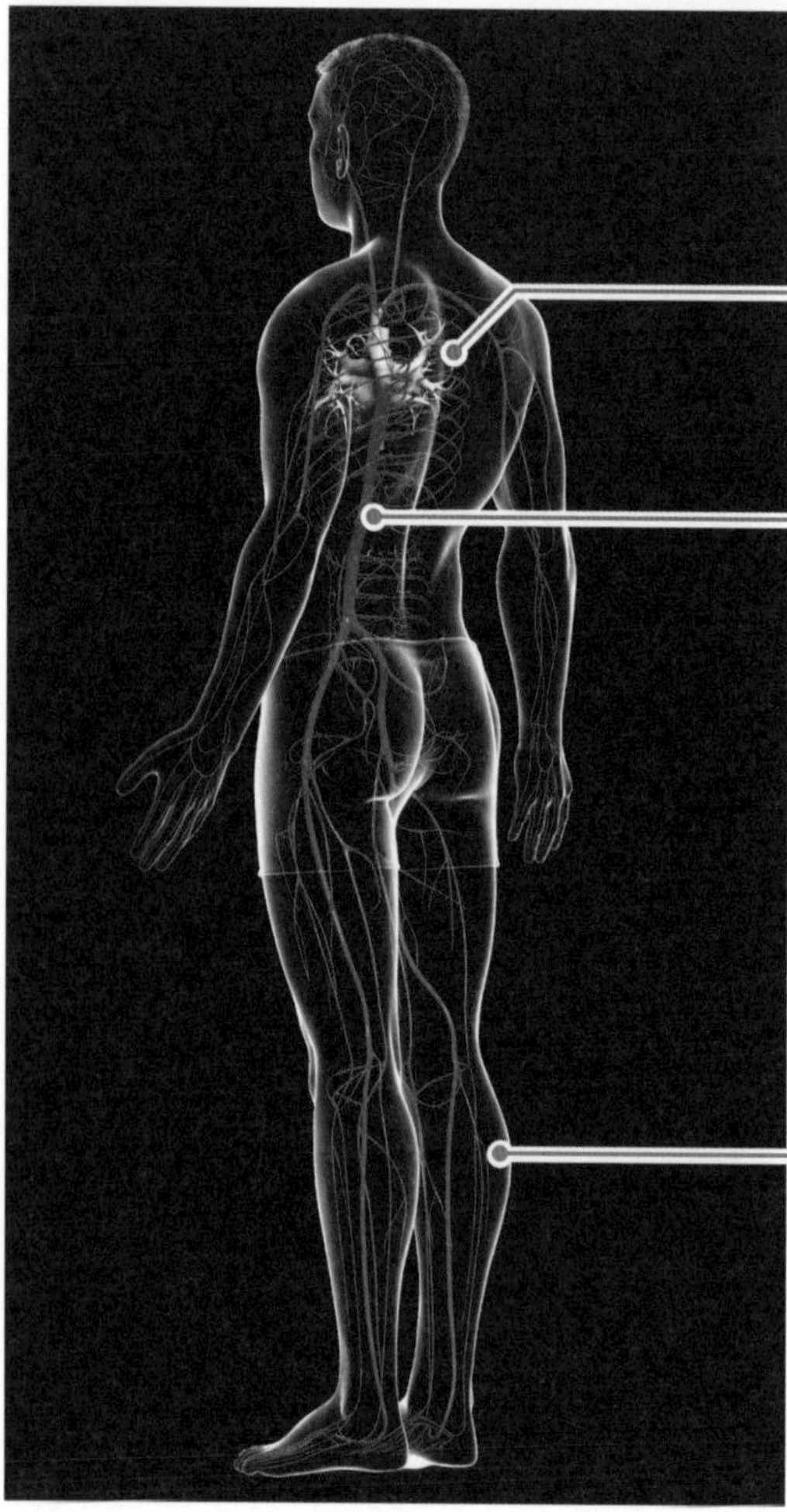
心臓
心臓の働きは血液の量によって決まる
血液
心臓のポンプ機能によって全身を巡り、再び心臓に戻ってくる。心臓に戻る量が多いほど、心臓が1回で拍出する血液量は大きくなる。
ふくらはぎの筋肉
心臓のポンプ機能は、心臓より低い位置にある血液をくみ上げることができないため、下肢の筋肉によるポンプ機能を使って、心臓へ血液を戻している

って増やすことができ、それによって持久力の低下が少なからず防げるようになる。

もう1つの体力要因である筋力

筋力は、収縮力とパワー、筋持久力に分けられる。

収縮力は短時間で発揮される瞬間的な力であり、危険な箇所を一気に通り抜ける際などに使う。

次にパワーは、収縮力よりも働く時間が長くなる。登山では体や荷物を、標高差分だけ持ち上げる際などに使われる（主に下肢筋肉のパワー）。

そして筋持久力。これは一定の強度の運動をどのくらいの時間継続させられるかで評

図1-3 体力＋荷重と獲得高度(m/時間)の関係

最大酸素消費量と荷物の重さが登山（高度獲得速度）に及ぼす影響をまとめた表。当然のことながら、体重に対する荷物の比率が大きいほど、体力は低下しやすくなる。表の見方だが、例えば体重60kg で最大酸素消費量が30ml/kg/分の人が、6kg 荷物を背負った場合（荷重10%)、1時間で203mの高度を獲得できる（登れる）ことになる

最大酸素消費量	荷重(%体重)				
(mℓ/kg/分)	0%	10%	20%	30%	40%
10	75	68	60	53	45
20	150	135	120	105	90
30	225	203	180	158	135
40	300	270	240	210	180
50	375	338	300	263	225
60	450	405	360	315	270

価される。

登山では同じペースでどのくらいの時間を歩けるかという能力であり、行程の所要時間や山を選ぶ際には非常に重要となる。

特に登山で必要になる筋持久力を継続的に発揮するには、十分な酸素が必要になる。つまり先ほどの持久力（最大酸素消費量）と密接な関わりがあり、登山を想定したトレーニングの重要性につながる。

持久力と筋力だけでなく、ほかにも大切な能力がある。例えばバランスを保つための平衡感覚やケガのリスクを減らすための柔軟性、それに体への負担を和らげる姿勢などである。

登山で疲労する3つの原因

乳酸は多くの疲労を引き起こす

激しい運動をした後の筋肉痛。この原因の1つは乳酸（正確には乳酸分泌に伴って産生される水素イオン）によるものだ。乳酸は最大体力の強度60％以上の運動をした際に筋肉で産出される。

乳酸は筋肉痛だけでなく、血液中に分泌されることで息切れを引き起こす。

さらに乳酸は原料がブドウ糖であり、筋肉中のグリコーゲンを消耗してしまう。この

図1-4 乳酸を産生させない

乳酸は最大体力の強度60%以上の運動をした際に筋肉から産出され、多くの疲労を引き起こす。できるだけ乳酸を産出させないよう、ゆっくりと歩くことが大切になる

グリコーゲンとは、エネルギーを体内に一時的に保存しておくための物質である。そして分子レベルでは、もっともエネルギーに変換されやすい栄養素であるブドウ糖がたくさんつながった構造になっている。

また乳酸の産生は、主に皮膚血流による体温調節機能を低下させ、体温の上昇がおきる。その結果、心臓への直接作用によって心拍数が上昇し、主観的な疲労感が増大する。この際、交感神経活動も上昇するが、これによって筋肉内に蓄えられているグリコーゲンがより多く消耗する。そして運動をするためのエネルギーが不足し、最終的には登山の継続が難しくなってしまう。

図1-5 理想的な登りの歩き方

足裏全体が地面に
着くように着地する
ヒザを曲げる
ヒザを前に突き出す

これを防ぐには、できるだけ乳酸を産生させないこと。つまり最大体力に対する相対的な強度を上げないよう、ゆっくりと歩くことが大切になる。

発汗と歩き方による疲労の増加

標高が高くなると気圧の低下に伴い大気中の酸素濃度が低下する。そうすると乳酸が産生されやすくなり、その結果、体温が上昇しても体の皮膚血管が開きにくくなって皮膚温が低下し、外界への熱の放散が低下する。そのため、補償的に汗をかきやすくなるのだ。

　汗をかくことにいいイメージを持っている方もいるだろ

図1-6 理想的な下りの歩き方

ヒザを伸ばしたまま脚を踏み出す
つま先を上げる
踏み出した脚への、下方向への移動距離が短くてすむ
後ろ脚のヒザを曲げる
足裏全体が地面に着くように着地する
後ろ脚の体重を前脚に移動する

う。しかし運動中の汗は脱水による疲労を促進し、天候が急変し、気温が急に下がると、汗が皮膚表面で結露し、体温を急激に奪ってしまう。低体温症の原因となるため、できるだけ汗をかかないように歩くことは、非常に重要となる。

また歩き方の基本は、体の軸を重力に対して鉛直に置くことと、重心をなるべく上下に動かさないこと。そのためにはヒザ関節の使い方が非常に大切なポイントで、踏み出した脚と反対側のヒザを伸ばすように関節を使う。また下りでは脚を踏み出し、体重を踏み出した脚へ移動する際に、後ろ脚のヒザを曲げておくと重心の上下動を抑えることができる。

登山のエネルギー源

3つに分けられる化学反応の経路

登山に必要なエネルギーとは、体力（持久力（10ページ）と筋力）をコンスタントに発揮するためのエネルギーである。ここでは筋力のエネルギーについて紹介しよう。

筋（骨格筋）はエネルギーとして、アデノシン三リン酸（ATP）を使うのだが、ATPは体内への貯蓄量が少ない。そのため運動がはじまると運動強度に応じて、クレアチンリン酸からATPを作り、それ

でも足りなければ、グリコーゲンと脂肪からATPを作ることになる。その際に「代謝系」と呼ばれる体内の化学反応の経路があり、この「代謝系」は主に運動時間によって次の3つに分けられる（図1-7）。

①クレアチンリン酸系

急な坂道を短時間で登る場合などに用いられる。筋収縮時にATPが不足しないよう、筋肉に対して短時間で供給される。体内に貯蔵されている量は少ない。運動開始5〜6秒後には筋肉内の全ATPが消費され、その5〜10秒後には全クレアチンリン酸系によって作り出されたATPが消費されてしまう。

図1-7 3つのエネルギーの供給系

運動時間によって関与する供給系が異なる。クレアチンリン酸系がもっとも早く、続いて解糖系、好気的代謝系になる

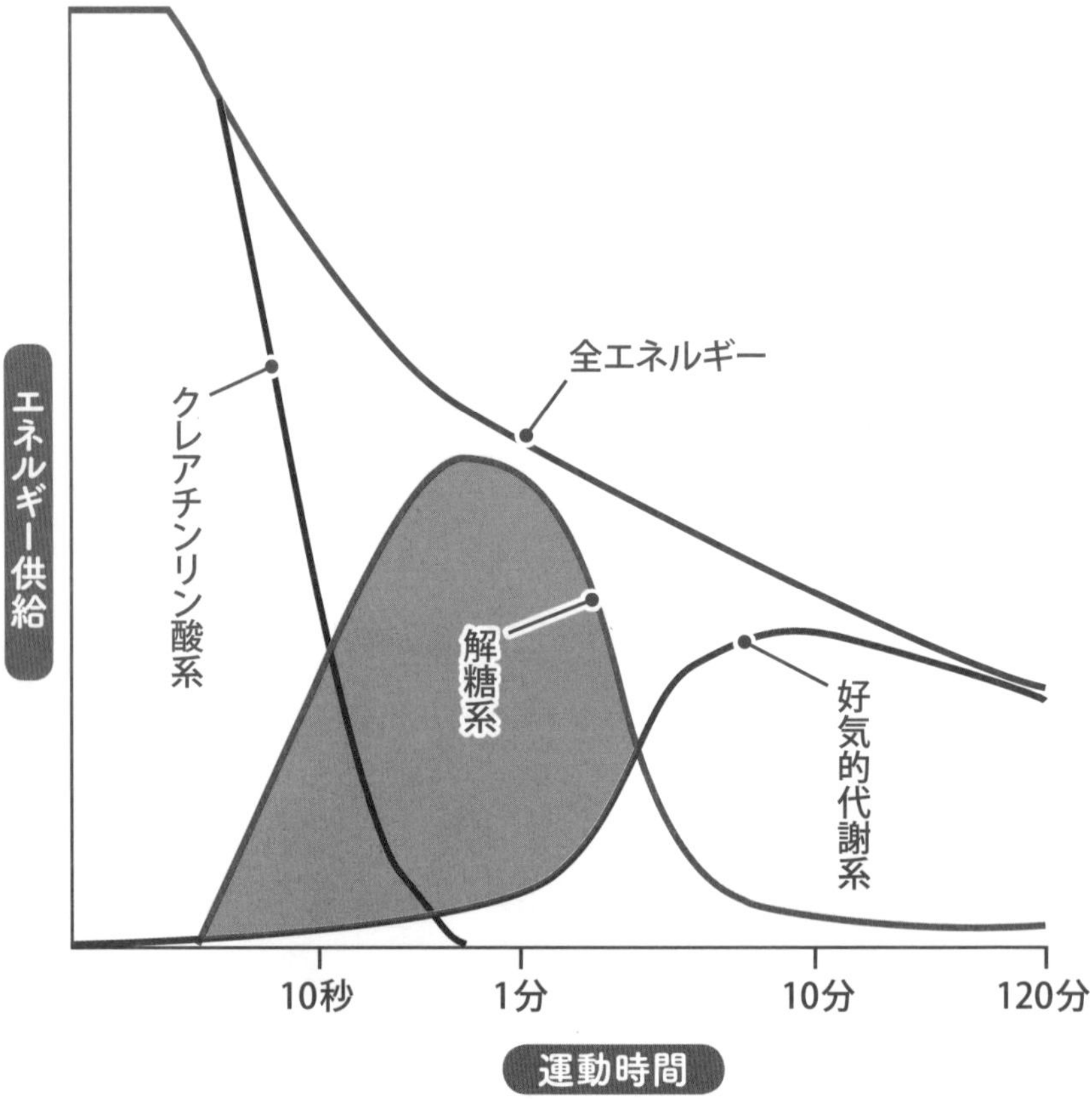

エネルギー供給
クレアチンリン酸系
全エネルギー
解糖系
好気的代謝系
10秒
1分
10分
120分
運動時間

出典：古崎和男：筋運動のエネルギー、「やさしい生理学」改定第6版、南江堂、東京、pp200-204.2011.

②解糖系

登山中は危険箇所を素早く通り抜ける際などに用いられる。クレアチンリン酸系によって供給されたATPを使い果たすと、即座にこれを補給する代謝系になる。次で紹介する「好気的代謝系」の2・5倍の速度でATPを産生できるのが特徴で、激しい運動強度の際などに働く。ただし最大筋力で運動した場合は30～40秒がエネルギー供給の限界となる。またATPの産生効率は低く、乳酸も産生されてしまう。

③好気的代謝系

糖質（グリコーゲン）や脂質、タンパク質を燃やしてATPを産生する。比較的短時間の

図1-8 運動継続時間と筋肉内グリコーゲン含有量

筋肉内のグリコーゲン含有量で運動の継続時間が決まる。運動前に炭水化物を摂取しておくと筋肉内のグリコーゲン含有量が多くなり、運動の継続時間が長くなることがわかる

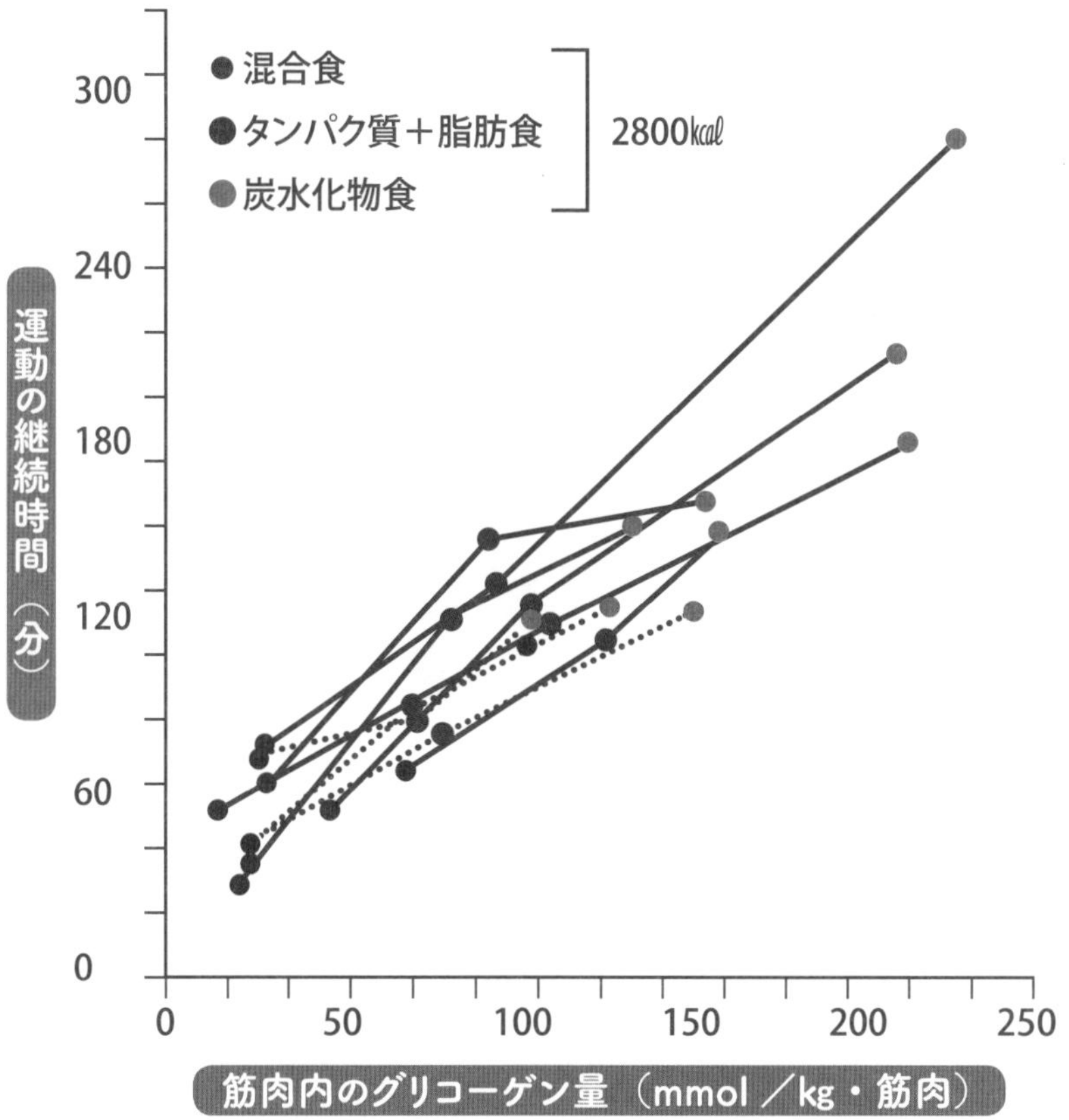
混合食
タンパク質＋脂肪食
炭水化物食
2800kcal
運動の継続時間（分）
筋肉内のグリコーゲン量（mmol／kg・筋肉）
0
60
120
180
240
300
0
50
100
150
200
250

出典：Astrand et al.Textbook of work physiology p552,McGraw-Hill,1986

運動では糖質と脂質が用いられ、長時間の運動になるとタンパク質も用いられる。有酸素運動と呼ばれることも多く、登山中の主な代謝経路になる。

この代謝経路のエネルギー源であるグリコーゲンが枯渇せず、酸素の供給が続く限り無制限に継続できる。実際、好気的代謝系による運動継続時間は、筋肉内のグリコーゲン量に比例することが分かっている（図1－8）。

しかしこの経路によるATPの産生速度は解糖系の40％程度と低く、瞬間的に多くのパワーを必要とする筋収縮には向かない。また酸素を必要とするため、心肺機能とも比例する。

体力の回復にかかる時間

回復時間も3つの代謝系で異なる

登山は自分の体力に合わせてできるスポーツだが、いくつかの山に登るうちに、より標高の高い山やハードな山などに挑戦したくなるのは人の心理だろう。そのためには体力をつけると同時に、短時間で体力を回復できるのかが重要となるが、この点についても、18ページで紹介した3つの代謝系によって異なってくる。

①クレアチンリン酸系

短期間でATPを産生できるクレアチンリン酸。回復にかかる時間も短く、3～5分で完全に回復する。

②解糖系

解糖系はATPを産生する際に乳酸を蓄積し、細胞内のpHが低下する（酸性に傾く）ため、いずれは筋を収縮できなくなってしまう。そのため継続して運動を行うには、いかにして筋内に蓄積した乳酸を素早く除去できるかにかかっている。

産生された乳酸を代謝して半減させるのにかかる時間は

図1-9 相対運動強度とエネルギー源の関係

最大酸素消費量の何%の運動をするかによって、消費される炭水化物と疲労の割合が異なる。運動強度が強くなるほど、脂肪は消費されにくくなる

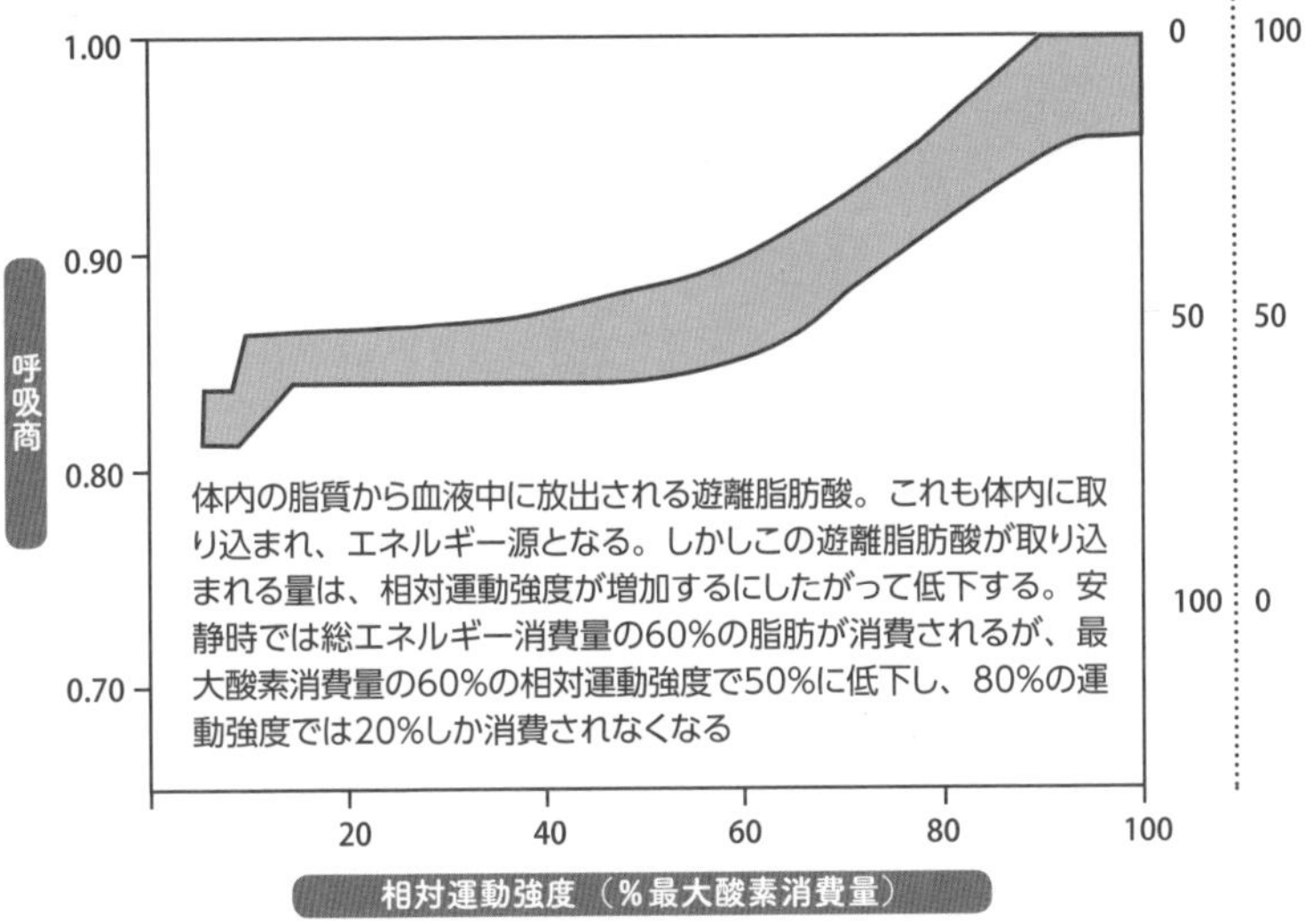
脂肪 (%)
炭水化物 (%)
1.00
0.90
0.80
0.70
呼吸商
0
50
100
100
50
0
20
40
60
80
100
相対運動強度（%最大酸素消費量）
体内の脂質から血液中に放出される遊離脂肪酸。これも体内に取り込まれ、エネルギー源となる。しかしこの遊離脂肪酸が取り込まれる量は、相対運動強度が増加するにしたがって低下する。安静時では総エネルギー消費量の60%の脂肪が消費されるが、最大酸素消費量の60%の相対運動強度で50%に低下し、80%の運動強度では20%しか消費されなくなる

出典：Astrand et al.Textbook of work physiology p544, McGraw-Hill,1986

20～30分。ただし解糖系を最大限に発揮させるような場合には、1時間経っても完全に回復できないことがある。つまり疲れきってしまった状態である。

③好気的代謝系

この代謝系が運動前の状態まで回復する時間は、運動の強度と時間によって異なるが、数十分から数時間である。

その理由は運動中に消費した筋肉内のグリコーゲンを回復したり、運動で損傷した筋線維の修復に時間がかかるためである。

動けなくなる前に休憩を入れる

多くの登山者は、最大体力の60％程度で登っているだろう。その理由は、このレベルまでは乳酸産生が抑えられ、その結果、筋肉内のグリコーゲンの消費が抑制されるからだ（図1-9）。

しかし、その速度で歩くことが辛くなったり、息が上がるようであれば、乳酸が産生されている兆候であり、休憩を取ってエネルギーを補給することが必要になる（24ページ）。

また体力を回復するためといっても長時間休憩すると、体温が下がり、体が冷えてしまうため逆効果になる。時間の目安は10分程度。それで回復しないようであれば下山も考慮したい。

効率的なエネルギーの補給

行動中にグリコーゲンの補給に努める

登山で使うエネルギーの原料は、グリコーゲンを主体とする炭水化物であるため、主に炭水化物を補給すればいい。

好気的代謝系ではグリコーゲンは糖質や脂質、タンパク質を燃焼してATPを産生する（18ページ）。そのため脂質の補給が重要と考える方もいるだろう。しかし本人が「ややきつい」と感じている運動中のエネルギー源は、約60％がグリコーゲンになる。さらに

それ以上の運動強度になれば、より多くのグリコーゲンが必要となる。そして好気的代謝系で脂肪が燃焼される際にも、若干だがグリコーゲンが必要で、登山中はできる限りグリコーゲンの消費を節約し、同時に糖質の補給に努める。

人の体内のグリコーゲン量は体力のある人で500g程度。そのうち約400gが筋肉の中にあり、約100gが肝臓に蓄えられている。そして登山中はまず、筋肉中のグリコーゲン量が減りはじめ、血液中から筋肉へブドウ糖が移動する。そしてその分、肝臓に蓄えられていたグリコーゲンが分解されることになる。

図1-10 糖質摂取のタイミング

このグラフは糖質を摂取するタイミングと筋グリコーゲンの回復の関係を調べた結果である。運動直後の糖質の摂取は、2時間後に摂取した場合よりも3倍以上の回復量があることがわかる。つまり登山中は休憩後すぐに糖質を摂取することが非常に重要となる

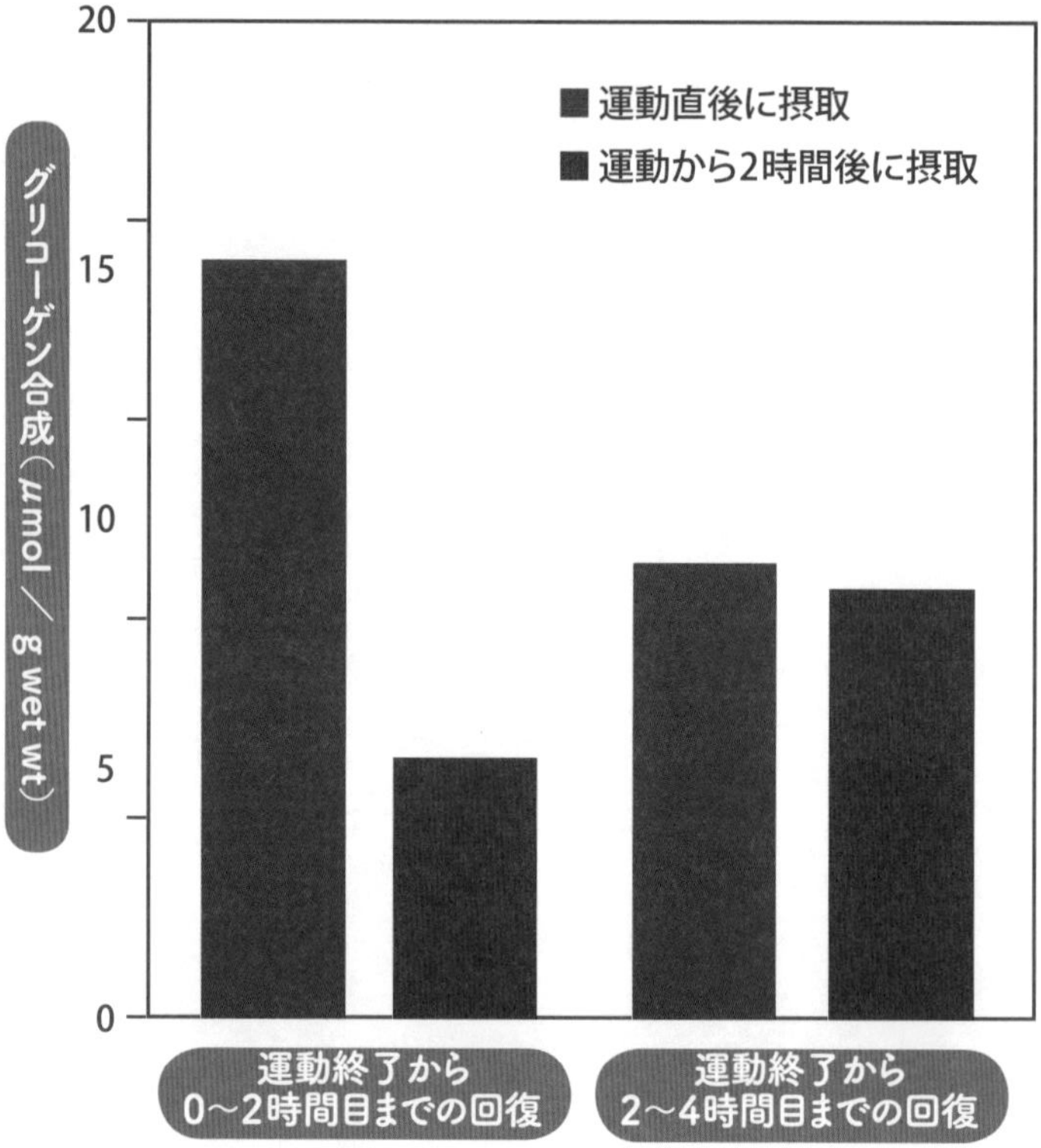

20
15
10
5
0
グリコーゲン合成（μmol ／ g wet wt）
■運動直後に摂取
■運動から2時間後に摂取
運動終了から
0～2時間目までの回復
運動終了から
2～4時間目までの回復

出 典：Parkin JA1, Carey MF, Martin IK, Stojanovska L, Febbraio MA.:Muscleglycogen storage following prolonged exercise: eff ect of timing of ingestion ofhigh glycemic index food.Med Sci Sports Exerc. 09:200-224,1997

行動中は単糖類や二糖類を摂る

これまで炭水化物やグリコーゲン、糖質という言葉を使ってきたが、一度ここで言葉の意味を整理しておこう。

まず炭水化物だが、これは糖質と食物繊維で構成されている。そのため糖質と同じ意味で使われることもある。

続いてグリコーゲンはたくさんのブドウ糖がつながった栄養素で、糖源とも呼ばれ、炭水化物に多く含まれている。

また糖質は単糖類と二糖類に分けられる。単糖類には果物に多く含まれる果糖やブドウ糖などがあり、二糖類には砂糖や牛乳に含まれる乳糖な

図1-11 登山時の食事の例

登山時は食事の目的やタイミングを考えながら、摂取する食べ物を選択したい

	ポイント	食品の例	備考
朝食	朝食終了後30分で血中の血糖濃度が最大になる。そのため朝食で摂取した糖分が登山中の筋収縮のエネルギー源として十分に用いられるようにしたい	インスタントラーメン	糖分が多く、調理が簡単であり、体が温まる。かさばらない棒状に束ねたタイプがいい
		お餅	体積が小さく消化が速い。単位体積あたりのカロリーが高く、行動中の空腹を抑えられる
行動食	糖分の摂取と食べやすさを最優先に考える。おにぎりは気温が低くなると食べづらいため、季節に応じて考えたい	ドライフルーツ、飴、チョコレート、ビスケット、パン など	行動をしながら食べられることを考えて選びたい
夕食	水分とエネルギーをゆっくりと補給できる機会。ブドウ糖を摂取して筋グリコーゲンを回復させ、失った塩分を回復する	乾燥米、カレー、シチュー など	体が温まり、血中のブドウ糖濃度が上昇してくる夕食時に水分を摂っておく。そのためには事前に十分な水量を確保しておくことが大切
		汁物（具としてベーコンなどの脂ものや乾燥野菜）	
		水分（砂糖を入れたココアや紅茶など）	

どがある。さらに複数の単糖類がつながったものは多糖類と呼ばれ、グリコーゲンはたくさんのブドウ糖（グルコース）がつながった多糖類である。そして多糖類は体内で分解されてから吸収されるため、単糖類や二糖類よりも吸収がゆるやかである。また、摂取のタイミングは、運動（登山）終了後、できるだけ早いほうがよい（図1－10）。

そのため行動中にエネルギーを回復することが目的であれば、素早く体内に吸収される単糖類か二糖類がいい。具体的には飴やドライフルーツ、チョコレートやビスケットなどである（図1－11）。

発汗量と行程から必要な水量を考える

発汗量と行程から必要な水量を考える

図1−12は気温と湿度による発汗量をまとめた表である。

この表では身長170㎝、体重70kgの男性が5kgの荷物を背負い、250m／時で登山をした場合を想定した。例えば気温が5度、湿度が50%の環境で高度250mを登る場合には220㎖程度の発汗量が、同じ条件で1500mを登る場合には、6倍の1320㎖程度の発汗量が予測できる。

一方で脱水によるのどの渇きなどは、発汗量が500g以上で起こるため、250m以下の山を登る場合には、あえて水分補給をする必要はないが、それ以上の高度の山を登る場合には途中で水分の補給が必要になる。この場合、例えば水筒の容量が500㎖であれば、途中の水場で水筒に水を補充しなければならない。行程中に水場がなければ発汗量と同じだけの水分を持ち歩く必要がある。

このように登山中に必要な水分は、気温や湿度によっておおよその発汗量を想定し、同時に行程で水場の有無を確認したうえで、適量を持つようにしたい。多少の予備であれば持っていてもいいが、あまりにも行程に合わない水分を持ち運ぶことは疲労に直結するため、おすすめはできない。

なお登山中は発汗の他に呼気や尿中への水分の喪失が起きるが、それぞれ1時間あたり25㎖や45㎖程度のため、発汗と比べるとごくわずかな量になる。

スポーツドリンクと水の違い

私たちは2011年、18名の中高年を対象にした「登山

図1-12 気温と湿度による発汗量

身長170㎝、体重70kgの男性が5kgの荷物を背負い、250m／時で登った際の気温と湿度による発汗量を予測した表。例えば気温が15度、湿度が40%であれば380mℓ／時の発汗量となる。また同じ条件で500m登る場合は、380 ×2で760mℓ／時の発汗量となる

湿度（%）	気温（℃）		
	5	15	25
30	150	330	480
40	180	380	560
50	220	460	670
60	270	570	840
70	360	760	1120

（ml/時）

中のスポーツドリンク摂取は疲労を軽減するか」という実験を行った。1つのグループにはスポーツドリンクを、もう1つのグループには真水を摂取してもらい、疲労回復の違いを測定することが実験の目的である。その結果が図1−13である。

図にあるように、スポーツドリンクを摂取したグループはもう一方と同じ強度の運動をしているのにもかかわらず、登山終了の1時間前の「1分間あたりの心拍数」が、真水を摂取したグループと比べて10拍／分ほど低くなっている。これは本人たちにとっては、本来「非常にきつい」と感じる運動が、「きつい」程度にと

図1-13 スポーツドリンクと真水の疲労度の違い

平均酸素消費量を見ると、登山前と比べてどちらのグループも80%程度まで低下している。これは少しスタミナが切れたことを意味する。しかし、平均心拍数を見ると、スポーツドリンクを摂取したグループのほうが10 拍／分低くなっている。これは同じ疲労度合いにもかかわらず、本人の感じる運動強度が異なっているといえる

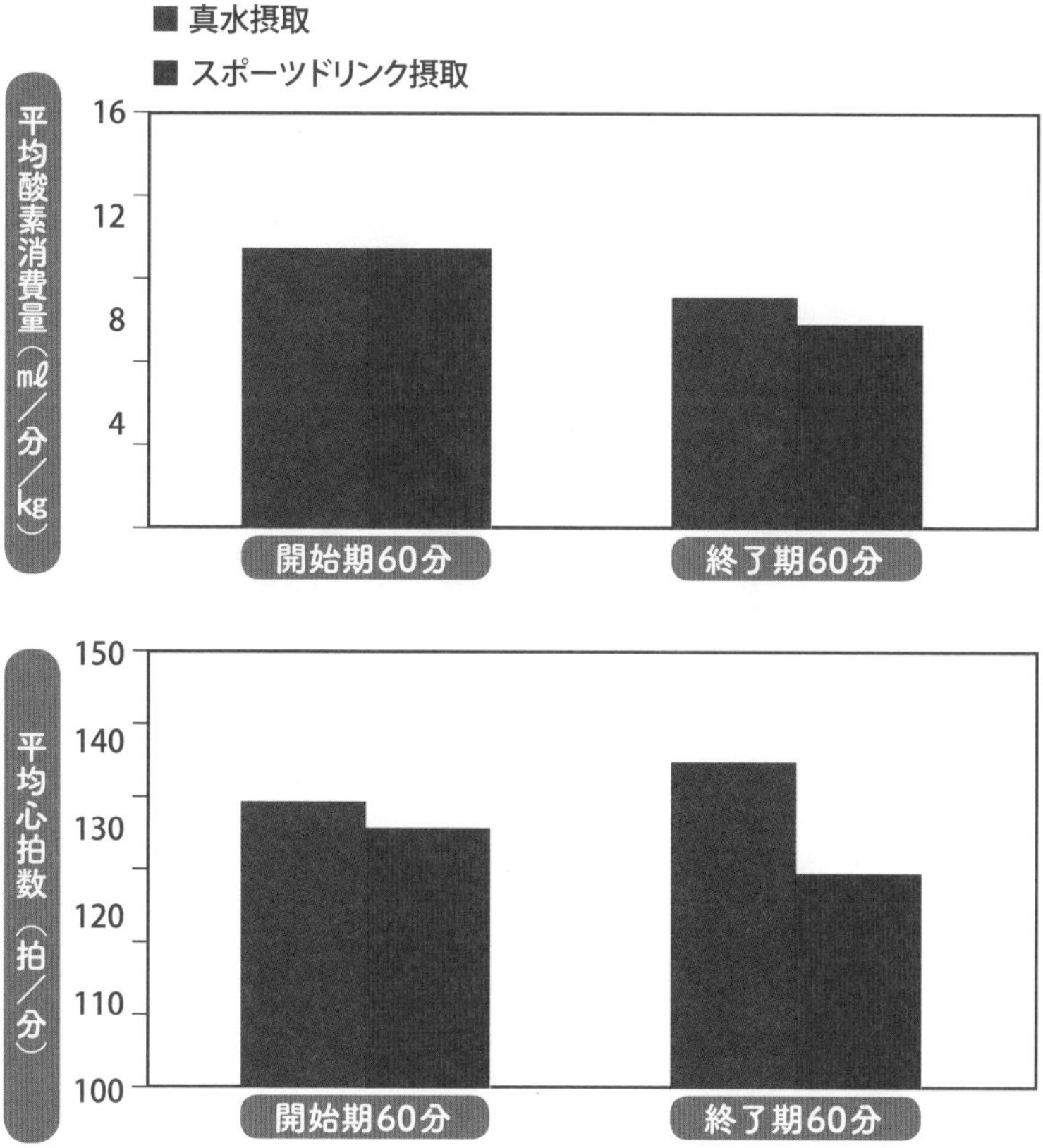
■ 真水摂取
■ スポーツドリンク摂取
平均酸素消費量（mℓ／分／kg）
16
12
8
4
開始期60分
終了期60分
平均心拍数（拍／分）
150
140
130
120
110
100
開始期60分
終了期60分

出典：宮川 健 ほか, 体力科学 58：834,2009.

どまっていることを示している。つまり真水を摂取したグループよりも「より楽に」登山ができたということだ。

その要因は体温の上昇を抑えられたこと。体温が0・1度上がると、心拍数は5拍／分ほど上昇する。そのため、スポーツドリンクを摂取したグループは真水を摂取したグループと比べて0・2度ほど、体温の上昇を抑えられたと考えられる。ほんのわずかな差でも、登山の疲労度は大きく異なる。この結果から、スポーツドリンクを摂ることで、血液量の回復が進み、体温調節機能が維持されるといえるだろう。

自分でできる体力測定法① 持久力

図1-14 持久力の測定方法

3分間全速力で歩き、最後の1分間で歩いた距離を計測する

肩の力を
抜く
25mほど
前を見る
手を大きく
振る
背筋を
伸ばす
大股で歩き、
カカトから
着地する
カカトにクッション性が
ある靴を履く

注意：「速く歩こう」としすぎると、姿勢が前かがみになる

持久力を測る

まずは登山のエネルギーであり、持久力の目安となる「最大酸素消費量」の計測方法を紹介しよう。これは公園やウォーキング場所でも行える簡単なテストである。

具体的には全速力で3分間歩き、最後の1分間で歩いた距離を計測するもの。なぜかというと、歩きはじめてから1分間はクレアチンリン酸系や解糖系によってエネルギーの産出が行われるためであり、これでは酸素消費量が登山時の運動強度に到達しない。到達するのは2分目以降であり、測定結果をより確実なものにするため、3分間の最後の1分としている。

歩き方の注意点は上の図1-14を見てもらいたいが、いい姿勢で大股で歩くことを意識すること。

歩いた距離が測定できたら、図1-15の式に当てはめて最大酸素消費量を算出する。また計算が面倒であれば、図1-16を用いて最大酸素消費量の推定値がわかる。

あとはこの数値をどのよう

図1-15 最大酸素消費量の計算式

最大酸素消費量＝

年齢から推定した最高心拍数 ÷ 最後の1分間の推定心拍数 × 最後の1分間の推定酸素消費量

推定最高心拍数 ＝220－年齢

推定心拍数 ＝0.53×歩行速度＋64

推定酸素消費量 ＝0.18×歩行速度＋1.6

※歩行速度＝最後の1分間で歩いた距離

例 年齢が60 歳、最後の1分間で歩けた距離が150mであった場合

推定最高心拍数 220（拍／分）－60（歳）＝160（拍／分）

推定心拍数 0.53×150（m）＋64＝143.5（拍／分）

推定酸素消費量 0.18 × 150（m）＋ 1.6 ＝ 28.6（mℓ／kg／分）となる。

そして推定最高心拍数÷推定心拍数×推定酸素消費量に当てはめ、
160 ÷ 143.5 × 28.6 ≒ 31.9（mℓ／kg／分）が最大酸素消費量となる

図1-16 最大酸素消費量の簡易測定表

歩行速度	最大酸素消費量の目安
(m/分)	(mL/kg/分)
40	10.4
50	12.5
60	14.6
70	16.8
80	18.9
90	21.0
100	23.1
110	25.3
120	27.4
130	29.5
140	31.6
150	33.7
160	35.9

「かなりきつい」と感じる速度で3分間歩いた時の平均歩行速度（総歩行距離（m）÷3（分））から算出した数値である

に使うかだが、13ページの図1-3を参照して自分の登山速度の目安にしてもいいし、仲間全員で測定し、仲間の数値を把握しておくのもいい。

登山ではいちばん体力がない人に合わせて歩くことが鉄則である。そのためこの数値を元に、誰にペースを合わせるのかを知っておいてもいいだろう。

自分でできる体力測定法② 筋力

図1-17 筋力の測定方法

25mを全速力で歩き、かかった時間を計測する

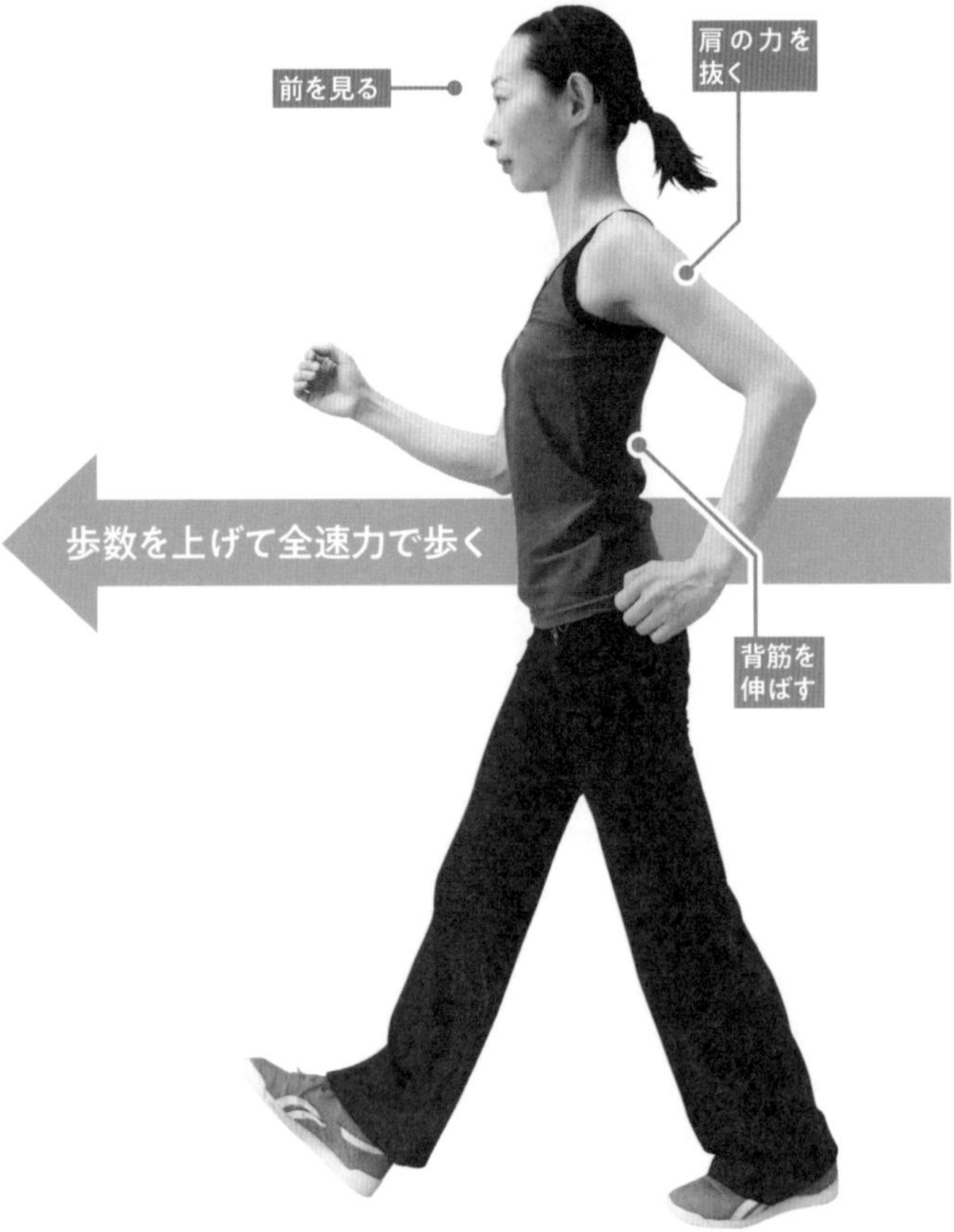
前を見る
肩の力を
抜く
歩数を上げて全速力で歩く
背筋を
伸ばす

筋力を測る

自分の筋力のなさを体感するのは登りよりも下りである。また背負っている荷物や自分の体重が重いほど、より高い筋力が必要になる。そこで持久力と合わせて、自分の筋力も知っておきたい。

筋力の測定方法は、まず25mを全力で歩行し、タイムを測定する。グラウンドや体育館など、地面が平らであり、直線で25mが取れる場所で行うこと。合図でスタートし、できるだけ歩数を多くして素

図1-18 等尺性膝伸展筋力の計算式

筋力＝ 体重 × 推定最大歩行速度 ×0.914

推定最大歩行速度 ＝25(m)÷テストによる計測タイム

図1-19 Aさんの筋力と荷物の重さとの関係

筋力 ÷ 重量（体重＋荷物の重さ） が 2.5Nm/kg 以下

筋力（Nm）	重量（体重＋荷物の重さ（kg））							
	60	65	70	75	80	85	90	95
229	3.8	3.5	3.3	3.1	2.9	2.7	2.5	2.4

（Nm/kg）

体重と荷物の合計が90kgを超えると、登山に支障がでる危険性が高まる

早く歩く。この25mという距離は長くても10秒程度で歩ける長さである。そのため、ほぼクレアチンリン酸系だけを使うことになる。このクレアチンリン酸の含有量は筋量に比例するため、筋力の目安になる。

このときの筋力は等尺性膝伸展筋力という。これは下肢による立位姿勢の支持能を反映する筋力指標であり、移動能力の重要な要因のひとつとして知られている。

自分に合った荷物の重さとは

歩いた時間が測定できたら、図1-18の計算式に当てはめる。例えば体重60kgのAさんが6秒で歩いた場合には、最大歩行速度は25（m）÷6（秒）≒4.17（m／秒）であり、筋力（等尺性膝伸展筋力）は60（kg）×4.17（m／秒）×0.914≒229（Nm）となる。この数値を使うと、「自分の筋力に合った荷物の重さ」が計算できる。

人間は、筋力を重量で割った数値が2.5（Nm／kg）以下になると辛さを感じるが、Aさんの場合は図1-19のように、体重と荷物の合計の重量90kg以上がそれに当たる。

このような場合には、①体重を落とす、②荷物を減らす、③ストックを携行する、といった対策が必要になる。

ウォーキング前の5つのストレッチ

ストレッチのポイント

1. 反動をつけず、ゆっくりと行う
2. 自然な呼吸を続ける
3. 10～20秒かける

38ページで紹介する「筋トレウォーキング」。この前後にはここで紹介するストレッチを行いたい。ウォーキング前にストレッチをすることで筋肉が動きやすくなる。肉離れやヒザの痛みの予防にもなり、ウォーキング後に行うことで体に溜まった疲労物質である乳酸を洗い出す役割を果たす。

ストレッチ① ふくらはぎ 左右とも行う

もっともケガをしやすいふくらはぎの筋肉をほぐす。

2

10～20秒
キープ

1

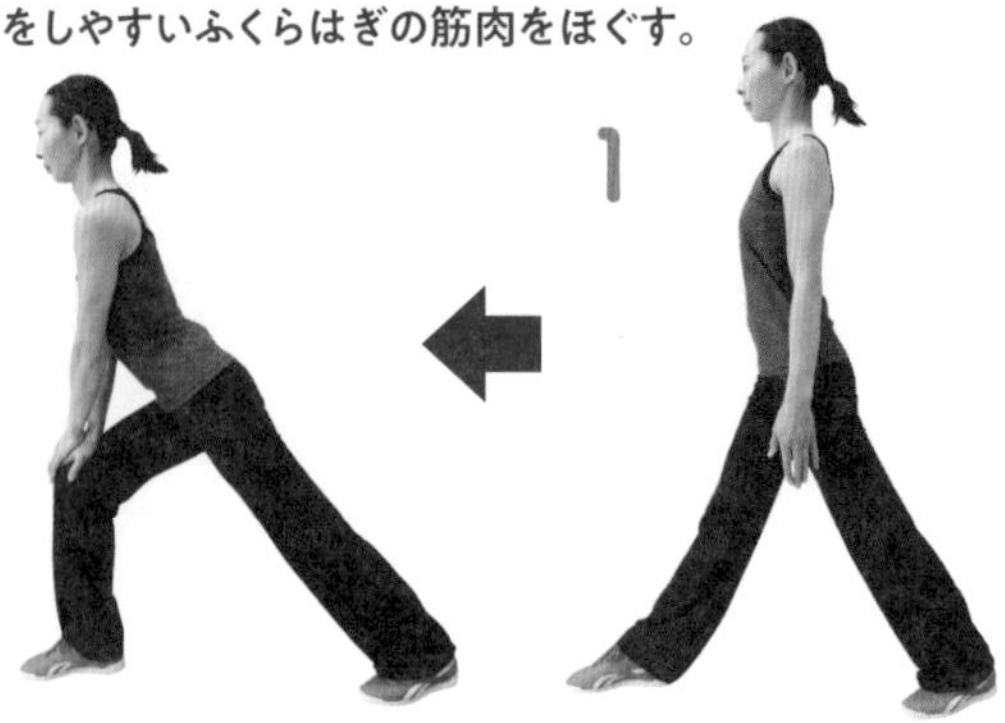

後ろ脚のふくらはぎを伸ばす
後ろ脚のカカトが地面から離れないようにする。両手を前脚のヒザに置き、前脚のヒザをゆっくりと曲げる

脚を前後に開く
脚を前後に開き、ヒザとつま先を同じ方向へ向ける

ストレッチ② 股関節・太ももの内側

筋トレウォーキングでいちばん動かす太もも内側と股関節周りをほぐす。

10～20秒キープ

3　2　1

その姿勢を維持する
太ももの内側が伸びたところで腰を止め、その姿勢を保つ

腰を落とす
両手を太ももに置いて腰を下げる

脚を大きく開く
両脚をできるだけ広く開く

ストレッチ③ 股関節・肩・腰

左右とも行う

上半身と下半身を同時にほぐす。

1

脚を大きく開いて肩を前に出す

両脚をできるだけ開く。両手を太ももに置き、片方の肩を前に出す

2

10～20秒キープ

ヒザを押しながら上半身をひねる

右手で右ヒザを外側に押すようにして、上半身を左側へひねる。この姿勢をキープする

ストレッチ④ 太もも前面

左右とも行う

いちばん使う太もも部分をより大きく伸ばす。

1

イスなどをつかんで片脚で立つ

右手でイスなどをつかみ、左脚を後ろ側に曲げる。左手で左脚の甲を持つ

2

10～20秒キープ

左脚のカカトをお尻に引き寄せる

背筋を伸ばし、左脚のカカトをお尻のほうへ引き寄せる。左脚の太ももの前側を伸ばせる位置でキープする

ストレッチ⑤ 腕・肩・背中上部

腕をしっかりと振れるように上半身をほぐす。

1

肩幅程度に脚を開く

楽な姿勢で立ち、肩幅程度に脚を開く

2

腕と背中を伸ばす

頭の上で手を組み、手のひらを上に向けて腕を伸ばす。腕を軽く後ろ側へ引き、腕と背中が伸びた位置をキープする

10～20秒キープ

筋トレウォーキング

3分ごとに歩くペースを変える

筋トレウォーキングは通常「インターバル速歩」と呼ばれているもので、「3分間の速歩き」と「3分間のゆっくり歩き」を交互に繰り返すトレーニング。3分ごとに歩くペースを変えるだけでなく、歩くフォームも変えることが重要。

「3分間の速歩き」では、①背筋を伸ばす、②25mほど先を見る、③ヒジを90度程度に曲げてしっかりと腕を振る、④普段よりも大股で歩く、⑤カカトから着地する、という5つのポイントに注意する。また「速歩き」のペースは「ややきつい」と感じる程度にすること。この目安は、2分以上歩くと息があがる程度。イメージとしては、交差点で信号が点滅しているときに急いで渡るぐらいの速度だ。「速歩き」の効果は、下肢の筋肉に大きな負荷をかけて無酸素運動と同じ筋力トレーニングができることである。

また「3分間のゆっくり歩き」では、①背筋を伸ばす、②普段と同じ歩幅で歩く、③

速歩きの5つのポイント

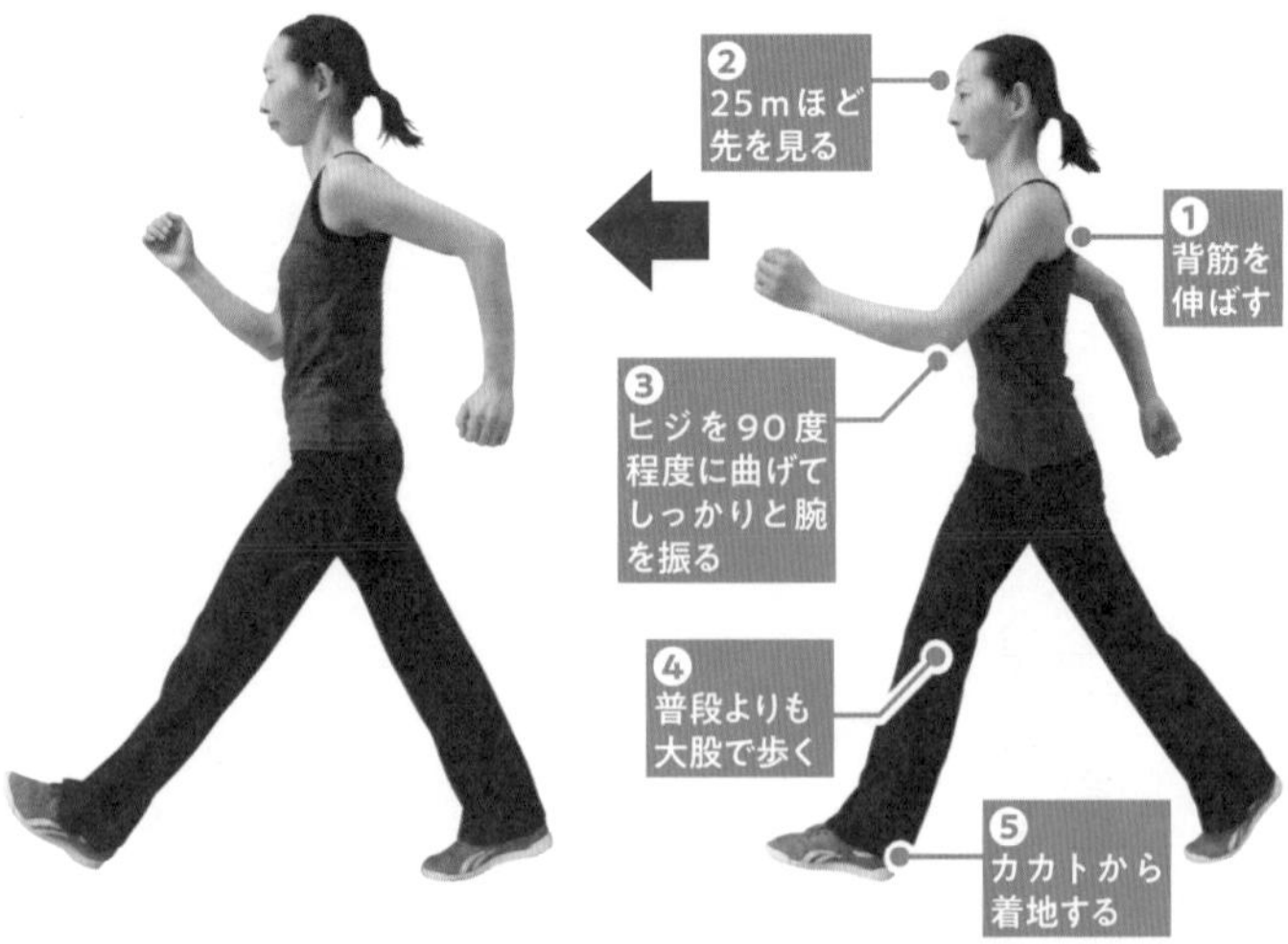
②
25mほど
先を見る
①
背筋を
伸ばす
③
ヒジを90度
程度に曲げて
しっかりと腕
を振る
④
普段よりも
大股で歩く
⑤
カカトから
着地する

基本は3分間続ける。体力に応じて時間を縮めたり、延ばしたりしてもいい

5つのポイントに注意して、「ややきつい」と感じる速度で歩く

腕は自然に、という3つのポイントに注意する。速度の目安は、人と会話をしながら歩く程度。「ゆっくり歩き」の効果は、速歩きの時に産生された乳酸が代謝され、息切れや筋肉痛の症状が和らぎ、また、速歩ができる状態にすることだ。

筋力と持久力のトレーニングは別々に行うことが多いが、筋トレウォーキングは結果として、筋力と持久力の両方が向上することが明らかになっている。

1週間で120分以上歩くと効果が得られる

筋トレウォーキングは、「速歩き3分」と「ゆっくり歩き3分」の計6分を1セットとし、5セットが基本で、週に4日以上を推奨している。しかし人によっては週末のウォーキングが中心だったり、不定期だったりすると思う。そのような方は、1週間で120分以上、筋トレウォーキングを実践してもらいたい。つまり20セットで、これでも確実に効果が得られる。

体力に自信がない方は、3分間ずつの「速歩き」と「ゆっくり歩き」を、2分間や1分間にしてもいい。これを繰り返して体力がついてきたら3分間を目指そう。

逆に体力に自信がある人は、3分間を4分や5分に延ばしてもいいだろう。

ゆっくり歩きの3つのポイント

楽なペースになると姿勢が崩れる人が多い。腰が反らない程度に背筋を伸ばして歩く

3つのポイントに注意して、楽なペースで歩く

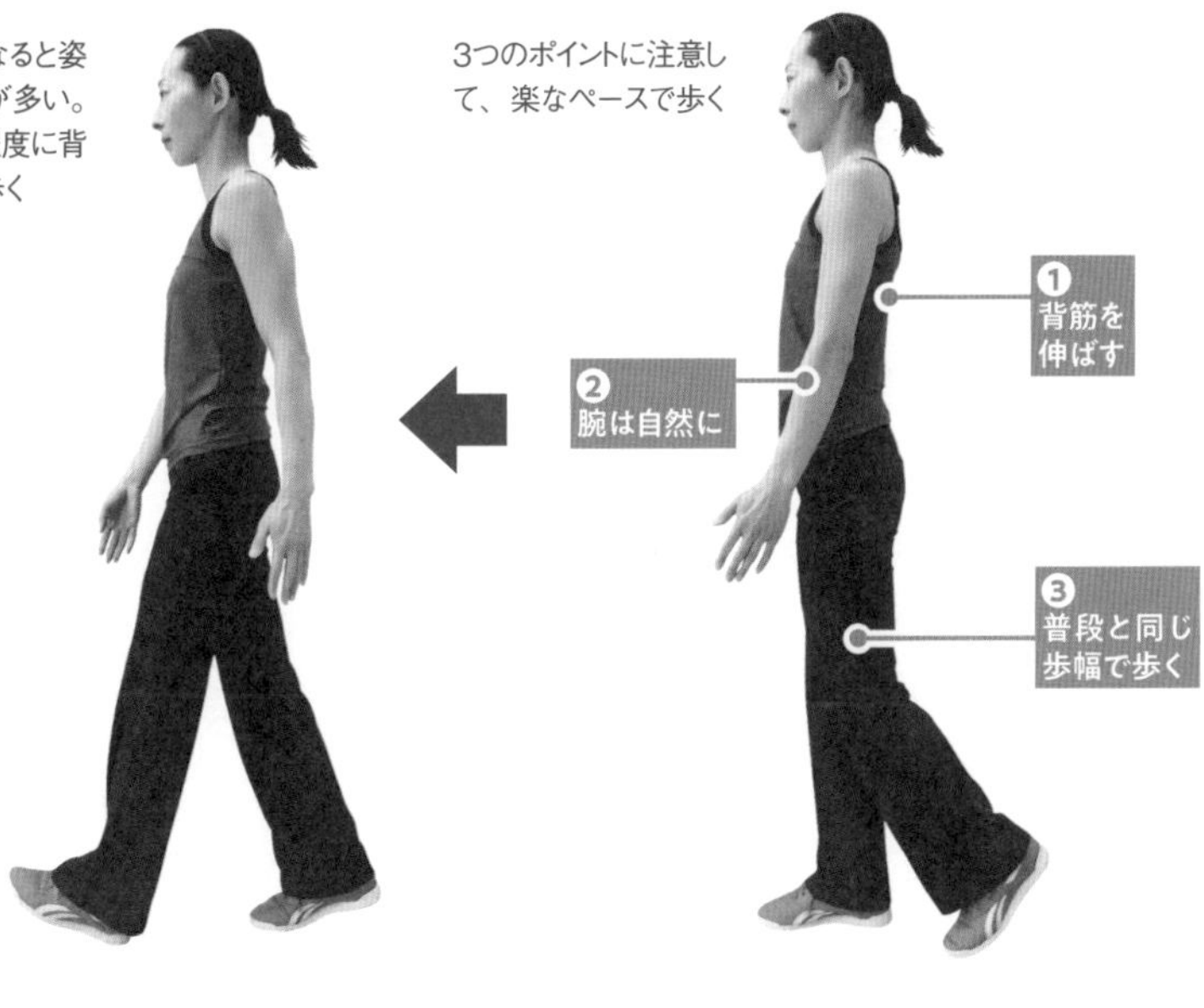
❶ 背筋を伸ばす
❷ 腕は自然に
❸ 普段と同じ歩幅で歩く

応用編①
坂道ウォーキング

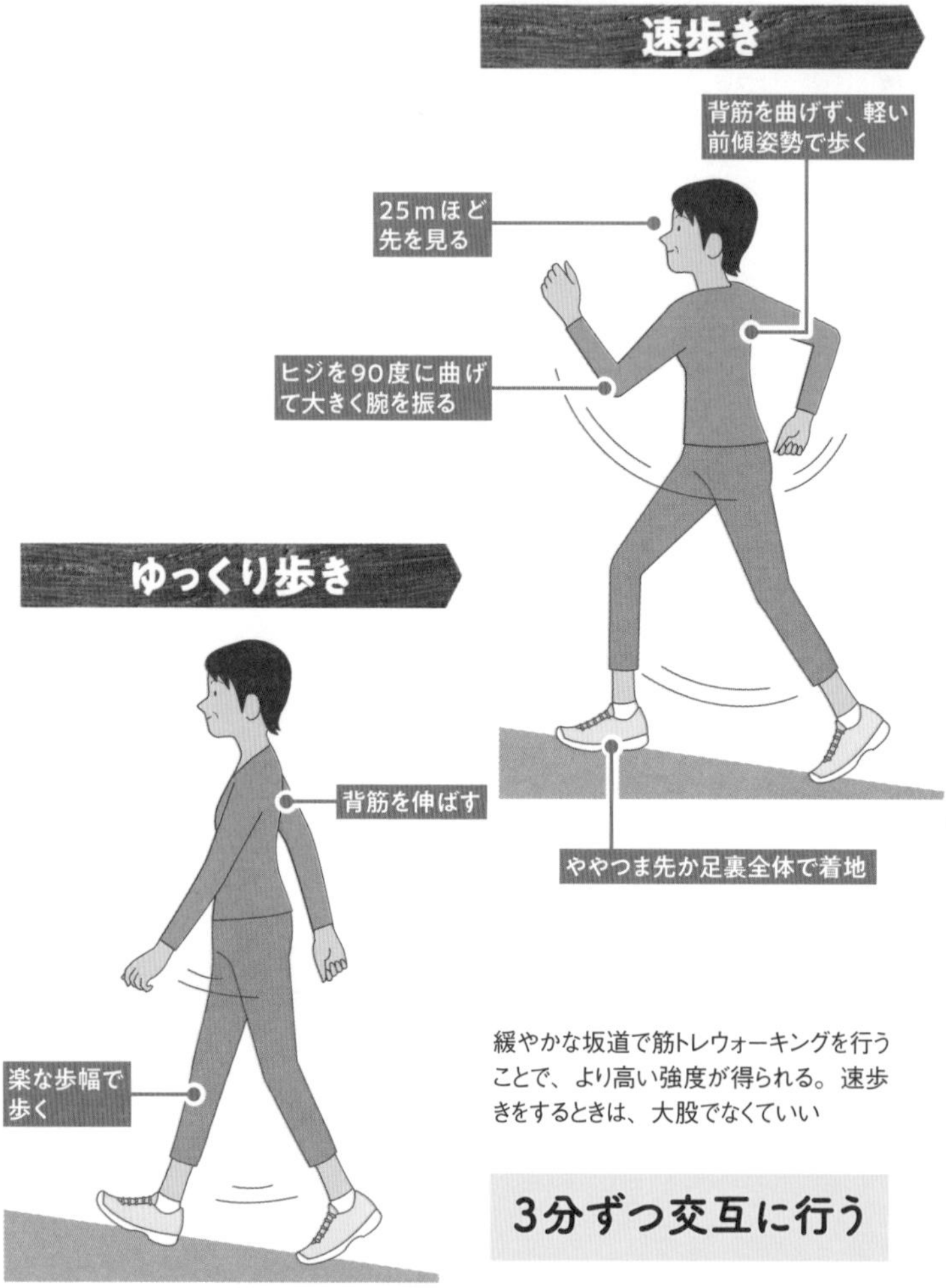
速歩き
背筋を曲げず、軽い前傾姿勢で歩く
25mほど先を見る
ヒジを90度に曲げて大きく腕を振る
ややつま先か足裏全体で着地
ゆっくり歩き
背筋を伸ばす
楽な歩幅で歩く

緩やかな坂道で筋トレウォーキングを行うことで、より高い強度が得られる。速歩きをするときは、大股でなくていい

3分ずつ交互に行う

緩やかな坂道で適度な負荷をかける

ここからはより高い強度のウォーキングを紹介する。まずは坂道ウォーキング。これは①より高い強度を得たい、②股関節に痛みがあるため大股で歩けない、③カカトに痛みがあり、カカトからの着地ができないといった方におすすめのトレーニングになる。坂道とはいえ、急こう配ではなく、緩やかな坂道のほうが適度な負荷がかかるためおすすめである。トレーニング内容は、38ページと同様に「速歩き」と「ゆっくり歩き」を3分ずつ交互に行う。ただし「速歩き」は大股でなくてよく、カカトではなく足裏全体か、ややつま先側で着地をする。

応用編②
水中ウォーキング

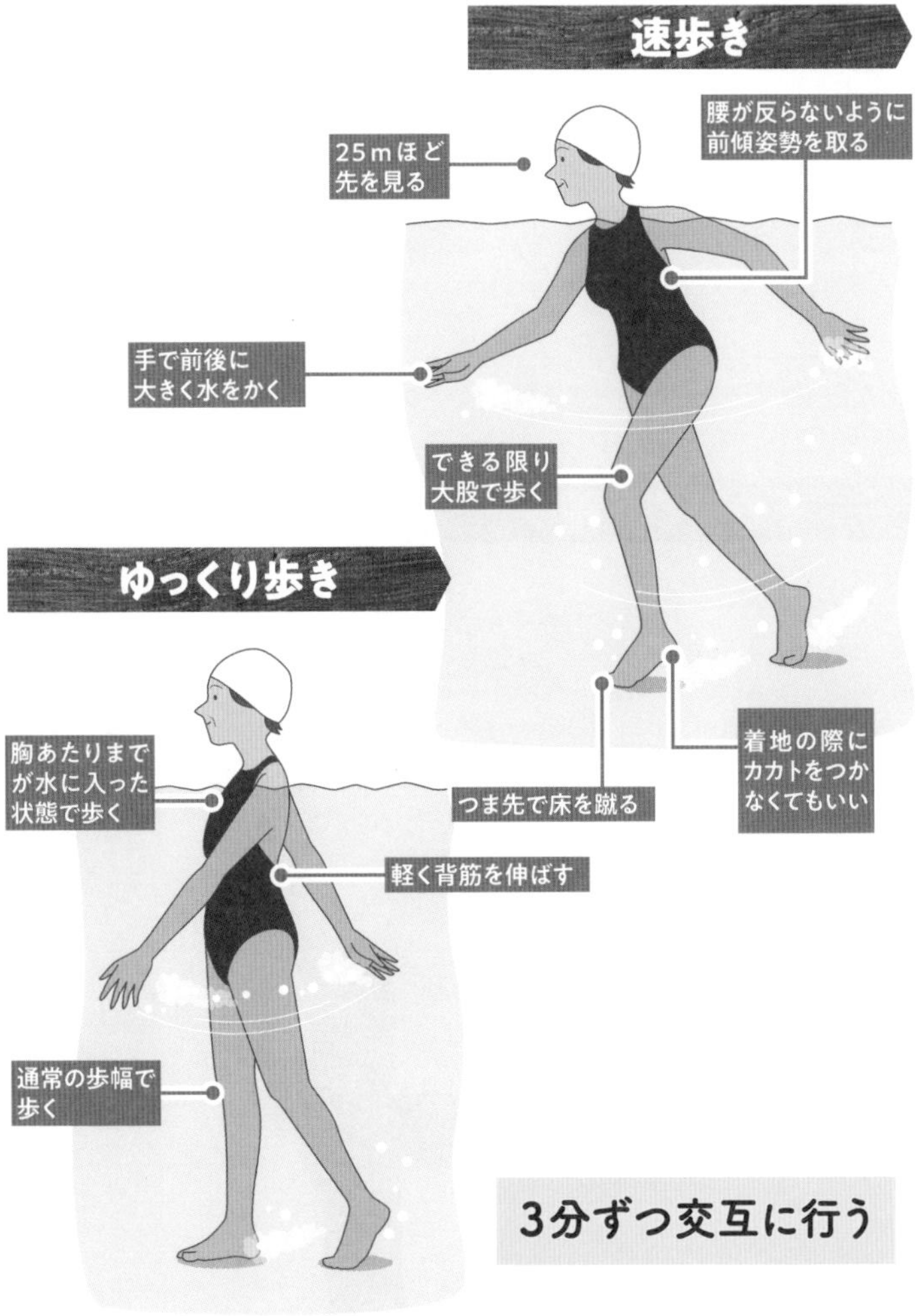
速歩き
腰が反らないように
前傾姿勢を取る
25ｍほど
先を見る
手で前後に
大きく水をかく
できる限り
大股で歩く
ゆっくり歩き
着地の際に
カカトをつか
なくてもいい
胸あたりまで
が水に入った
状態で歩く
つま先で床を蹴る
軽く背筋を伸ばす
通常の歩幅で
歩く
3分ずつ交互に行う

早く効果を得たい方にもおすすめ

水中でのウォーキングは、①ヒザに痛みがある、②肩や首が凝りやすい、③より早くウォーキングの効果を実感したいといった方におすすめ。水の中を歩くことで、通常のウォーキングに比べて2倍の運動効果が得られる。またヒザや腰への負担が少ないことも利点となる。また水圧によって下半身の血液が心臓に戻され、筋が改善されたり、浮力によって体が重力から解放されることで、全身の筋肉が緩むリラックス効果もある。

水中での歩き方も38ページと同じ。「速歩き」と「ゆっくり歩き」を3分ずつ交互に行う。

自宅でできる筋トレウォーキング

いつでもどこでもできるトレーニング

筋トレウォーキングでネックとなるのが雨。人によっては雨でもレインウェアを着て歩く方もいるが、雨の日は地面が滑りやすくなるため41ページで紹介した水中ウォーキングやこのページで紹介するトレーニングをおすすめする。

室内でできるウォーキングには、①その場で足踏み、②壁を使ったスクワットの2種類がある。足踏みはできるだけ太ももを真上に上げる意識

その場で足踏み

自然なペースで
3分間
腕を楽に
振る
ゆったりとしたペース
で足踏みをする

「ややきつい」と感じる
ペースで3分間
腕を大きく
振る
太ももを真
上にできる
だけ高く上
げる

を持ち、「ややきつい」と感じるペースで3分間行う。3分たったらゆったりとしたペースに変え、これも3分行う。この2つの太ももの上げ方を交互に、合計5セット行う。

もう1つは壁を使ったスクワット。壁は転倒防止に利用するので、壁ではなくイスやテーブルに手を置いて行ってもいいだろう。スクワットではまず、壁にもたれるようにして立つ。床が滑りやすい場合には、靴下を脱いで素足で行いたい。背中を壁から離さず、できるだけヒザを曲げて腰を落とす。これを最大回数の8割を目標に繰り返す。ただし脚に痛みが出るほどヒザを曲げたり、腰を落としたりする必要はない。自分でできる範囲で行えば十分である。自宅で行うときに大切なことは、筋トレウォーキングの速歩きのようなややきついと感じる運動を週60分以上行うこと。それによって自分でも効果が実感できるだろうし、これまで登った山をより楽に登れるように感じられるだろう。そうすればさらに難易度の高い山へも挑戦できる。

壁を使ったスクワット

1 壁に
もたれかかる
壁に背中を
つけたまま
行う
できる範囲で
腰を落とす
できる範囲でOK
足元が滑らない
ように注意する
ゆっくりと
ヒザを曲げる
壁に背中を
つけたまま行う
2 ゆっくりとヒザを
曲げて腰を落とす
できる範囲で
腰を落とす

無理に大きくヒザを曲げて、腰を深く落とす必要はない。できる範囲で行うことが大切。

COLUMN 1

山の危険生物『害虫』①

ショック症状を引き起こすハチに要注意

山には、さまざまな生き物が生息している。そのなかでも代表的な害虫の注意点を紹介したい。

害虫が我々に及ぼす影響で最悪なのが「行動不能」になること。そう考えると、ショック症状を引き起こす可能性がある「ハチ」がもっとも危険となる。

なかでも攻撃的な性格である「スズメバチ」には十分に警戒したい。そのためには、①巣を見たら近づかないこと、②肌を出さないこと、③黒い衣類やバックをなるべく持たない、などを守りたい。

ハチに刺された際の症状は人によって異なるが、通常は患部が赤く腫れて痛みが出ることが多い。このように刺された箇所だけ症状が現れる「局所症状」であればまだいいが、問題は全身に症状が現れる「全身症状」である。なかでも短時間で全身にアレルギー症状が出る「アナフィラキシーショック」は最悪の場合、死に至ることもある。もし刺されてしまったら、①ポイズンリムーバーを使ったり、指で刺された部位を絞り、毒をできるだけ体外に出す、②患部を冷水でよく洗う、③抗ヒスタミンの入った薬を塗る、といった処置をしたい。

ハチが攻撃的になる時期は7～10月といわれている。この時期には特に注意。またショック症状以外は、ただちに下山をする必要はない。

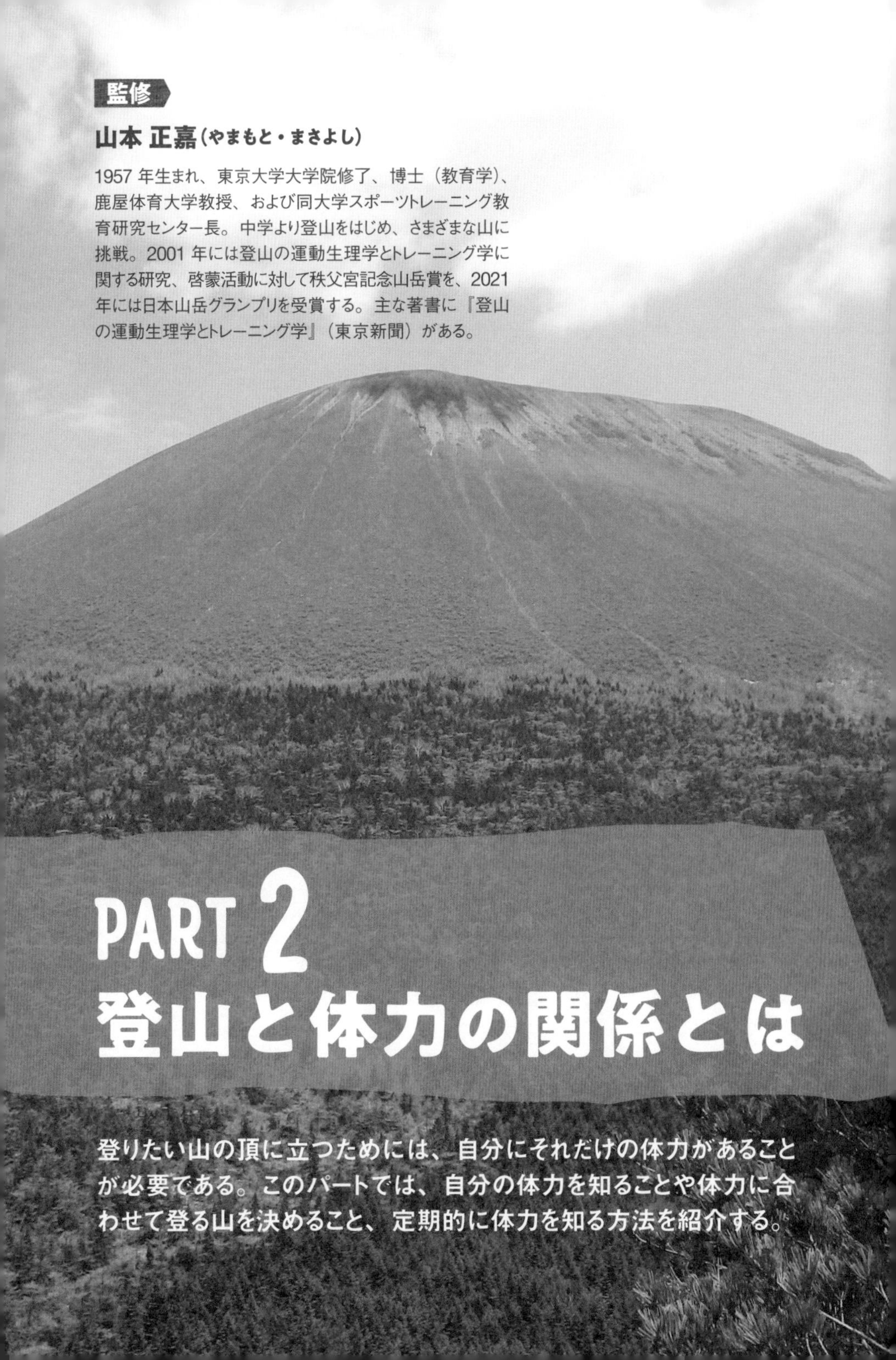

監修

山本 正嘉（やまもと・まさよし）

1957 年生まれ、東京大学大学院修了、博士（教育学）、鹿屋体育大学教授、および同大学スポーツトレーニング教育研究センター長。中学より登山をはじめ、さまざまな山に挑戦。2001 年には登山の運動生理学とトレーニング学に関する研究、啓蒙活動に対して秩父宮記念山岳賞を、2021 年には日本山岳グランプリを受賞する。主な著書に『登山の運動生理学とトレーニング学』（東京新聞）がある。

PART 2
登山と体力の関係とは

登りたい山の頂に立つためには、自分にそれだけの体力があることが必要である。このパートでは、自分の体力を知ることや体力に合わせて登る山を決めること、定期的に体力を知る方法を紹介する。

01

登山と体力の関係とは

本当に登山は健康にいい？

心臓への刺激が心肺機能を高める

登山は平坦な道を歩く運動と違い、山道を上ったり下ったりするため、体にかかる負荷が大きくなる。またザックを背負うため、さらに負担が加わり、なおかつ長時間歩くことが求められる。つまり登山の特徴である、運動の強度が高く、運動の時間が長いことが、健康につながるのである。

図2-1は、ある人の平地でのウォーキング（50分）と

図2-1 心臓への高い刺激

平地でのウォーキングと登山時の心拍数を比較すると、最大で30拍／分ほどの差があり、登山はより大きな心肺機能の向上が期待できることがわかる

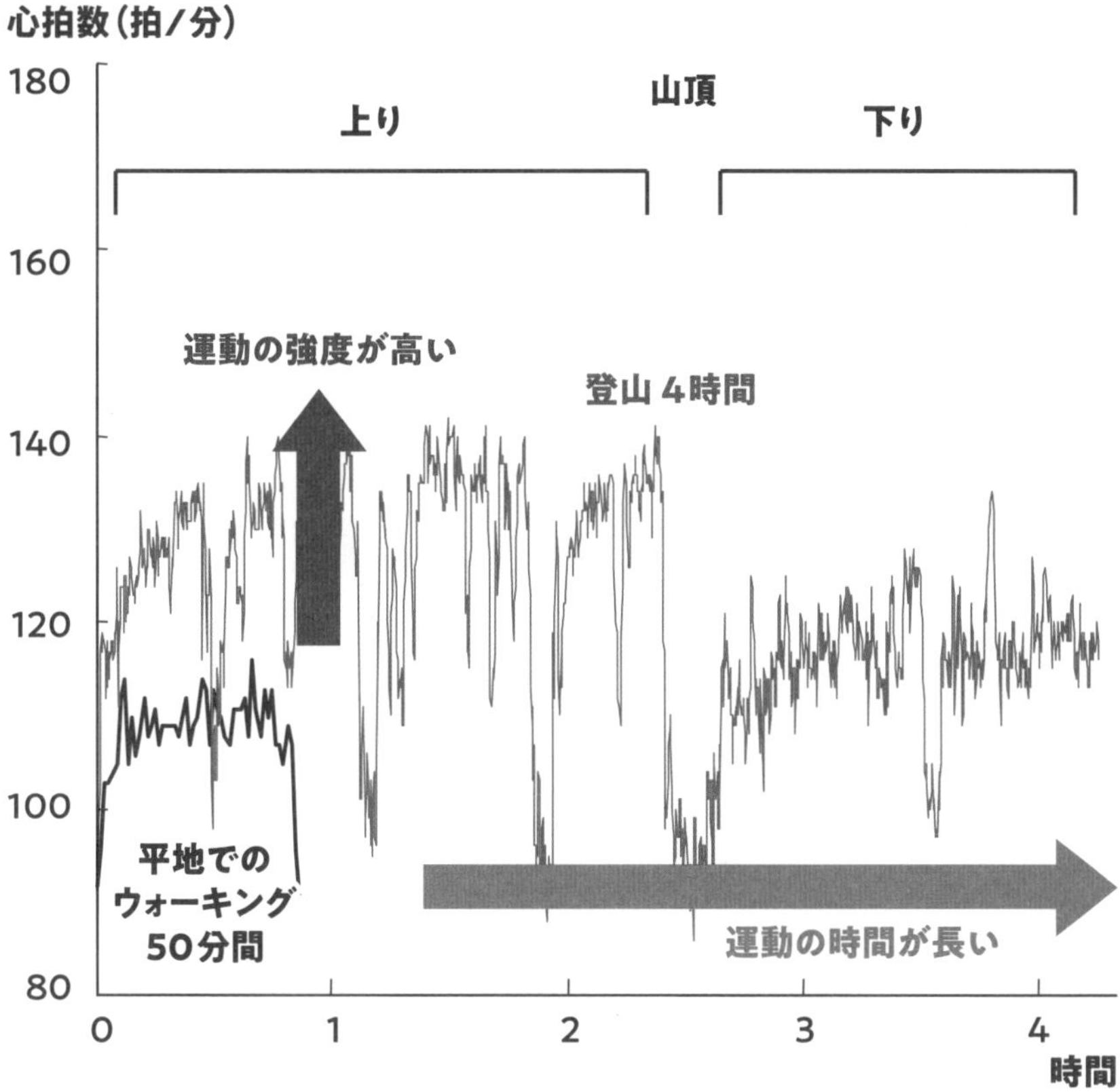
心拍数（拍／分）
180
160
140
120
100
80
山頂
上り
下り
運動の強度が高い
登山 4時間
平地での
ウォーキング
50分間
運動の時間が長い
0
1
2
3
4
時間

登山時（4時間）の心拍数を比較したものだ。その差は一目瞭然で、登山はウォーキングと比べて、高いときで30拍／分ほど心拍数が上がっていることがわかる。しかし心臓への負荷が大きいということは、その分リスクも高くなる。高い運動強度が健康にいい反面、リスクもあることは知っておいてもらいたい。

筋への刺激が脚力を鍛え健康にいい影響を与える

図2-2は、平地でのウォーキングと登山時の筋電図である。登山では平地の2倍以上、筋力を発揮する場合もあり、これが脚の筋力強化につながるのだ。

図2-2 筋への高い刺激

平地でのウォーキングと比べて、あらゆる筋が高い刺激を受けている。これが筋力強化だけでなく、骨を強くする要因にもなる

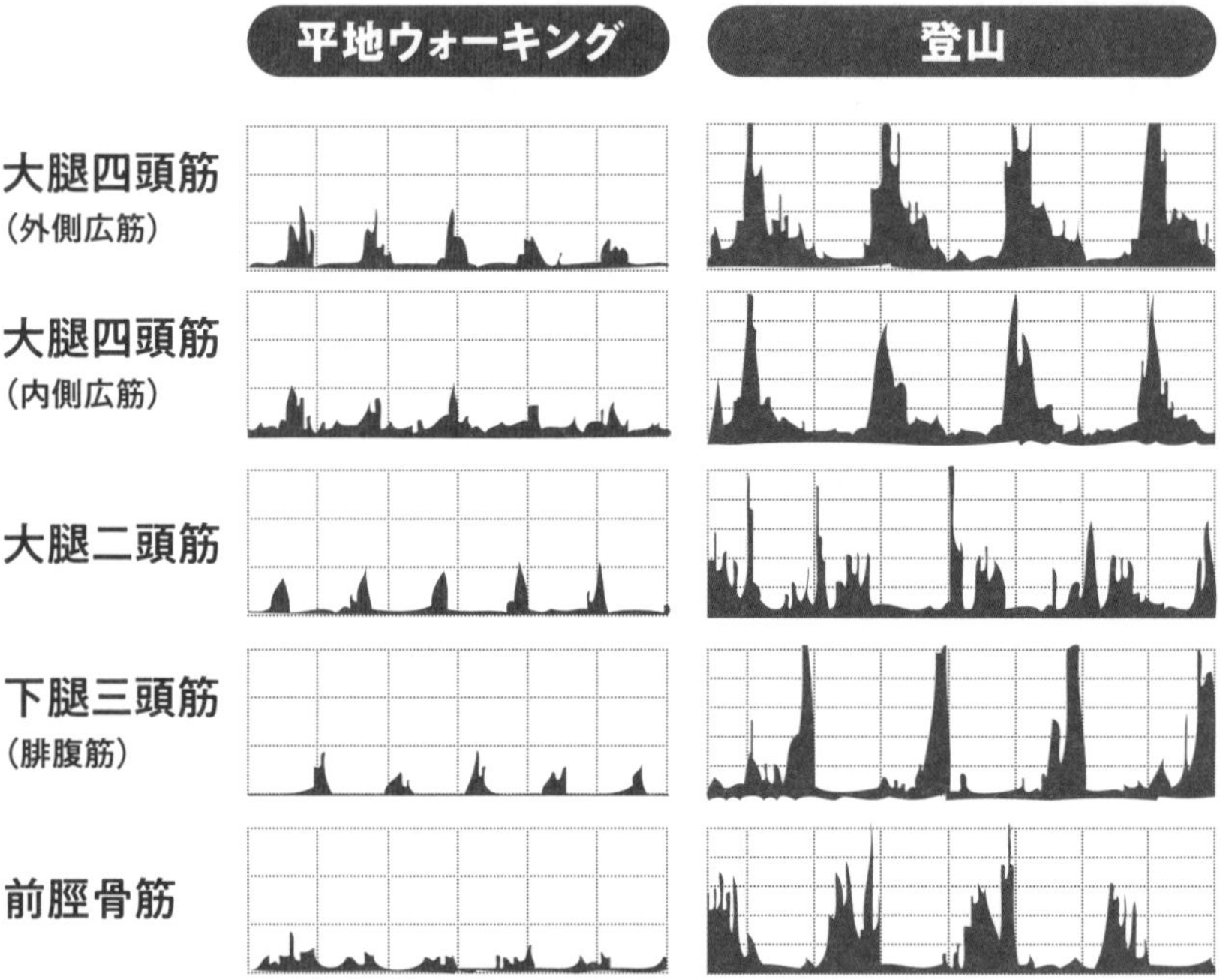

平地ウォーキング
登山
大腿四頭筋
（外側広筋）
大腿四頭筋
（内側広筋）
大腿二頭筋
下腿三頭筋
（腓腹筋）
前脛骨筋

近年、高齢者の転倒が社会問題となっており、転倒による骨折で寝たきりになってしまうケースも少なくない。転倒の主な原因は脚力の低下によってつま先を上げられず、つまずいてしまうことである。脚力低下の予防としてウォーキングをしている方も多いと思うが、残念ながらウォーキングだけでは、脚力の低下を止められないことが研究によって明らかになっている。また、登山では先ほどの心臓や筋力強化以外に、骨に適度な刺激を与えて強くしたり、バランス能力を改善するといった効果もあるのだ。

図2-3 登山をはじめてからの体の変化

体力や健康といった肉体面だけでなく、精神面や病気に対してもよい変化を感じている方が多い。一方で悪くなったこともあるが、その内容を見ると、無理な登山をしていることによるヒザ痛や腰痛が多い

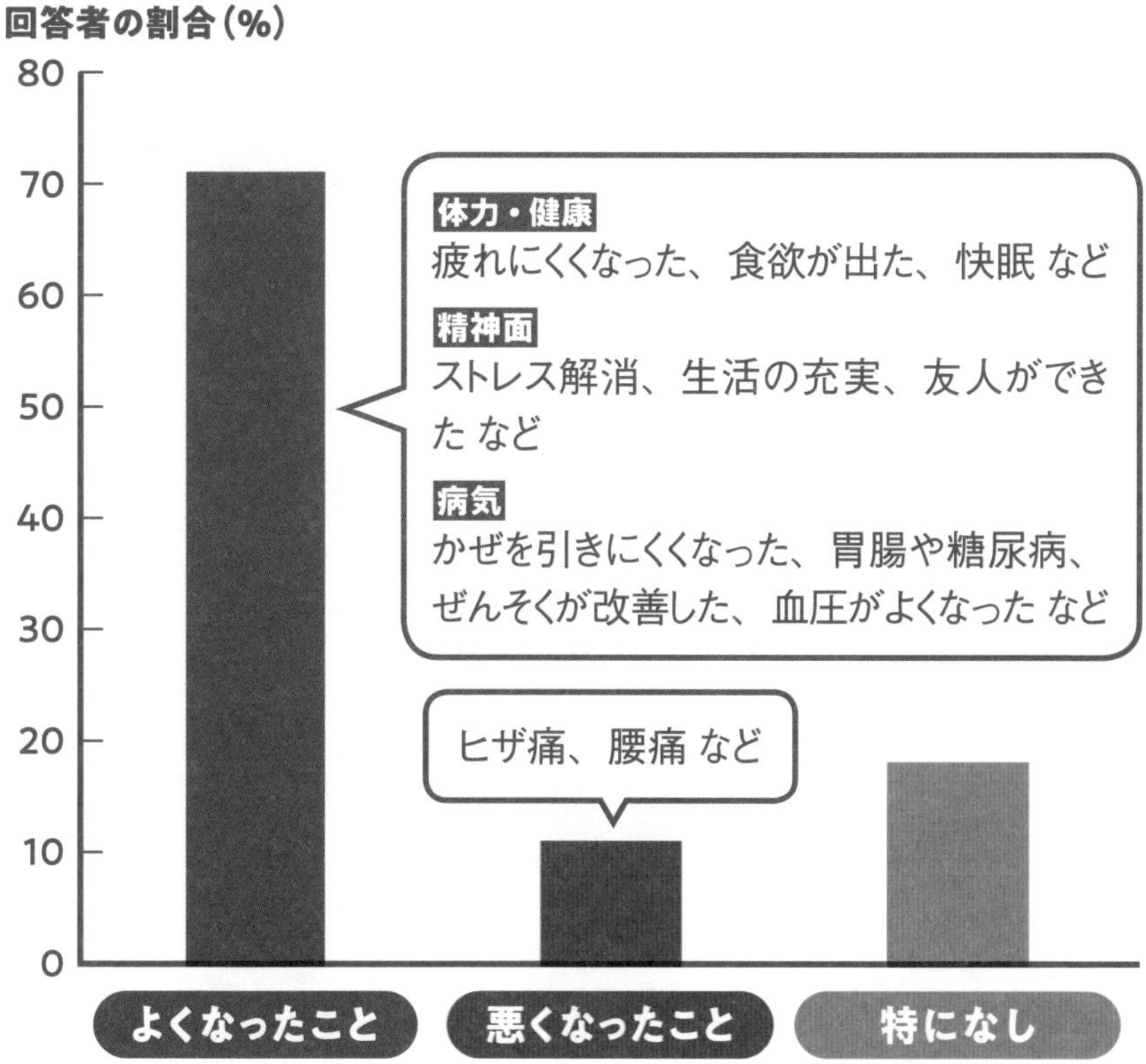
回答者の割合（%）
80
70
60
50
40
30
20
10
0
体力・健康
疲れにくくなった、食欲が出た、快眠 など
精神面
ストレス解消、生活の充実、友人ができた など
病気
かぜを引きにくくなった、胃腸や糖尿病、ぜんそくが改善した、血圧がよくなった など
ヒザ痛、腰痛 など
よくなったこと
悪くなったこと
特になし

登山が与えてくれるよい影響

図2-3は、「登山をはじめてからの体の変化」のアンケートに対する256人の回答をまとめたものである。回答を見ると、先ほど挙げた要素だけでなく、精神面や生活面にもよい影響を与えてくれることが見て取れる。

こうした結果を見ると、よく言われるように「登山が健康にいい」ことは間違いないのである。

02

登山と体力の関係とは

なぜ登山での事故が起こるのか

行きたい山に体力が追いついていない

「登山は健康にいい」と書きながら、「登山は危険」とも言わなければならないことに残念さを感じるのだが、それは「登山を危険」にしているのが、ほかならぬ登山者自身だからである。

図2-4は、長野県警の過去15年の資料をもとにした、登山事故の特徴である。こうしてみると、全体の56%が転倒や滑落、転落であり、10%が病気となっている。

まず転倒や滑落、転落だが、この原因は「転ぶ」こと。もう少し詳しく調べると、下りでのつまずきや踏み外し、スリップ、バランスを失うといったことが多かった。つまり脚力やバランス能力、敏捷性など、筋力や神経系の体力が不足しているのである。また病気の原因は心疾患が多く、上りでの、登山開始から3時間以内での心臓突然死が多かった。事故を起こした人の中に心臓病の既往歴がある人は1人もいなかったため、心臓に潜在的に問題を抱え、かつ心肺能力が弱いことが原因になったと考えられる。

このような事故は中高年に多いのだが、この年代は体力が衰えてくる時期になる。

人より体力があっても登山に適した体力ではない!?

図2-5は、登山をする人と一般的な人の脚筋力を比較したものである。男女ともに一般的な人との差が大きく、これまでの登山の成果が表れているのだろう。しかしグラフの上にある色のついたラインを見てもらいたい。これは

図2-4 現代の登山事故の特徴

登山事故の56%が転倒や滑落、転落であり、10%が病気によるもの。その多くは心臓疾患である。次の10%に含まれる疲労も含めて、筋力や心肺機能などのトレーニング不足によってこのような事故を招いていることを知っておきたい

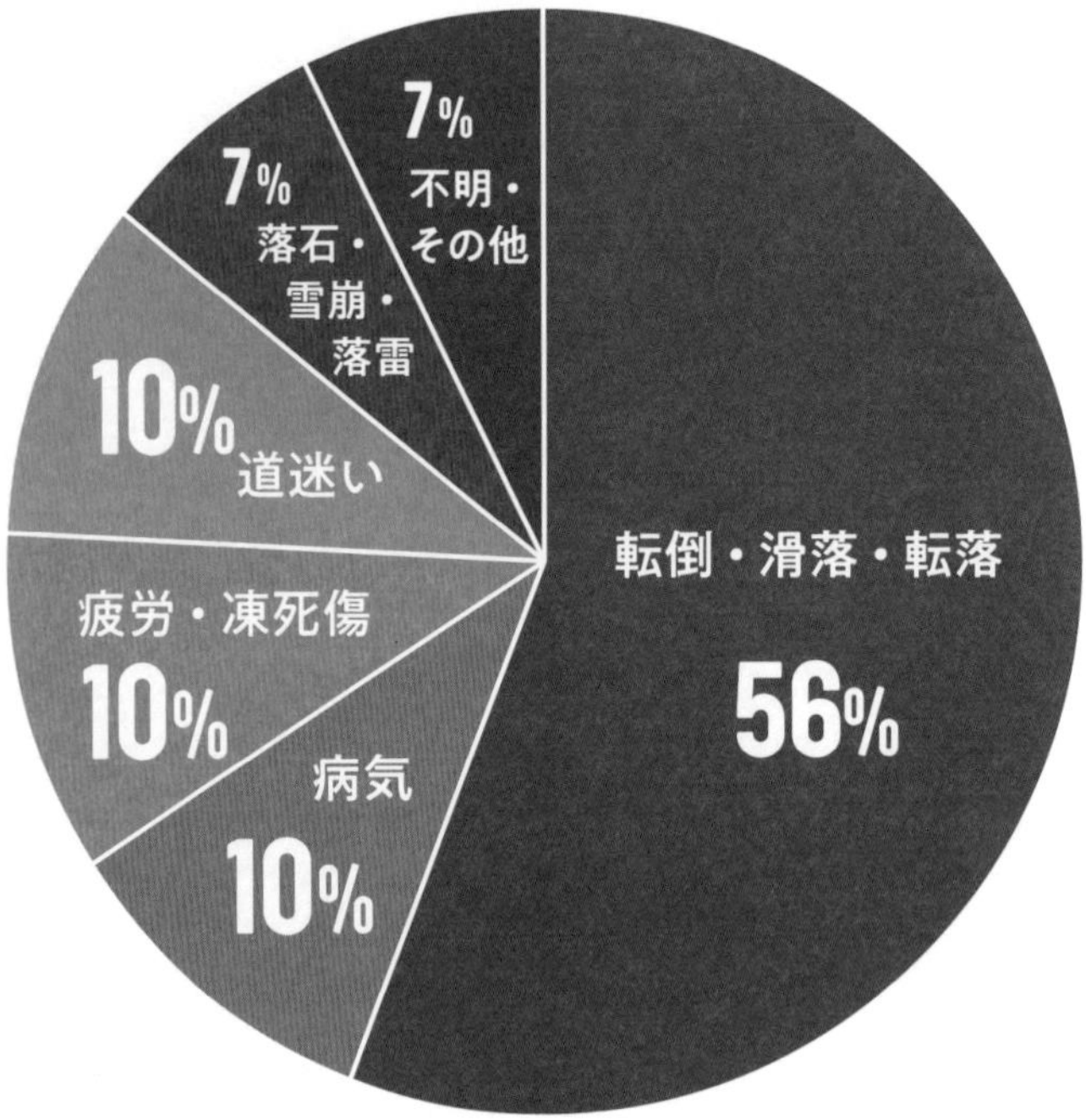
7% 不明・その他
7% 落石・雪崩・落雷
10% 道迷い
転倒・滑落・転落
56%
疲労・凍死傷
10%
病気
10%

ガイドブックなどに書かれている、コースの歩行時間（コースタイム）と同等の速さで歩くために必要な筋力レベルを表している。一般的な人と比べて脚力があることは間違いないのだが、山をコースタイムどおりに歩くためには、筋力が不足していることがわかるだろう。

加齢による筋力の低下は、仕方のないことだ。だからこそ、年齢が上がるほどトレーニングを工夫したり、継続したりすることが必要で、それを怠ればいくらベテランであっても、先ほどのように転倒や滑落などを起こしてしまうことになる。

図2-5 年齢、性別と筋力

登山をしている人は一般的な人と比べて脚筋力が強いが、安全な登山に必要な水準と比較すると不十分な人が多い

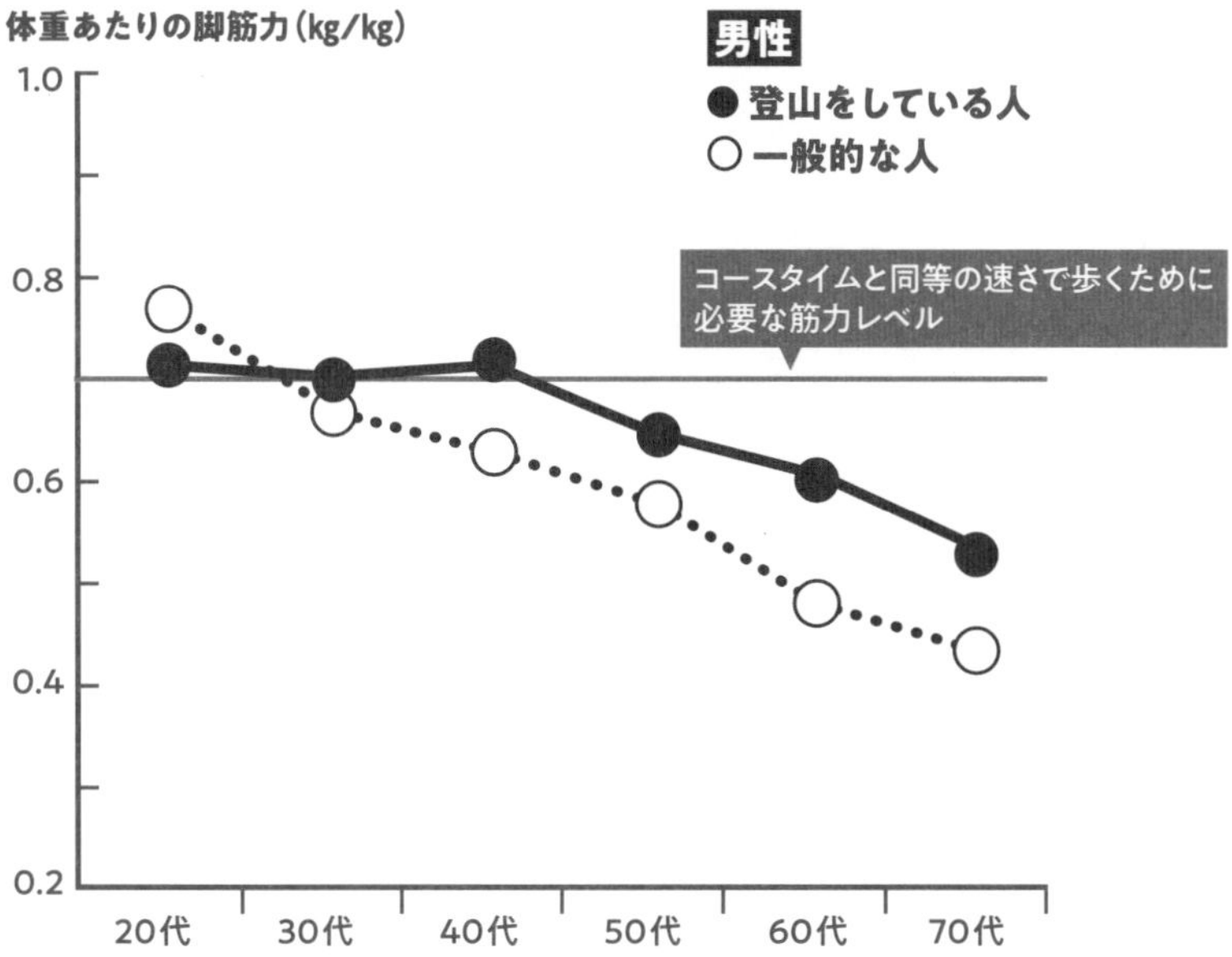
体重あたりの脚筋力（kg/kg）
男性
●登山をしている人
○一般的な人
コースタイムと同等の速さで歩くために必要な筋力レベル
1.0
0.8
0.6
0.4
0.2
20代
30代
40代
50代
60代
70代

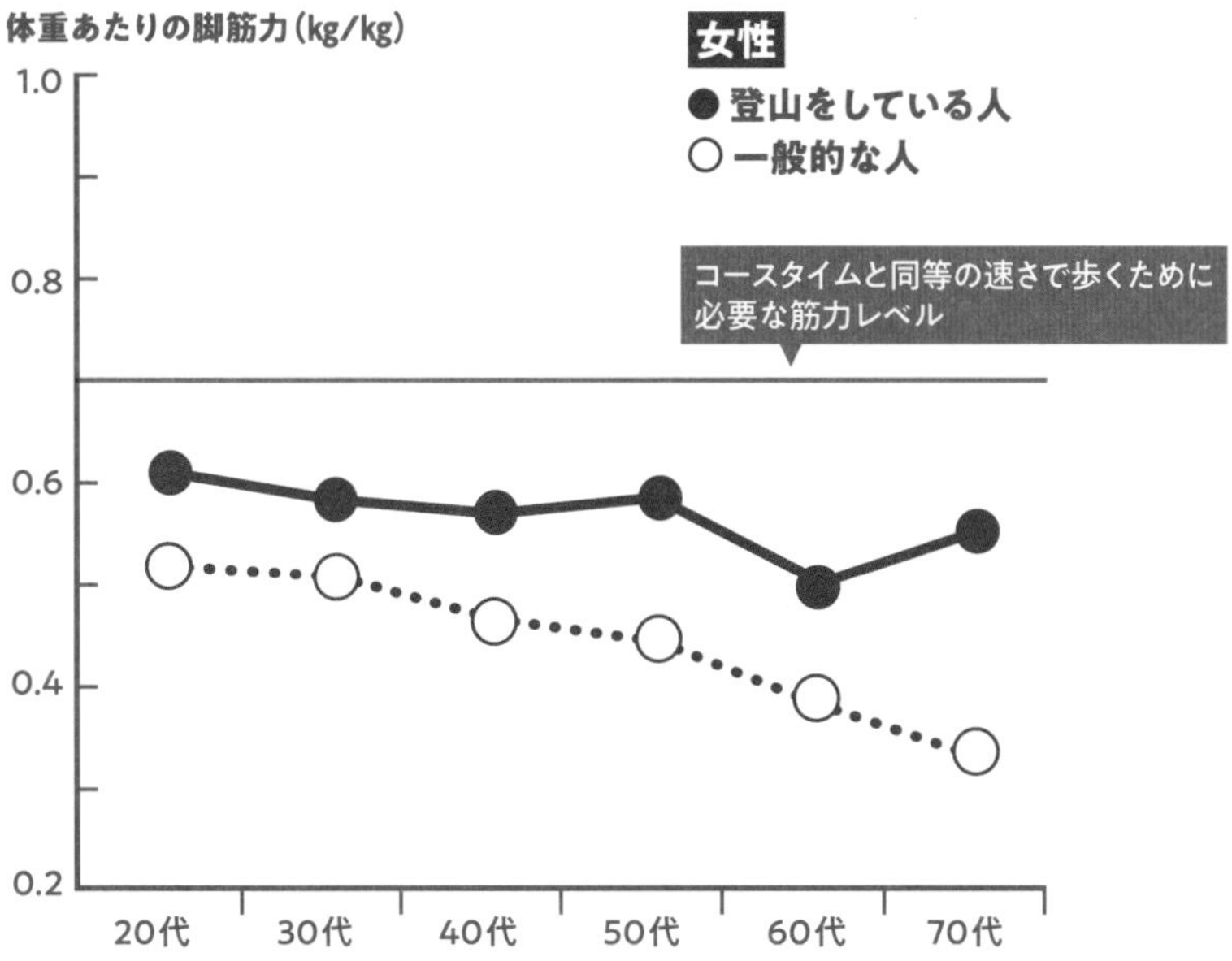
体重あたりの脚筋力（kg/kg）
女性
●登山をしている人
○一般的な人
コースタイムと同等の速さで歩くために必要な筋力レベル
1.0
0.8
0.6
0.4
0.2
20代
30代
40代
50代
60代
70代

私の体力はどのくらい？①
3つの体力テスト

きつさや回数が目安になる

ここで紹介するのは、脚筋力と腹筋力、バランス能力をチェックする3つのテスト。全年齢に有効である。

スクワットでは「総合的な登山体力、脚筋力、ヒザ関節痛への抵抗性」、腹筋力テストでは「体幹の安定性、腰痛に対する抵抗性」が、バランス能力テストでは「転倒しにくさ」が確認できる。

時間がかからずに簡単にできるため、試して自分の現状を把握してもらいたい。

余談になるが、知人の山岳ガイドは出発前にバランス能力テストを行い、ゲストたちの能力やその日の体調を知ることに活用しているそうだ。テストと同様に10秒間できない方は、だいたいが何かしらのトラブルを起こしてしまうが、20秒以上できる方はトラブルなく登山ができるということだった。

なお軽登山とはハイキングレベル、本格的な登山とは無雪期の登山レベルという意味になる。

テスト1 脚筋力

普段からヒザに痛みのある方は、まず医師に相談すること

横

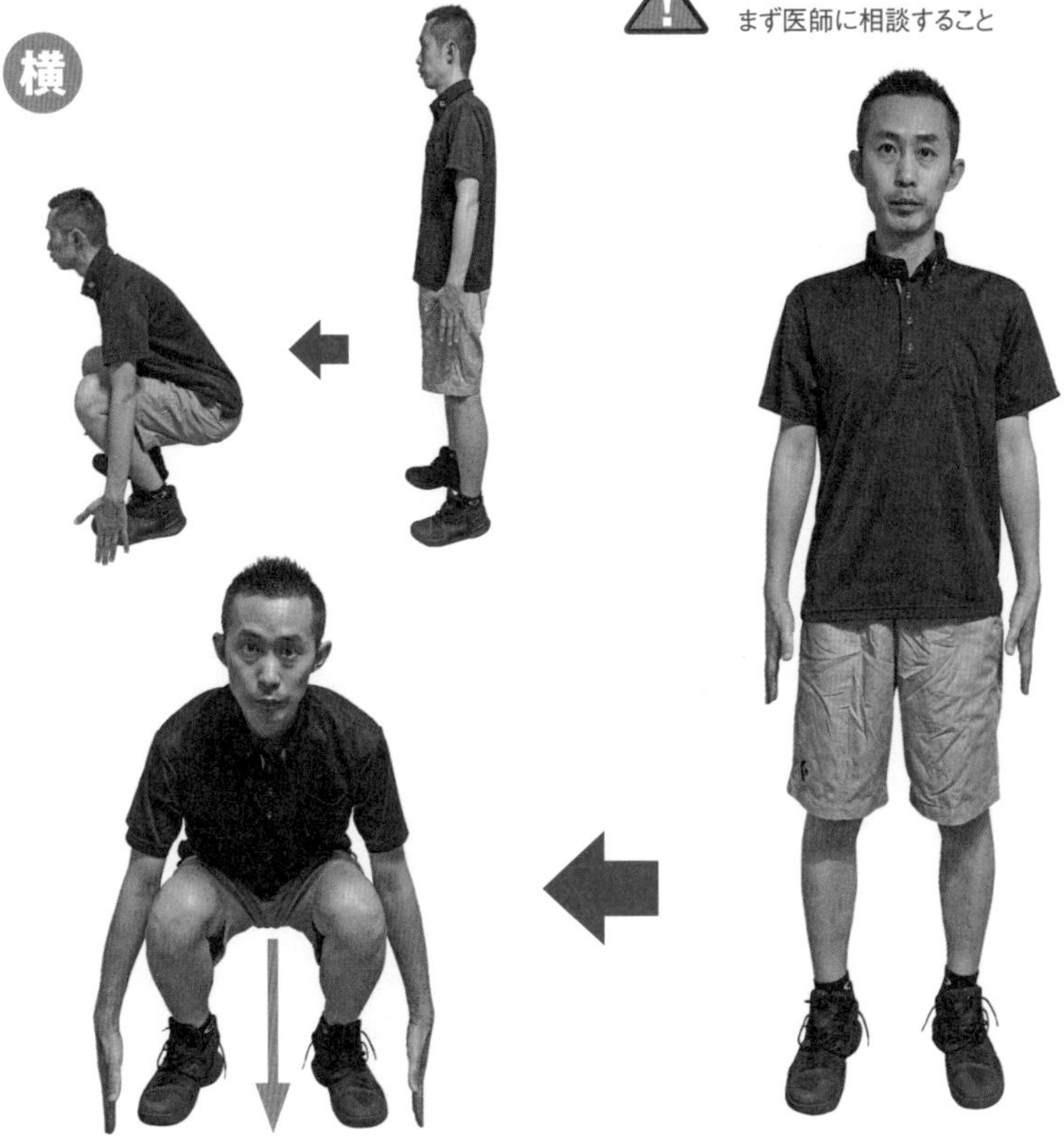

POINT

1 脚は肩幅よりも少し広めに開く
2 手の指先が床につくところまでヒザを曲げる
3 イスに腰かけるようにお尻を下ろしていく

結果診断

軽登山向け（10回×3セット）	
○	楽だった
○～△	きつくはないが、楽でもない
△	きつかった、筋肉痛になった
×	最後までできなかった

本格的な登山向け（15回×5セット）	
◎	楽だった
○	きつくはないが、楽でもなかった
×	きつかった、筋肉痛になった

テスト2 腹筋力テスト

普段から腰の痛い人は
まず医師に相談すること

POINT

**背中を丸めるようにしながら、
ゆっくりと上体を起こしていく**

結果診断

軽登山向け（10回×3セット）	
○	楽だった
○〜△	きつくはないが、楽でもない
△	きつかった、筋肉痛になった
×	最後までできなかった

本格的な登山向け（15回×5セット）	
◎	楽だった
○	きつくはないが、楽でもなかった
×	きつかった、筋肉痛になった

テスト3 バランス能力テスト

POINT
1 片足でじっと何秒立てるか
2 軸足がずれてしまったら終了
3 手を腰から離したら終了

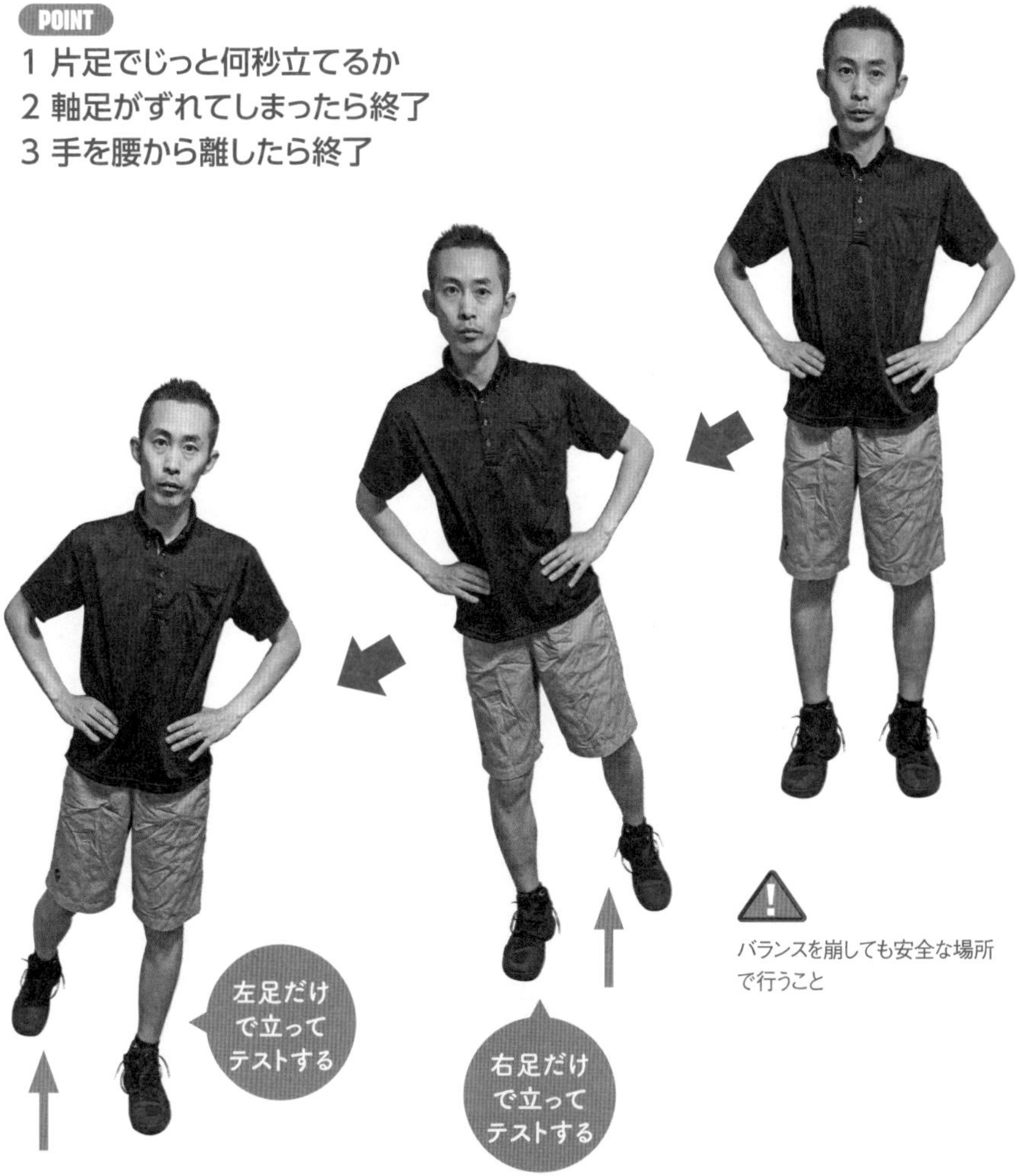
左足だけ
で立って
テストする
右足だけ
で立って
テストする

バランスを崩しても安全な場所で行うこと

結果診断

	軽登山向け（10秒）
○	左右とも10秒間安定して立てた
△	どちらかが途中でぐらついた
×	両足とも途中でぐらついた
×	途中で終了してしまった

	本格的な登山向け（20秒）
○	左右とも20秒間安定して立てた
△	どちらかが途中ぐらついた
×	両足とも途中でぐらついた
×	途中で終了してしまった

04

登山と体力の関係とは

私の体力はどのくらい？②
マイペース登高能力テスト

図2-6 マイペース登高能力テストの例

長野県山岳総合センター主催で行われた美ヶ原でのマイペース登高能力テスト。標高差620mの単調な登山道の登りで、登高能力を計測した

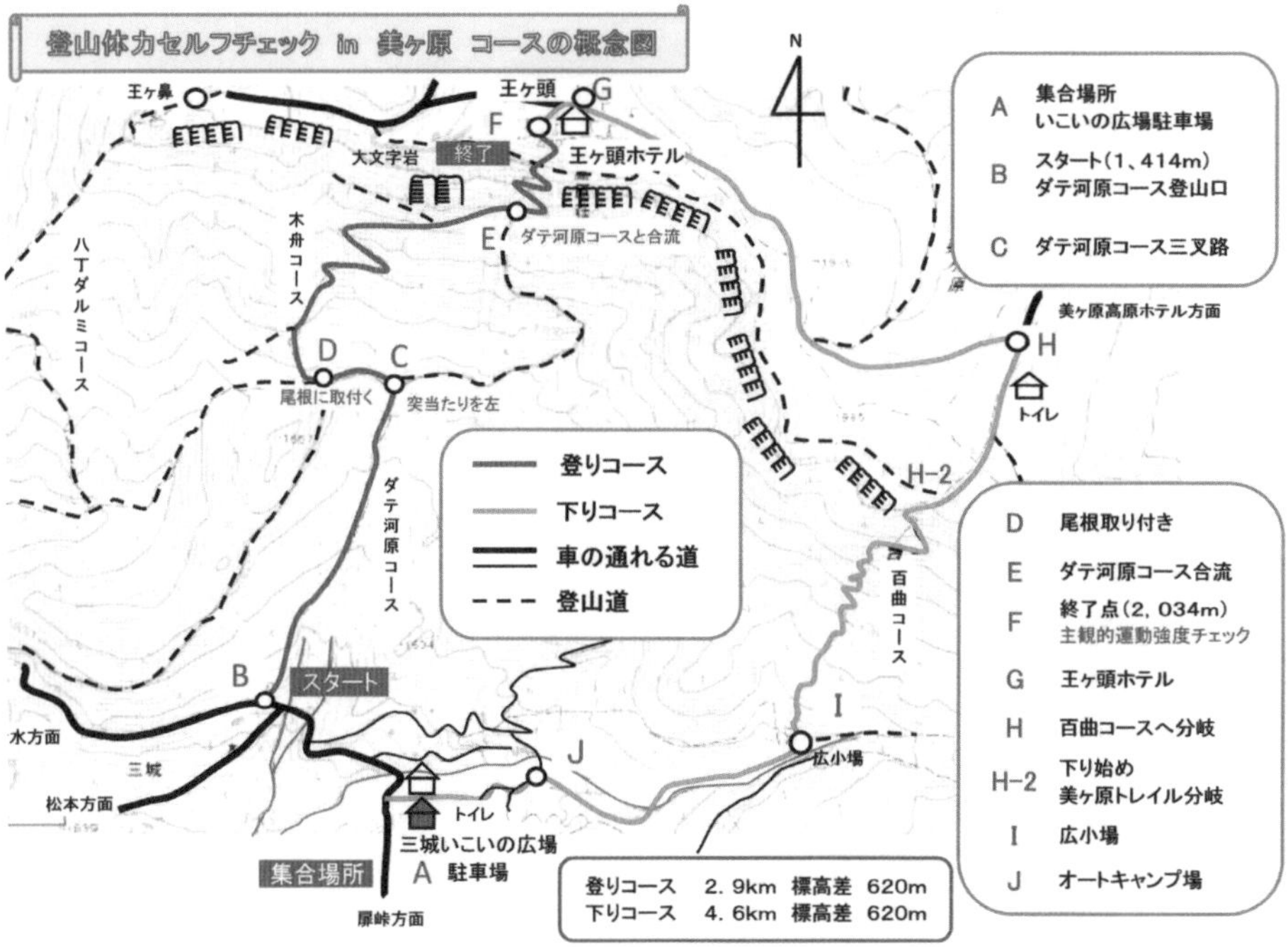
登山体力セルフチェック in 美ヶ原 コースの概念図
N
王ヶ鼻
王ヶ頭
G
F
終了
王ヶ頭ホテル
大文字岩
E
ダテ河原コースと合流
木舟コース
八丁ダルミコース
D
尾根に取付く
C
突当たりを左
ダテ河原コース
B
スタート
水方面
三城
松本方面
トイレ
三城いこいの広場
A 駐車場
集合場所
扉峠方面
J
I
広小場
百曲コース
H-2
H
トイレ
美ヶ原高原ホテル方面
登りコース
下りコース
車の通れる道
登山道
登りコース 2. 9km 標高差 620m
下りコース 4. 6km 標高差 620m
A 集合場所 いこいの広場駐車場
B スタート（1、414m） ダテ河原コース登山口
C ダテ河原コース三叉路
D 尾根取り付き
E ダテ河原コース合流
F 終了点（2, 034m） 主観的運動強度チェック
G 王ヶ頭ホテル
H 百曲コースへ分岐
H−2 下り始め 美ヶ原トレイル分岐
I 広小場
J オートキャンプ場

マイペースで登ることがとても重要

マイペース登高能力テストとは、単調な登りが500m以上続く山道を「マイペース」で歩き、どのくらいの時間で歩けたかを計測する。これによって山のきつさに耐える全身の能力（全身持久力）のレベルを知ることができる。

重要となる「マイペース」の位置づけは、①きつさを感じない、②息が弾まない、③人と話ができる、④休みながら数時間登れる、というもので、世界的に使われている「きつさ（主観強度）」の尺度（60ページ・図2-7）では12に該当する。そのペースで1時

図2-7 きつさ（主観強度）の表

世界的に使われている「きつさ（主観強度）」の表。12の「きつさを感じる手前」がマイペースになる

20	
19	非常にきつい
18	
17	かなりきつい
16	
15	きつい
14	
13	ややきつい
12	きつさを感じる手前
11	楽
10	
9	かなり楽
8	
7	非常に楽
6	

間に約300m登れた場合はハイキングに、約400m登れた場合は無雪期の登山に適した体力があるといえる。

注意していただきたいのは、人と競わないこと。集団になると、どうしても競争になってしまう方が多いのだが、これではマイペースで歩くことはできない。

図2-6の地図は長野県の美ヶ原で開催された、長野県山岳総合センター主催のマイペーステストの行程表である。このように単調な登りが続く山で、実際に挑戦してもらいたい。

何度か試すことで マイペースがつかめる

図2-8 登高能力と適した登山

マイペーステストの結果と照らし合わせると、どの程度の体力かがわかる。メッツとは運動のきつさを表す指標だが、詳しくは66ページで説明する

ランク	登高能力	適した登山	メッツ
1	500m/h程度	雪や岩のある登山	8メッツ程度
2	400m/h程度	無雪期登山	7メッツ程度
3	300m/h程度	ハイキング	6メッツ程度
4	300m/h未満	-	6メッツ未満

1回のマイペース登高能力テストでマイペースを把握できない場合は、日を変えて何度かこのテストをするとよい。そして図2-8の表とテスト結果を照らし合わせることによって、自分の体力（登高能力）に相応しい登山のレベルを知ることができる。

現在は登下降速度やエネルギー消費量を示してくれる、登山用時計も発売されている。この時計は10秒ごとに登下降速度を計測してくれるため、15分や20分ほど、自分の快適なペースで登り、その時の登高速度を確認することで、マイペース登高能力ををチェックできる。

定期的に体力を知るQCシート

図2-9 QCシートの記入例

登山時の記録と登山後の検討項目を書き込む。検討項目を実施し、次回の登山時以降もこのサイクルを繰り返すことで、より高い登山能力をつけられるようになる

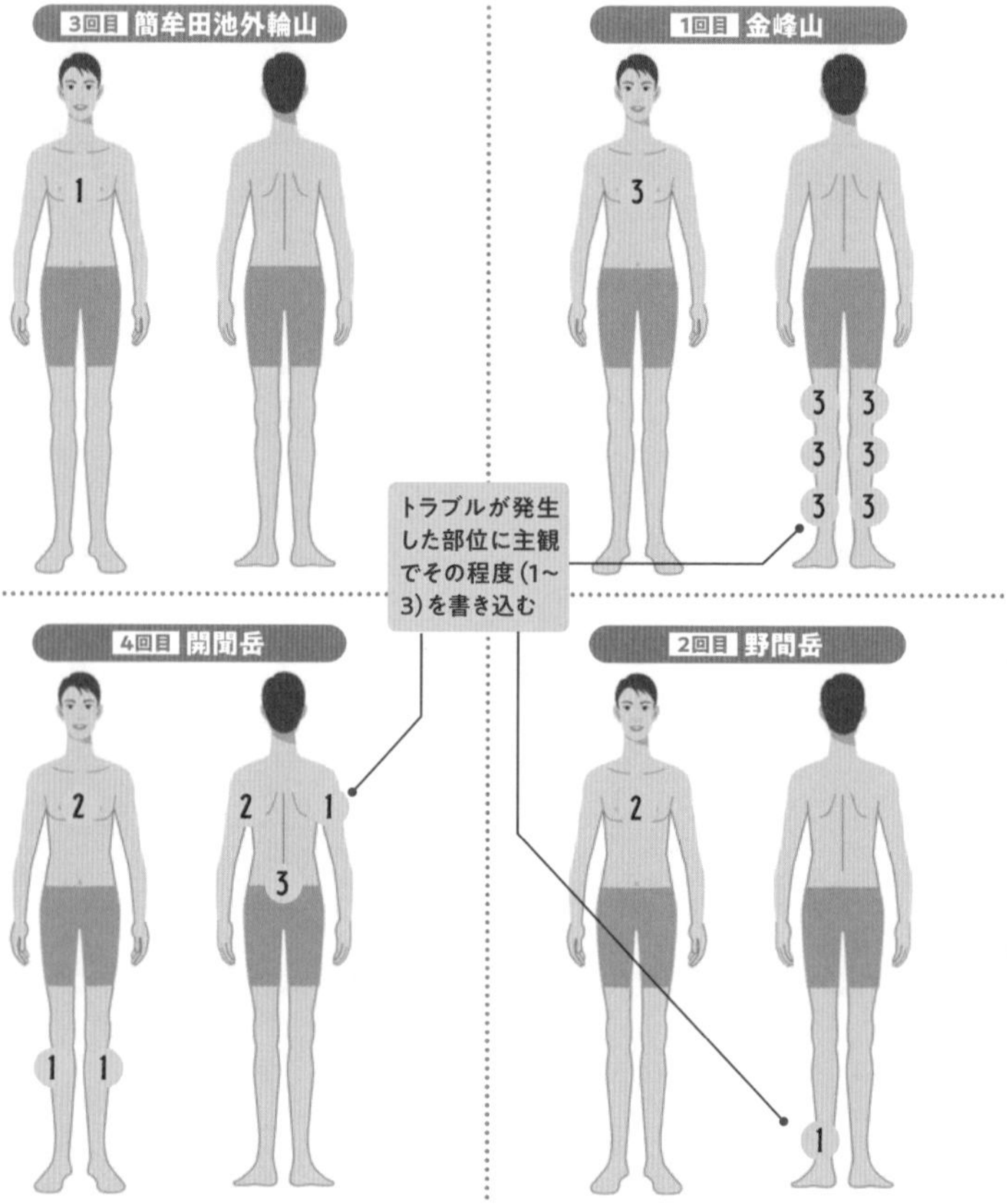
3回目 筒牟田池外輪山
1回目 金峰山
4回目 開聞岳
2回目 野間岳
トラブルが発生した部位に主観でその程度(1~3)を書き込む
1
3
3 3
3 3
3 3
2
2 1
3
1 1
2
1

体の状態を知り、適切なトレーニングにつなげる

QCとはQuality Controlの略で、製造業界で生まれた考え方である。この後紹介するPDCAサイクルと組み合わせて現状を可視化するために、紙に書き表す作業をすることから「QCシート」と呼ばれる。特に決まったフォーマットはないのだが、上の図2-9に一例を挙げた。

これは登山初心者が4回の登山をしたときの記録で、1回目の登山では短い距離を上

山名	体力レベル	上り、下り、水平方向への移動量	登山中および登山後の身体トラブル							考察
			筋肉痛	下りで脚がガクガクになる	ヒザの痛み	登りで心臓や肺が苦しい	筋肉のけいれん	腰の痛み	その他	①これまでのトレーニングの反省点 ②今後の解決策
①金峰山(636m)	初心者向け	上り：160m 下り：160m 水平：1.3km	3 (下半身)	2		3				①平地でのウォーキングしかしていなかった ②ウォーキングコースに坂道を取り入れる(週に5、6回)。脚力の強化(階段上り時に意識的に)
②野間岳(591m)	初心者向け	上り：230m 下り：230m 水平：2.8km				2			アキレス腱 (左足)	①登山に適した歩き方ができていなかった ②登山の歩行技術の習得
③籠牟田池外輪山(485m)	初心者向け	上り：300m 下り：300m 水平：4.5km				1				なし
④開聞岳(924m)	一般向け	上り：815m 下り：815m 水平：8.5km	2 (上半身)		1	2		3		①階段ウォーキングと階段での脚力強化だけでは不十分な可能性がある ②スクワット運動による脚力の強化も行う

ここからダウンロード

ここで紹介している
表と人物のイラストを
ダウンロードできます。

り下りするだけで、脚に強度の筋肉痛が起こった。しかし1回目の反省を踏まえてトレーニングを行ったところ、3回目の登山ではほとんどトラブルがなくなった。そこで4回目には体力度が高い一般コースにチャレンジしたところ、再びさまざまな部位にトラブルが起こった。そこで4回目の登山後は、新たなトレーニングの必要性を感じ、その内容を記載している。

万人にベストなトレーニングはない

トラブルの起こり方はこのように、同じ人でも次々に変わっていく可能性もある。そのため、残念ながら「このト

レーニングをすればすべてのトラブルがなくなる」といった単純な答えは存在しない。そこでこのようなシートを使って定期的に記録をし、改善案を探っていくという方法をおすすめしている。

QCをより効果的にするPDCAサイクル

PDCAサイクルはパート3のトレーニングで重要となる考え方だが、QCと連動するため、ここで紹介しておく。

PDCAサイクルは製造業で品質管理に用いられてきた手法で、失敗を最小限にして目的に近づくための手段になる。この手法を登山に適用したものが、図2－10である。

まずは図2－11の中高年者が起こしやすいトラブルを参考に、自分にも当てはまる項目を選び、どのようにすれば解決できるかを考える（PLAN）。

その後実際にトレーニングをし、トラブルが解決するかを確認する（DO）。

解決しなければトレーニングを改良して行う（CHECK）。

さらに解決するまでトレーニングの工夫を続け、最終的に解決するまで行う（ACT）。

この考え方を元に、先ほどのQCシートを使っていけば、現状を知るだけでなく、改善方法を見つけられるようになっていく。

図2-10 PDCAサイクルを活用した登山のためのトレーニングの改善

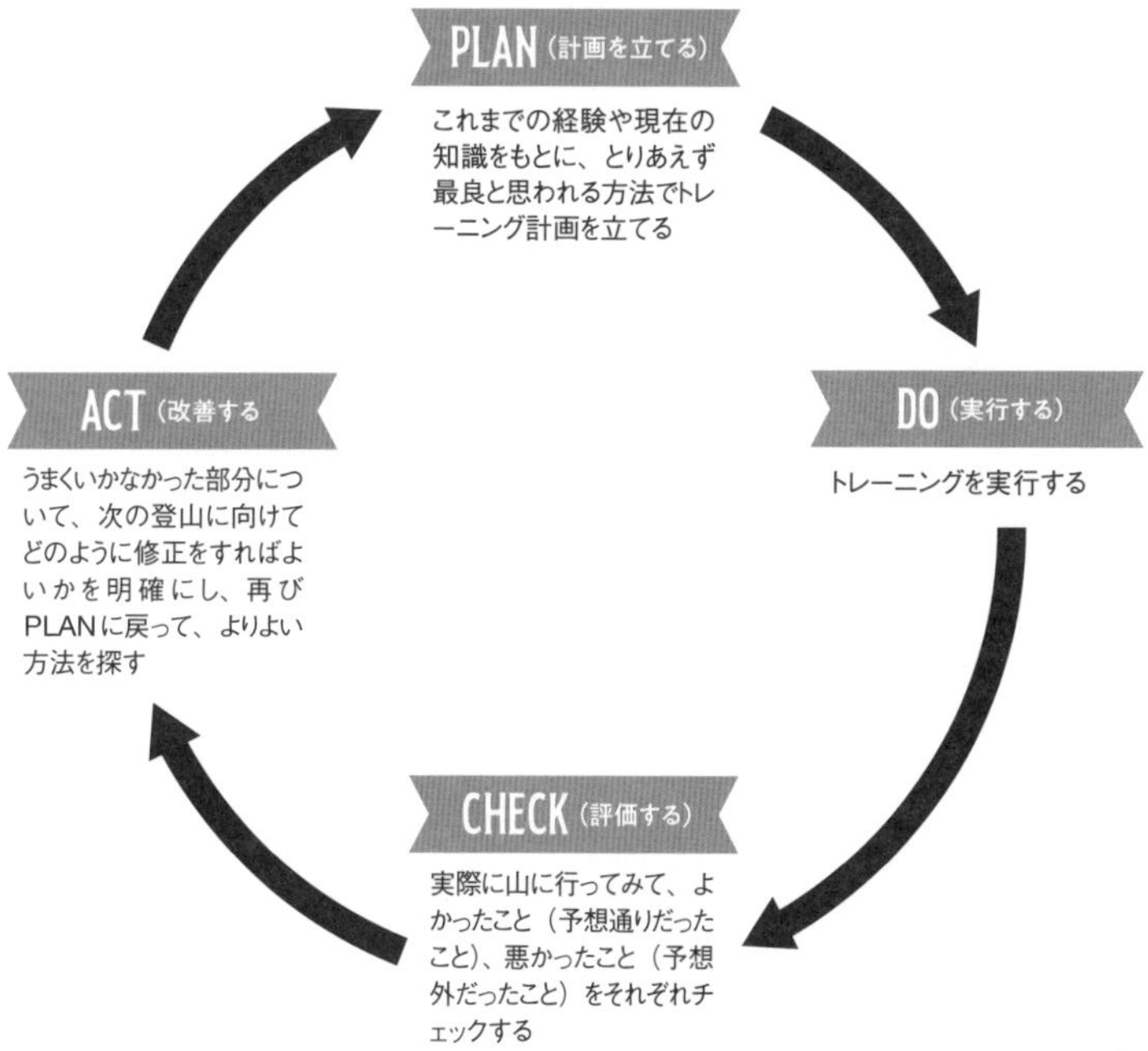
PLAN（計画を立てる）
これまでの経験や現在の知識をもとに、とりあえず最良と思われる方法でトレーニング計画を立てる
DO（実行する）
トレーニングを実行する
CHECK（評価する）
実際に山に行ってみて、よかったこと（予想通りだったこと）、悪かったこと（予想外だったこと）をそれぞれチェックする
ACT（改善する）
うまくいかなかった部分について、次の登山に向けてどのように修正をすればよいかを明確にし、再びPLANに戻って、よりよい方法を探す

図2-11 中高年登山者の身体トラブル状況

平均年齢57歳の男女約4,000人あまり（登山経験の平均は約10年）に実施したアンケートの結果になる。まずは自分に当てはまる項目を選び、QCシートに書き込んだり、PDCAで改善していくべき目標とする

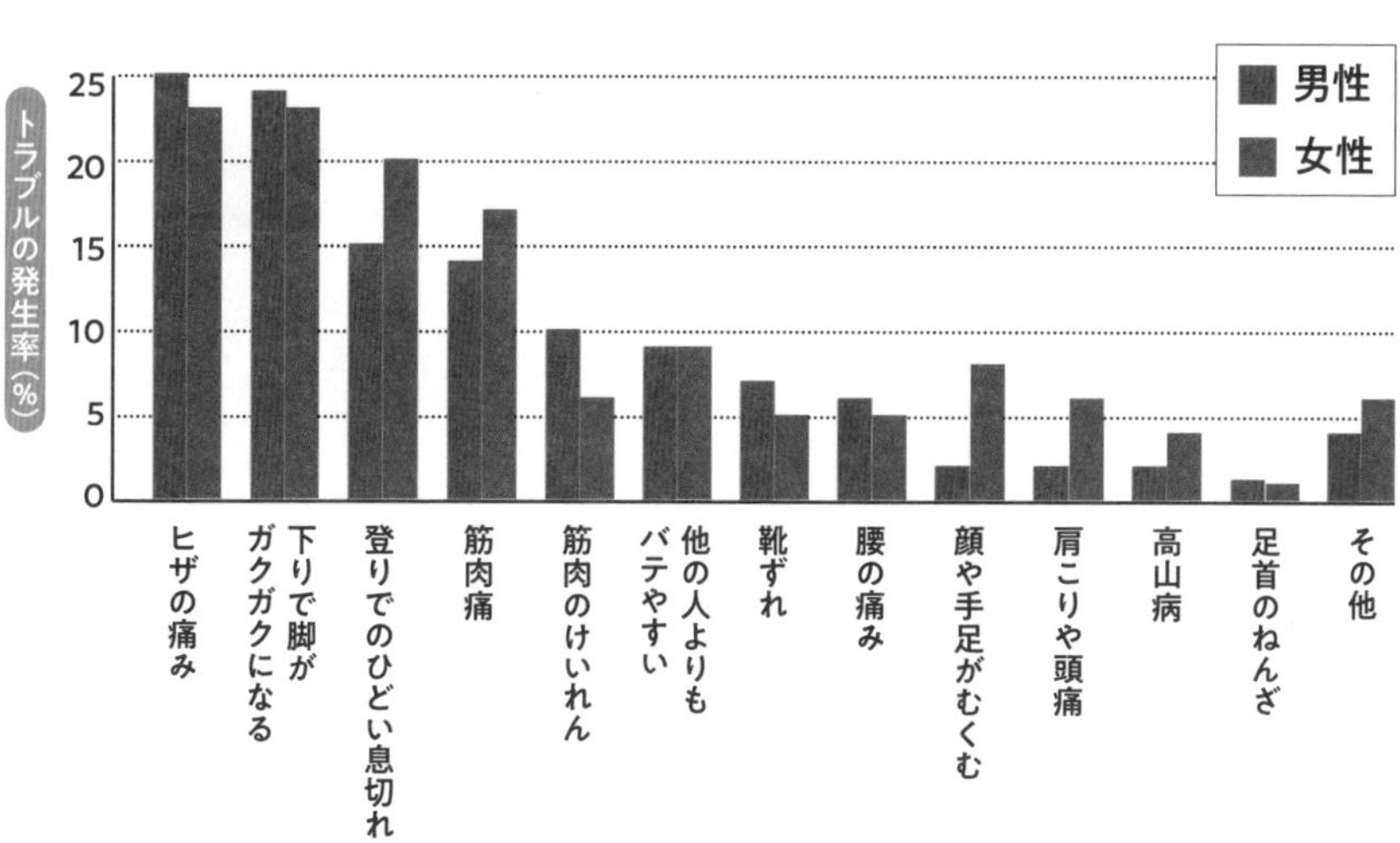
男性
女性
トラブルの発生率（%）
25
20
15
10
5
0
ヒザの痛み
下りで脚がガクガクになる
登りでのひどい息切れ
筋肉痛
筋肉のけいれん
他の人よりもバテやすい
靴ずれ
腰の痛み
顔や手足がむくむ
肩こりや頭痛
高山病
足首のねんざ
その他

「行きたい山」と「行ける山」の体力度を数値化してマッチングさせる

安静時の何倍のエネルギーを使うのかを表すメッツ

メッツとは、さまざまな生活活動やスポーツが安静時の何倍のエネルギーを使うのかを数値化したもので、運動のきつさを表す。登山の運動強度は一般的に7メッツ以上となり、図2-12を見るとジョギングと同程度のきつさであることがわかる。登山には①運動の強度が高い、②運動の時間が長いという2種類の大変さがあるのだが、メッツは①の運動の強度を表している。

こうして他の運動と比較すると、ハイキング（6メッツ）でさえ運動強度はかなり高いことがわかる。ましてや本格的な登山（7メッツ）になると、ジョギング相当の強度となるため、心臓突然死の可能性もある領域に位置する。そう考えると、十分なトレーニングもなしに登山をすることがいかに危険なことかがわかっていただけるだろう。

ただしコース整備が行き届いた山であれば、歩く速さをゆっくりにすることで、6メッツや5メッツにすることができる。そのため、必ずしも7メッツの体力がなければ山に登れないわけではないのだが、歩く速度が遅いとその分、

図2-12 メッツの一覧表

安静時と比較した運動の強度を一覧にしたもの。2006年に厚生労働省が生活習慣病予防のために示した指数になる

安全圏内 ↑（6メッツ台まで）／ 安全圏外 ↓（7メッツ台以上）

	運動の強さ	スポーツ・運動・生活活動の種類
	1メッツ台	立つ、座る、寝る、デスクワーク、車に乗る
	2メッツ台	ゆっくり歩く、立ち仕事、ストレッチ、ヨガ
	3メッツ台	普通～やや速く歩く、階段を下りる、掃除、軽い筋トレ
	4メッツ台	早歩き、水中運動、バドミントン、ゴルフ、庭仕事
安全圏内	5メッツ台	かなり速く歩く、野球、ソフトボール、子どもと遊ぶ
ハイキング▶	6メッツ台	ジョギングと歩行の組み合わせ、バスケットボール、ゆっくり泳ぐ
無雪期の縦走▶	7メッツ台	ジョギング、サッカー、テニス、スキー、スケート
雪山・岩山▶	8メッツ台	ランニング（分速130m）、サイクリング（20km/h）、水泳（中速）
安全圏外	9メッツ台	荷物を上の階に運ぶ
	10メッツ台	ランニング（分速160m）、柔道、空手、ラグビー
	11メッツ以上	速く泳ぐ、階段を駆け上がる

時間がかかるため、ゆとりのある登山計画が必要になる。

コース定数という考え方

登山の大変さの2つ目は運動の時間が長いこと。ある登山コースを歩いたときに体にかかる負担は消費するエネルギー量とほぼ一致するが、それを科学的な数値計算に当てはめて表したものが「コース定数」という概念である。

図2-13は行動中のエネルギー消費量を求める式であるが、このAの部分がコース定数になり、1～100程度の数値で表される。ガイドブックでは図2-14のように表記されているものもある。

現在、このコース定数と技

図2-13 行動中のエネルギー消費量を求める式

この式を使うと、登山の時間的および距離的な大変さ（体力度）をエネルギーの大きさに置き換えて、数値で表すことができる。少し計算が面倒になるAの部分は、「コース定数」という概念でガイドブックなどに掲載されている

行動中のエネルギー消費量（kcal）
＝ A × B

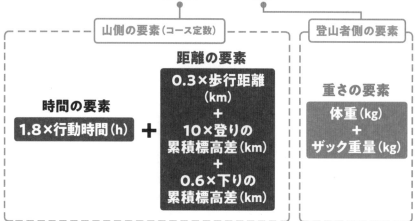

A：山側の要素（コース定数）

時間の要素
1.8×行動時間（h）

＋

距離の要素
0.3×歩行距離（km）
＋
10×登りの累積標高差（km）
＋
0.6×下りの累積標高差（km）

B：登山者側の要素

重さの要素
体重（kg）
＋
ザック重量（kg）

図2-14 コース定数の表記例

登山ガイドブックには、このような形で掲載されている

コース定数＝28		
標高差＝550m		
累積標高差	登り	1217m
	下り	1217m

術的な難易度によって山を分類したグレーディング表が長野県や岐阜県などで作られている。自分が登れるかどうかの指標として、また登りたい山へ登るためのトレーニング目標として、このグレーディング表を活用してもらいたい。

COLUMN 2

山の危険生物『害虫』②

不快感を与えるヒルやダニ

ハチのように行動不能になることはないものの、気分を不快にさせる害虫が「ヒル」や「ダニ」である。

これらの害虫は草むらや藪に生息することが多く、そのような場所で休憩をした際に人に取りつく。また草むらなどに置いたザックにつき、その後人の体に取りついてくることもある。行動中は先頭の人が「ヒル」や「ダニ」を刺激してしまった結果、2番目や3番目を歩いている人につくとよくいわれる。

これらの対処法として一般的なのは、虫よけスプレーをかけること。ヒルよけ専用のスプレーもあるが、「ディート」という成分が入っていればどのような虫よけでもいい。このスプレーを衣類や帽子、ザックにかけておくのだ。

衣類はなるべく隙間のないものを着ること。上半身は長袖を、下半身はスポーツタイツを履いておきたい。そうすれば直接かまれることは、まずないだろう。

「ヒル」や「ダニ」にかまれてしまった場合は、無理に引き離そうとしないこと。

無理に引き離すと、ちぎれた部位が体の中に残ってしまうことがある。また体液が人の体に逆流し、体内にウィルスが入りこんでしまう危険もある。そのようなリスクを考えると、自分で引き離さず、行程を終えて下山した後に皮膚科で処置をしてもらうほうがいいだろう。

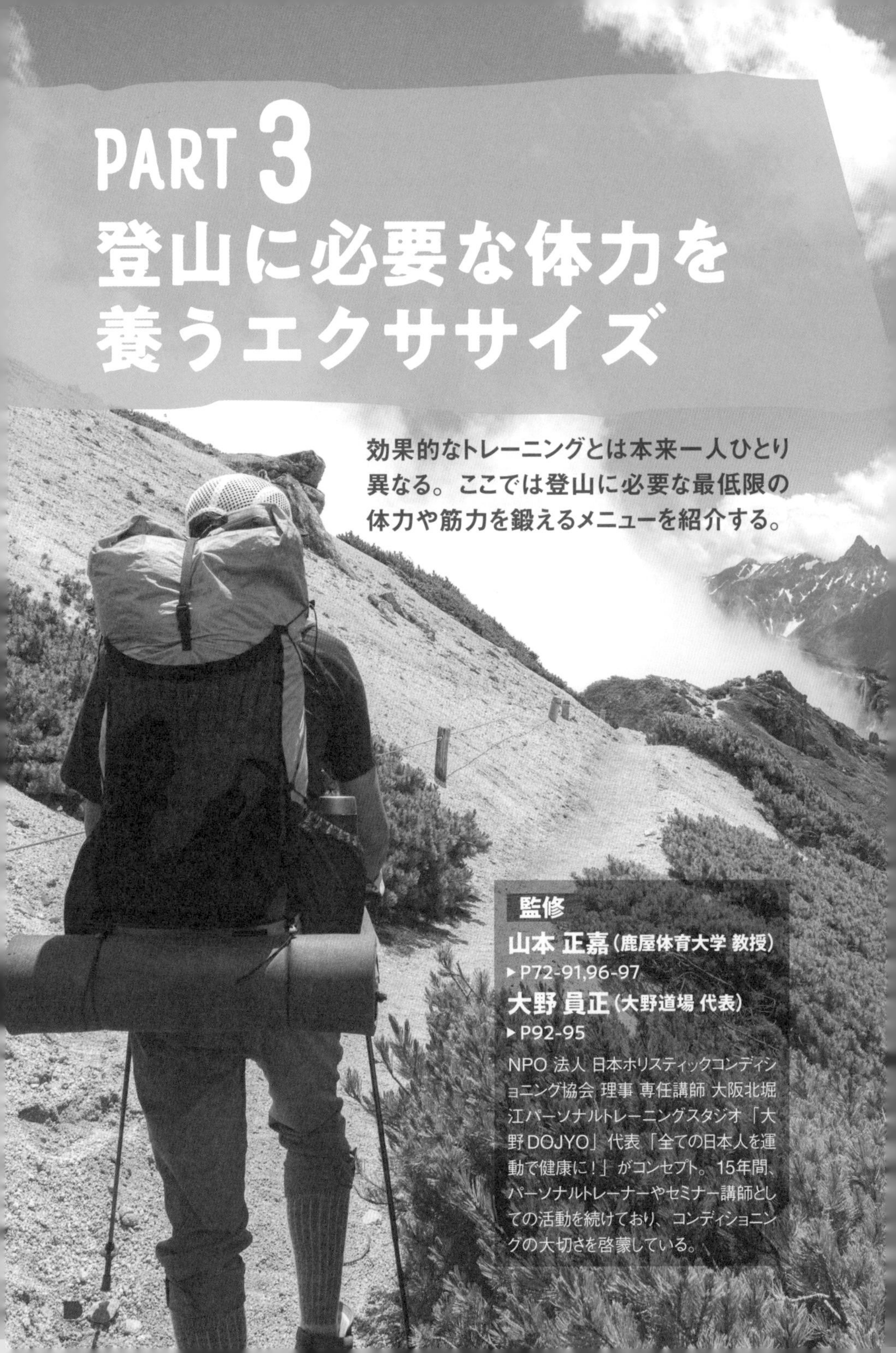

PART 3
登山に必要な体力を養うエクササイズ

効果的なトレーニングとは本来一人ひとり異なる。ここでは登山に必要な最低限の体力や筋力を鍛えるメニューを紹介する。

監修

山本 正嘉（鹿屋体育大学 教授）

▶P72-91,96-97

大野 員正（大野道場 代表）

▶P92-95

NPO 法人 日本ホリスティックコンディショニング協会 理事 専任講師 大阪北堀江パーソナルトレーニングスタジオ「大野DOJYO」代表「全ての日本人を運動で健康に！」がコンセプト。15年間、パーソナルトレーナーやセミナー講師としての活動を続けており、コンディショニングの大切さを啓蒙している。

トレーニングが身になる人とならない人の違いとは

トレーニングの語源はトレイン

「私はどのようなトレーニングをすればよいでしょうか？」。これは、私が講演会などでよくいただく質問である。逆に「トレーニングとは何か？」と尋ねると、「週に何回かまとまった時間を確保して運動をすること」と答える方が多い。トレーニングの語源は「トレイン」であり、現在地から目的地まで自分の身体能力を改革していく（引っ張っていく）という意味がある。つまりトレーニングとは、一人ひとりの異なる現在地から、それぞれの目的地に向かって変革するための強化を行うということだ。そのため、はじめの問いには「一人ひとりが異なるため、あなたの体力などを十分に把握したうえでないと正しく答えられません」と答え、2つ目の答えには「それは正しくありません」と答えることになる。

74ページの図3-1は、大学生の山岳部員と登山家のトラブルをまとめたものである。どちらも普段からトレーニングをしているのだが、山では登山家以上に大学生の山岳部員たちにトラブルが起きている。つまり、大学生たちのトレーニングは登山にあまり役立っていないということになる。それでは、登山に役立つトレーニングとはどのような内容になるのだろうか。

誰にでも有効なトレーニングは存在しない

結論からいうと、「誰にでも有効なトレーニング」は存在しない。その理由は、先ほど述べたように現在地（現時点で

図3-1 大学生の山岳部員と登山家のトラブル発生率の比較

このグラフは、大学生の山岳部員132人と登山家の講師26名へのアンケートの結果になる。学生にトラブルが多い理由は、登山日数が不足していることと、日々のトレーニングが登山に必要な内容とは異なることである。なお登山家の講師に多いヒザや腰の痛みは、登山頻度が多すぎることによるものと考えられる

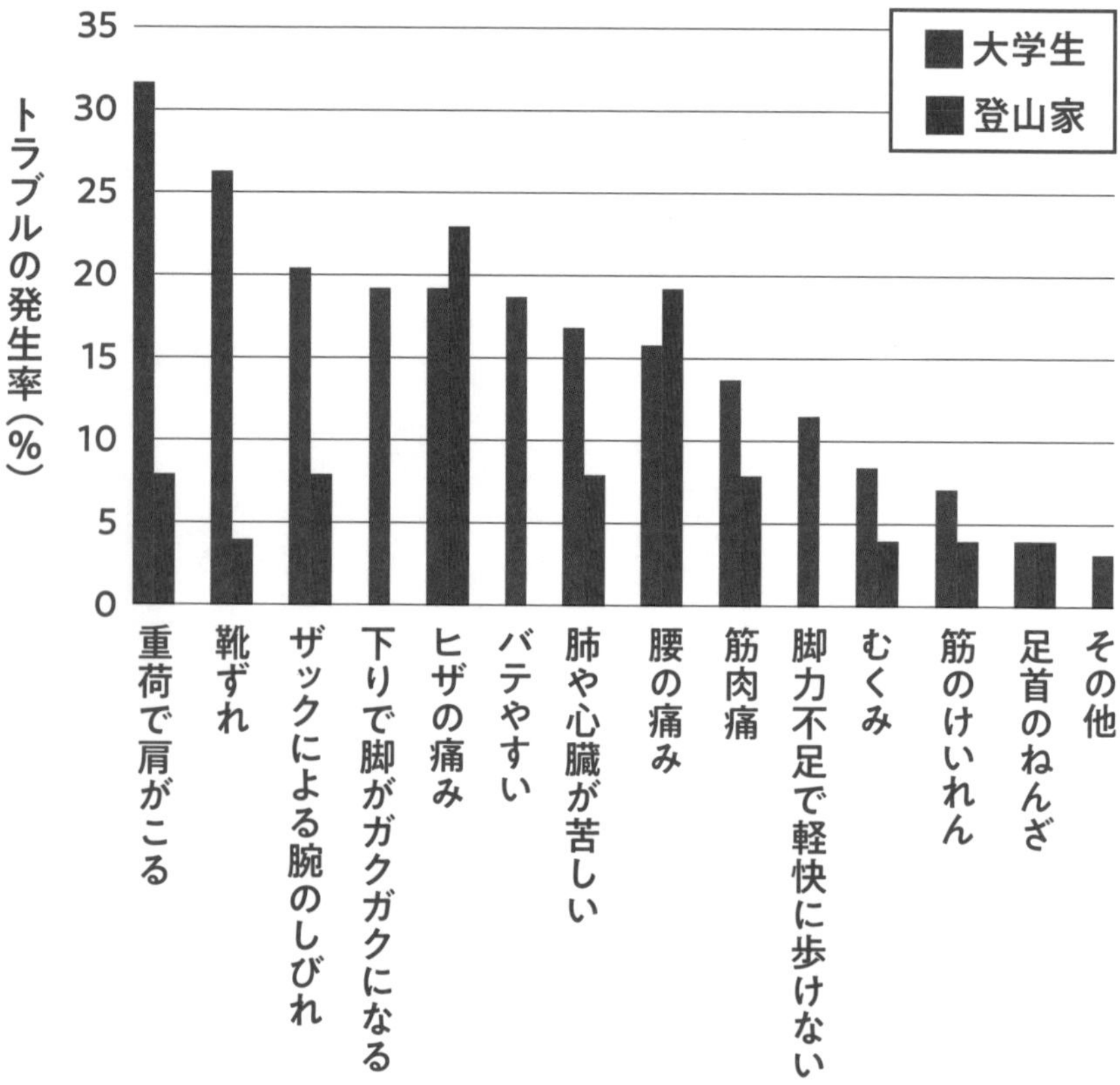

大学生
登山家
トラブルの発生率（%）
35
30
25
20
15
10
5
0
重荷で肩がこる
靴ずれ
ザックによる腕のしびれ
下りで脚がガクガクになる
ヒザの痛み
バテやすい
肺や心臓が苦しい
腰の痛み
筋肉痛
脚力不足で軽快に歩けない
むくみ
筋のけいれん
足首のねんざ
その他

の体力の特性）が一人ひとり異なるからだ。しかしこれまで登山のためのトレーニングをしていなかった人たちにとっては、最低限の効果が得られる方法は存在する。それがこの後紹介していく内容だ。

なお、これらのトレーニングは最低限の内容であり、ゆくゆくは個々に合ったトレーニングを取り入れていく必要がある。この「個々に合ったトレーニング」を知るための手段が、62～63ページで紹介したQCシートである。QCシートで現状を把握し、改善するための方法を考えていくのだ。そのためには人から教えられたやり方だけでなく、自分で鍛えたい部位に効く方

図3-2 説明会の直後から半年後までの変化

健康づくりのための運動プログラムの説明会に参加した600人のうち、実際に行動した人は105人（18%）であり、半年間継続した人は65人（11%）しかいなかった。頭で理解はできたが、実際に体を動かす人は2割弱であり、継続する意思（心）を持っていた人は1割強しかいなかったのだ

600人
(100%)
運動プログラムの
説明会に参加した人
学ぶ（頭）

105人
(18%)
その後、1回でも
トレーニングした人
やってみる（身体）

65人
(11%)
6ヵ月後まで
継続できた人
継続する（心）

法や負荷を追求していく必要がある。

継続は力なり

図3-2が何を意味するかおわかりだろうか。「600人」というのはある運動プログラムの説明会に参加した方の人数である。そのうち実際にトレーニングをされた方が105人であり、半年後にトレーニングを継続していた方が65人である。

「馬を水飲み場まで連れていくことはできるが、水を飲ませることはできない」ということわざどおり、最後はみなさん一人ひとりが自分の意思で行動できるかどうかである。

登山力を鍛える3つの基本トレーニング

図3-3 登山で使われる主な筋と働き

体には400種類以上の筋があり、登山ではその多くが使われる。これらのなかでも主に使われる筋が、ここで紹介するものになる。個々に合わせたトレーニングを考える際にも参考にしてもらいたい

大胸筋
ザックの重さに対して肩を前に引きつけて支えるときに使う
僧帽筋
ザックの重さに対して肩を持ち上げて支えるときに使う
脊柱起立筋
姿勢を維持する。特に登りで負担が増す
腹筋群
姿勢を維持する。特に下りで負担が増す
腸腰筋
脚を持ち上げるときに使う。背骨と脚の骨をつなぐ唯一の筋になる
大腿四頭筋
ヒザ関節を伸展させる筋で、登山でもっとも酷使される部位になる
殿筋群
股関節を伸展する。強い力を発揮でき、大腿四頭筋の負荷を軽減させる
前脛骨筋
つま先を持ち上げる。登りでは、曲げた足の関節を固定するためにも使う
ハムストリングス
殿筋群と同様に股関節を伸展する。上手に使うと大腿四頭筋にかかる負荷を軽減させることができるが、上手に使えていない人が多い
下腿三頭筋
足の関節を伸展させる筋で、特につま先で立つ場面で使う
腓骨筋
足首を内側にひねらないようにする（ねんざの防止）

登山に必要な最低限のトレーニング

図3-3は登山で使われる主な筋とその働きをまとめたものである。ここで紹介する3つのトレーニングでは、次のような効果が得られる。

①スクワット：総合的な登山体力や脚筋力、ヒザ関節痛への抵抗性

②上体起こし：体幹（姿勢）の安定性、腰痛に対する抵抗性

③脚上げ：腹部の深層の筋（腸腰筋など）を鍛え、体幹（姿勢）を安定させる、脚を持ち

トレーニング1 スクワット

回数

慣れるまで：10回×3セット
慣れてきたら：15回×3セット
さらに強化：15回×5セット

POINT

- 両手を前に出し、肩幅程度に脚を開く
- つま先とヒザを同じほうに向ける
- イスに腰をかけるつもりでお尻を下げる
- ももが床と平行になるくらいまでヒザを曲げてから伸ばす

トレーニング2 上体起こし

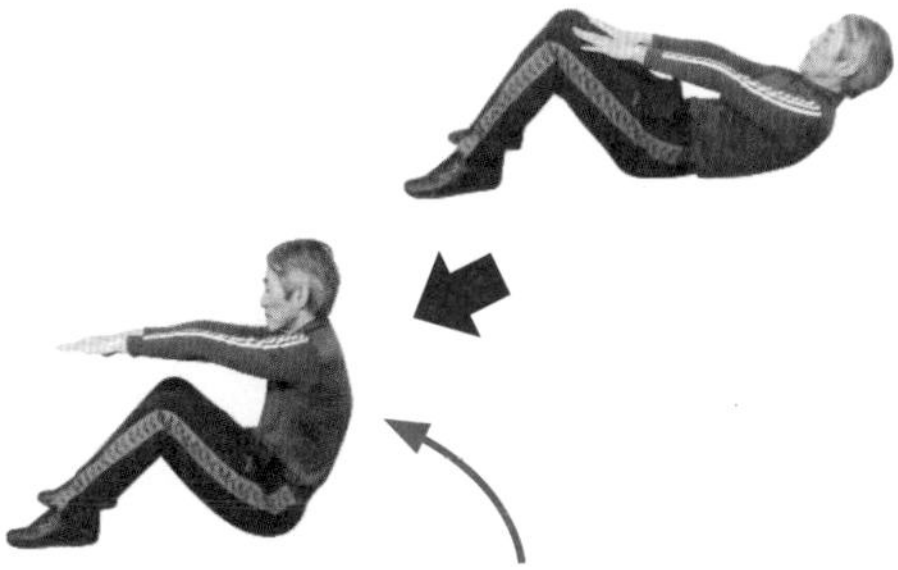

回数

慣れるまで：10回×3セット
慣れてきたら：15回×3セット
さらに強化：15回×5セット

POINT

- 足が浮かないようにする
- 背中を丸めるようにして起こしていく
- 両手を前に出す

トレーニング3 脚上げ

回数

慣れるまで：10回×3セット
慣れてきたら：15回×3セット
さらに強化：15回×5セット

POINT

- 背中と両手を床につける
- 両ヒザを曲げて床から持ち上げる
- 両ヒザをお腹のほうに近づけ、ゆっくりと元に戻す

上げる筋の強化

これらのトレーニングでは、本番の登山よりも大きな負荷をかけることが大切になる。また登山では筋力を長時間に渡って発揮し続ける「筋持久力」が求められるため、ウェイトを持たず、自分の体重を使って回数を多くするほうがいい。

トレーニングの頻度は週に2〜3回を目安にしたい。

なお、78ページから紹介する「登山体操」を行うことで、図3-3で紹介した筋やバランス能力などの神経系も鍛えられるため、こちらもぜひ行ってもらいたい。

身のこなしと筋力を強化する 登山体操（パート1）

動画の見方

動画の見方

1 スマートフォンやタブレットのカメラを立ち上げる
2 バーコードリーダー機能でQRコードを読み取る
3 URLが表示されるので押す（タップする）
4 再生がはじまる

※古い機種は、バーコードリーダーアプリをインストールしてください

動画はこちら

基本バージョン（正面）

すこやかバージョン（正面）

この体操は体と同時に神経系を鍛えられる

中高年の登山者に多い転倒は、バランスが悪かったり、疲労によって脳の働きが低下していることが原因でもある。そこでテレビ局の依頼で考案したのがこの「登山体操」。

近年、認知症の予防に「デュアルタスク」や「トリプルタスク」が大切といわれているように、同時に複数の動きを行うと、脳の血流量が上がり、脳が活性化される。この体操では、登山に必要な複数の動きを同時に行うため、脳や神経系への効果も期待できる。

この体操は1分×3パートの計3分で構成されているので、各パートごとに紹介する。ポイントとなる動きを誌面で理解し、QRコードから見られる動画に合わせてやってもらいたい。はじめからうまくできなくてもよいが、その場合には、できるまで何度も繰り返し、トレーニングとしてこの体操を取り入れてもらいたい。

1 カカトをしっかりと上げる

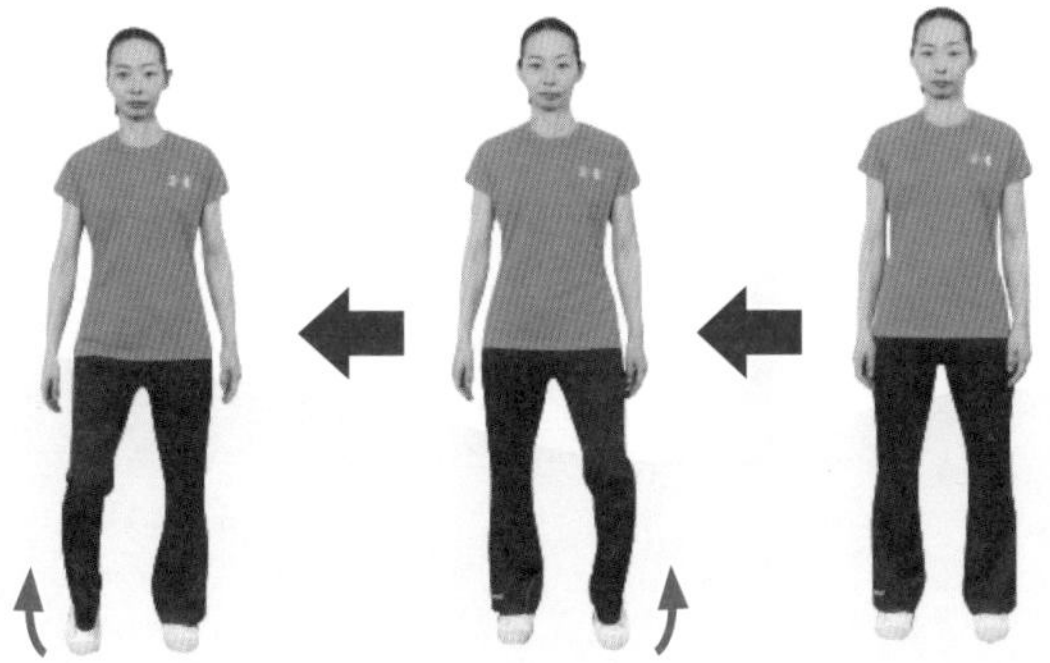

1の動きの効果

- 足関節のストレッチ、動的バランス能力の向上
- 首、体幹の捻転系ストレッチ
- さまざまな形状の地面に対応できる足関節周囲筋の動きづくり
- 視線を動かしながら体軸をキープする動きづくり

体をまっすぐに保ち、左右交互に2回ずつカカトを上げる

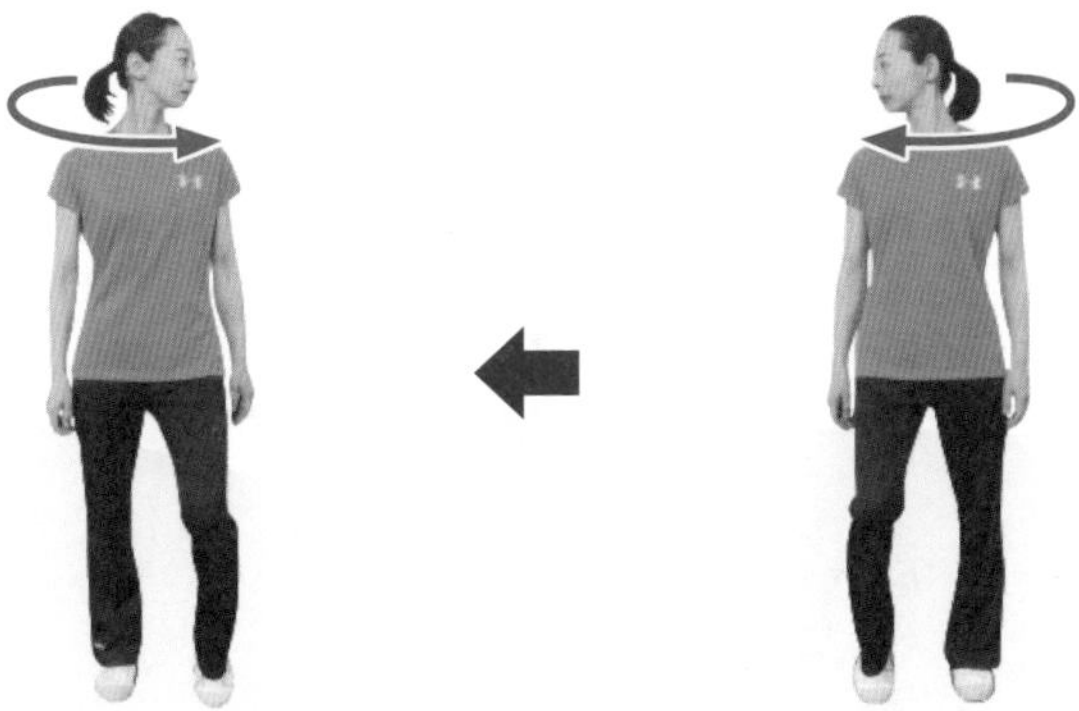

カカトを上げる動きに合わせて、首をひねって左右を交互に見る。これも交互に2回ずつ繰り返す

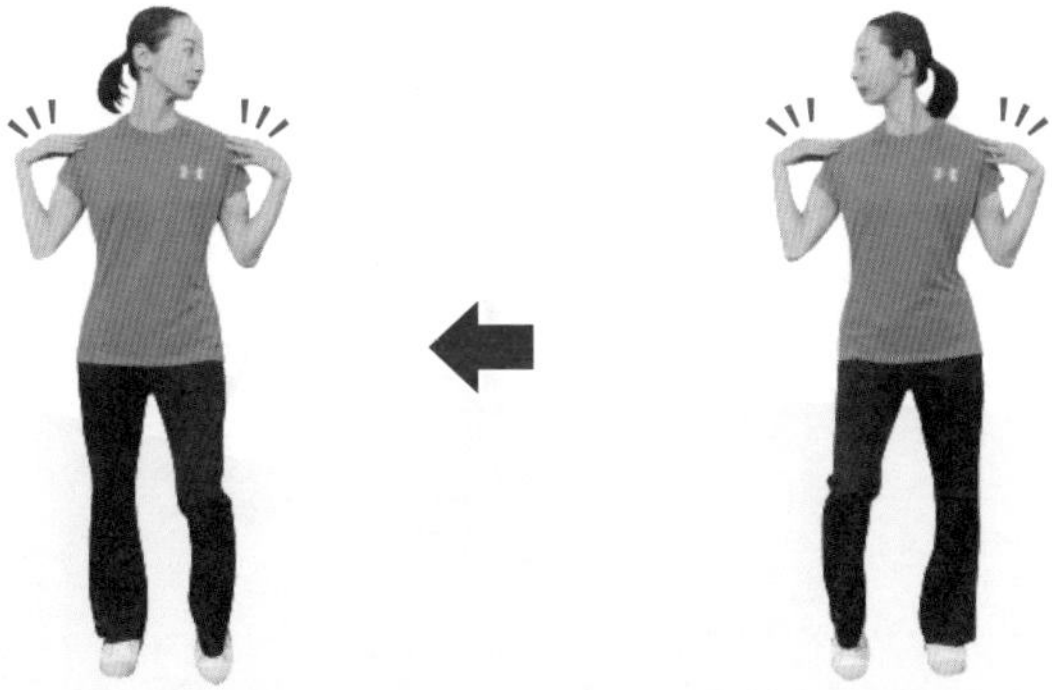

両手を肩に乗せ、カカト上げる動きに合わせて首をひねる。左右交互に4回ずつ繰り返す

2 体の弾みを使ってカカトを上げ、息を吐きながら股関節を回す

2の動きの効果

- 下腿三頭筋・大腿四頭筋の強化とストレッチ、静的バランス能力の向上
- 足関節捻挫・筋痙攣・筋肉痛の予防、下腿の筋力強化、さまざまな体位を片脚で支える能力の強化

両ヒジを曲げる。カカトを上げる動きに合わせて両ヒジを高く上にあげる。
これを4回繰り返す。カカトを下げるときに体の弾みを使う

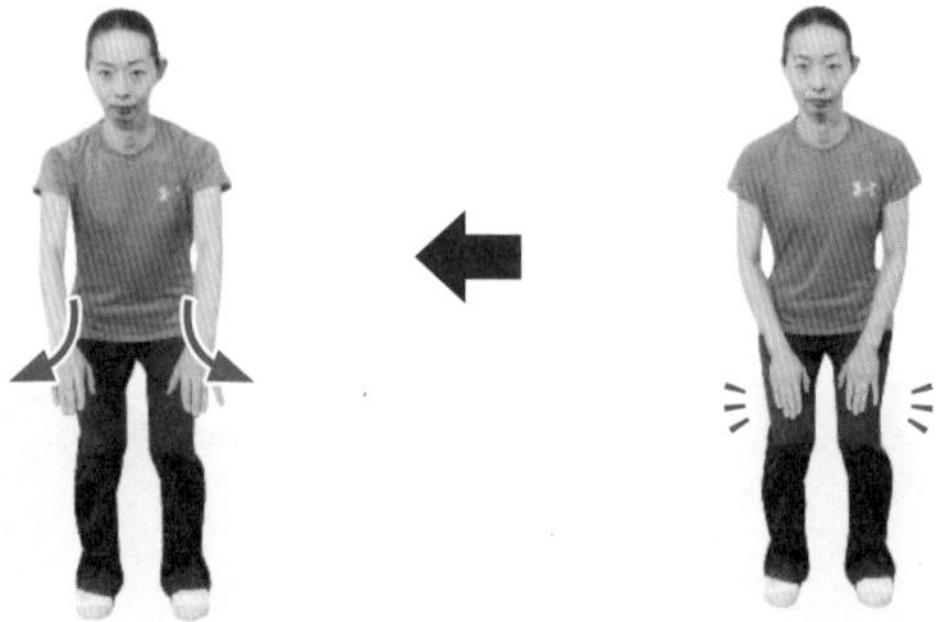

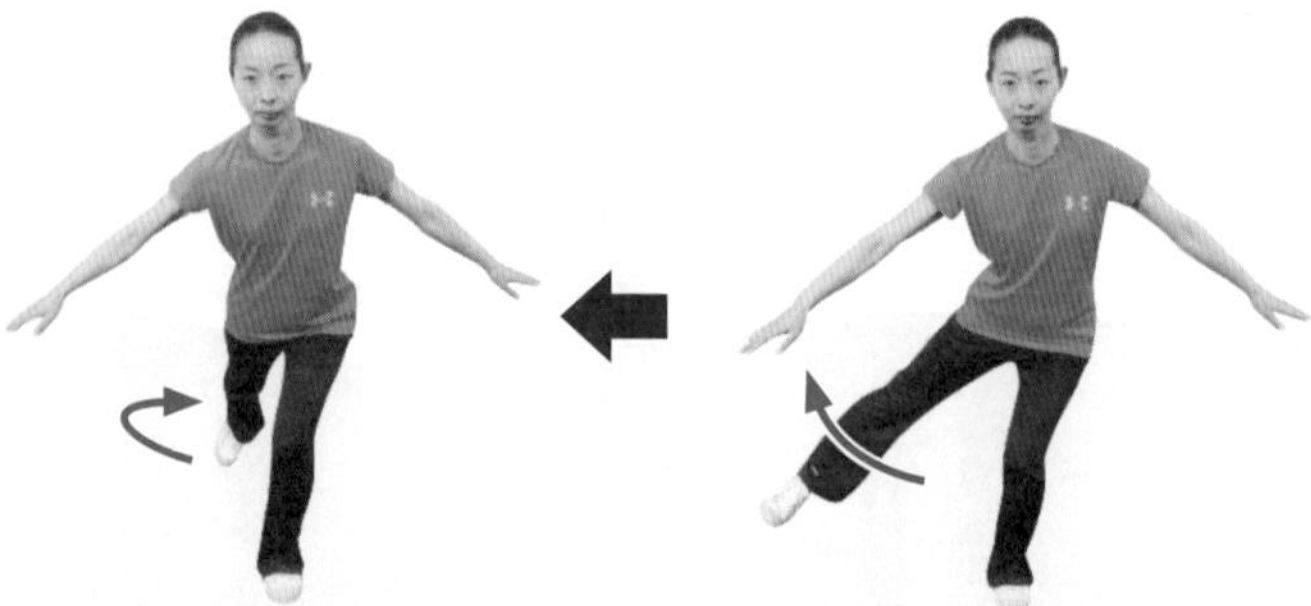

両手を太ももに置く。左足だけで立ち、平泳ぎのように両手を大きく回しながら、
右足を股関節から大きく回す。息を吐きながら1回だけ行う

再びカカトを上げる動きに合わせて、両ヒジを高く上にあげる。これを4回繰り返す

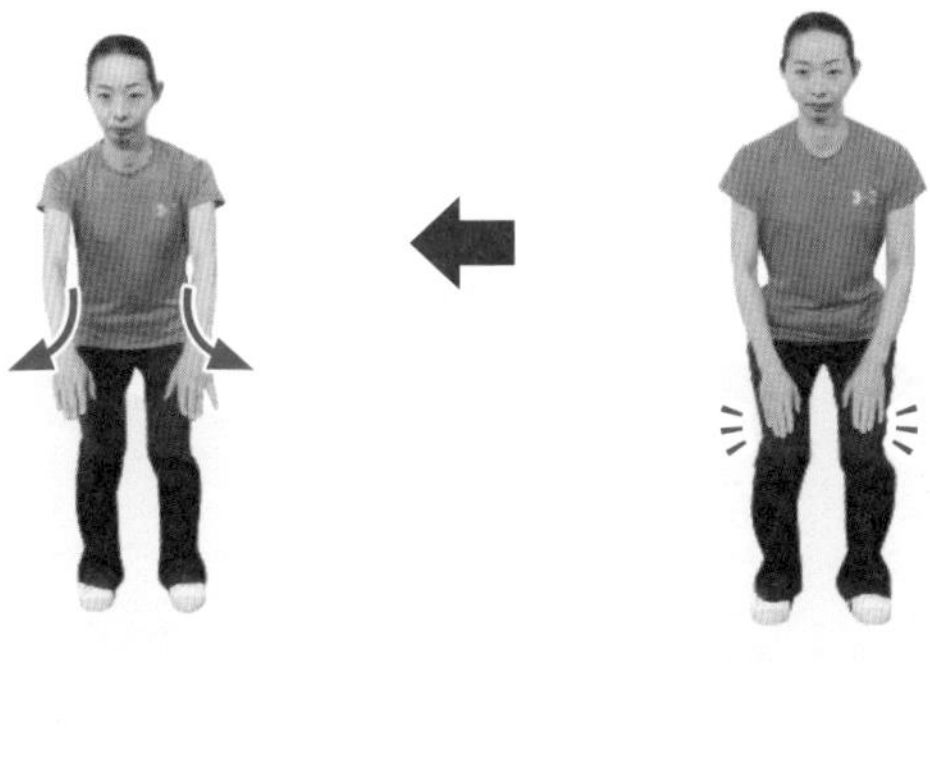

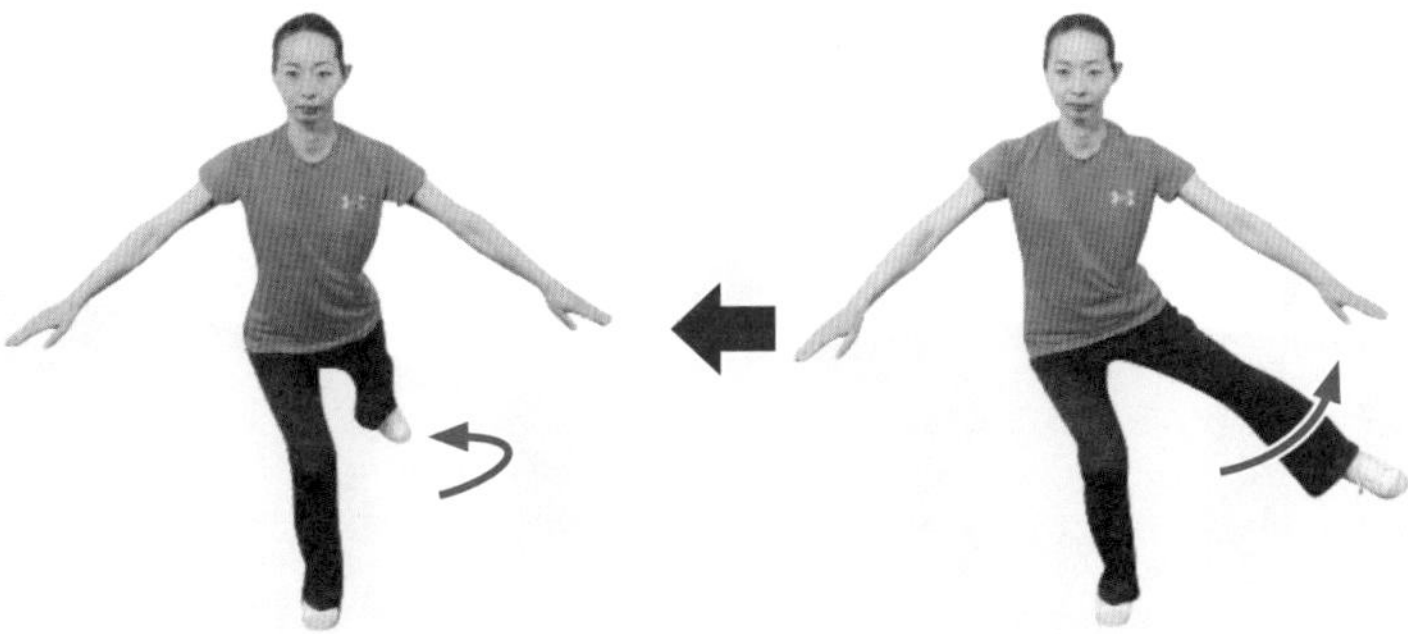

両手を太ももに置く。右足だけで立ち、平泳ぎのように両手を大きく回しながら、
左足を股関節から大きく回す。息を吐きながら1回だけ行う

3 登山の動きを意識して踏ん張る

3の動きの効果

- 動的バランス能力の向上、体軸のスムーズな移動、大腿四頭筋・内転筋群の強化
- さまざまな形状の地面に対応できる体軸のスムーズな移動
- 登山に必要な脚筋力の総合的な強化

軽くジャンプしながら足を前後に開き、しっかりと踏ん張る。左右交互に2回ずつ行う

両手と右足を大きく開き、開脚のスクワットをする。ゆっくりと息を吐きながら呼吸を整え、ヒザとつま先を同じほうへ向ける。1回だけ行う。足を戻して揃えるときに、頭の上で手を叩く

手を下ろし、軽くジャンプしながら足を前後に開いてしっかりと踏ん張る。左右交互に2回ずつ行う

おしまい

今度は両手と左足を大きく開き、開脚のスクワットをする。ゆっくりと息を吐きながら呼吸を整え、ヒザとつま先を同じほうへ向ける。1回だけ行う。足を戻して揃えるときに、頭の上で手を叩く

ラジオ体操と同等かそれ以上の負荷をかけられる 登山体操（パート2）

1 スキーの動きをイメージして軽く弾むようにツイストジャンプ

1〜4の動きの効果

- 体幹の安定性と全身のバネの改善、大腿筋群の強化、肩周囲筋群のストレッチ
- 疲労状態でも体を引き上げる力と感覚の強化
- 登山の動きに近い前方向の移動に耐えられる脚筋力の強化

「右」「左」「右左右」と計5回ジャンプをし、リズムよく下半身をひねる

2 息をゆっくり吐きながら、深く沈んで前方ランジ

息を吐きながら前方に踏み込むと同時に、肩周りをストレッチする

3 もう一度ツイストジャンプ

「左」「右」「左右左」と計5回ジャンプをし、リズムよく下半身をひねる

4 反対側に前方ランジ

息を吐きながら前方に踏み込むと同時に、肩周りをストレッチする

5 両手を広げ、左に踏み込みながら腕をひねる

5〜8の動きの効果

- 肩周囲筋群のストレッチ、大腿内転筋群のストレッチ、大腿筋群の強化
- 重いザックを持って負担のかかった肩関節周囲の拘縮予防
- 横方向への移動に耐えられる脚筋力の強化

左脚を左へ踏み出し、肩甲骨から腕をひねる（左の手のひらを上、右の手のひらを下に向ける）。
続いて右脚に体重を移し、肩甲骨から腕をひねる（右の手のひらを上、左の手のひらを下に向ける）。
これを左右2回ずつ繰り返す

6 ゆっくり息を吐きながら、左にランジ

両手を左脚に置いてランジ。ゆっくりと息を吐きながら行い、脚を揃える

7 両手を広げ、右に踏み込みながら腕をひねる

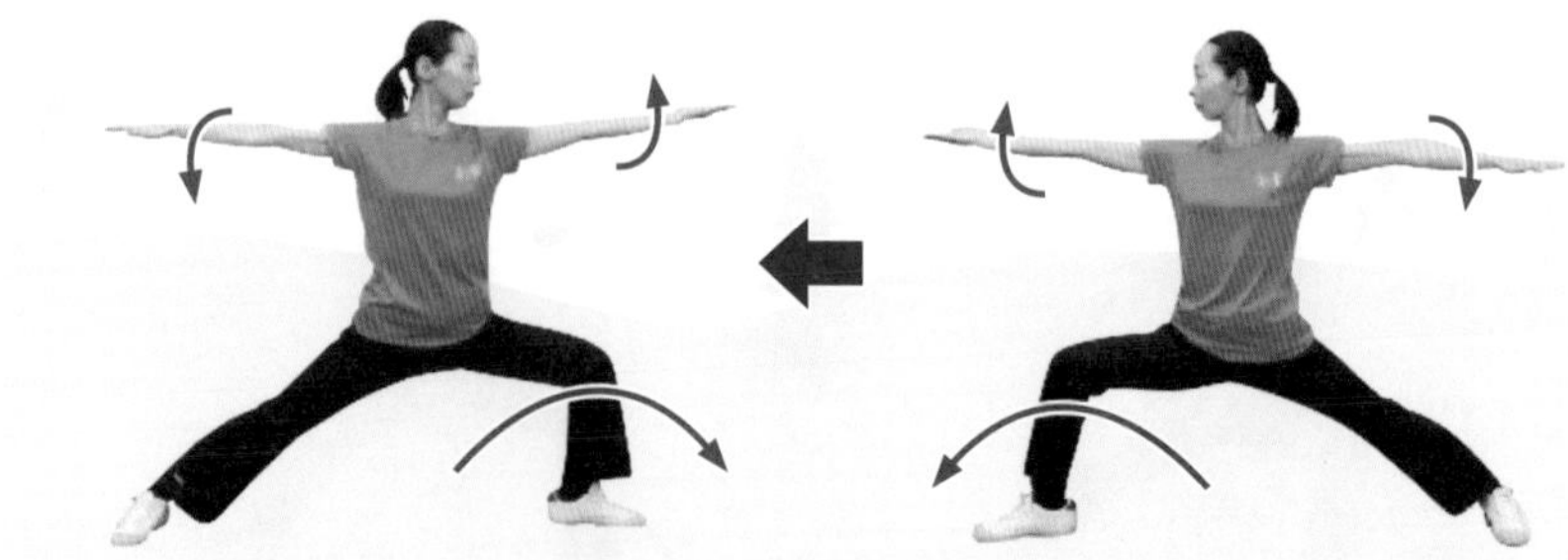

右脚を右へ踏み出し、肩甲骨から腕をひねる（右の手のひらを上、左の手のひらを下に向ける）。続いて左脚に体重を移し、肩甲骨から腕をひねる（左の手のひらを上、右の手のひらを下に向ける）。これを左右2回ずつ繰り返す

8 ゆっくり息を吐きながら、左にランジ

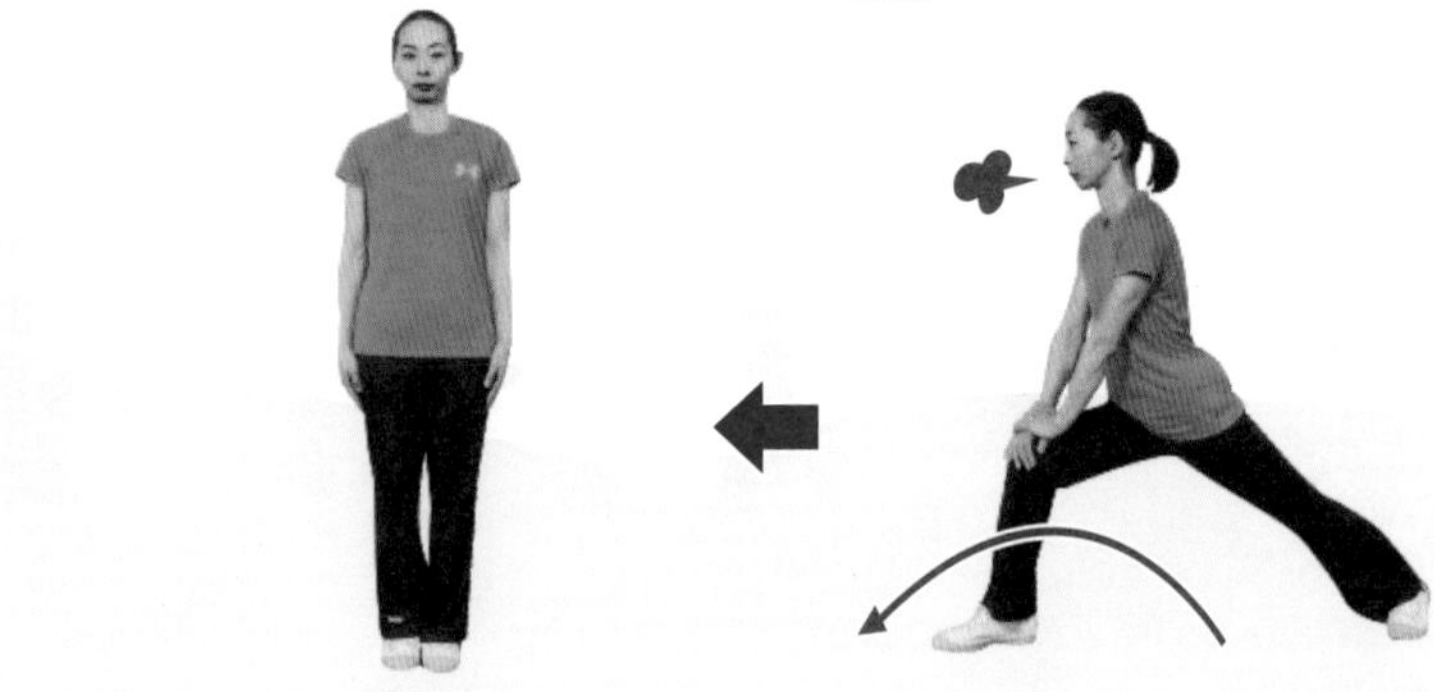

両手を右脚に置いてランジ。ゆっくりと息を吐きながら行い、脚を揃える

9〜12の動きの効果

- 腕の筋力強化、体側のストレッチ
- 転倒した際に腕で体重を支えるための筋力強化

9 腕全体を使って体側のストレッチ

左脚を前に出して脚を交差し、両手を合わせる（左手はグー、右手はパー）。両手を押し合うようにしながら、体側を右にひねる。視線は右ヒジへ

10 腕を1周回す

息をゆっくりと吐きながら、肩甲骨から大きく、腕を左に1周回す

11 腕全体を使って体側のストレッチ

右脚を前に出して脚を交差し、両手を合わせる（右手はグー、左手はパー）。
両手を押し合うようにしながら、体側を左にひねる。視線は左ヒジへ

12 腕を1周回す

おしまい

息をゆっくりと吐きながら、肩甲骨から大きく、腕を右に1周回す

登山前の準備体操にも最適
登山体操（パート3）

1〜5の動きの効果

- 足関節のストレッチ、動的バランス能力の向上
- さまざまな形状の地面に対応できる足関節周囲筋の動きづくり

1 軽く弾むようにステップ

素早くその場で駆け足をする

2 息を吐きながら左脚を踏み出す

左脚を踏み出してかかとをつける

3 軽く弾むようにステップ

素早くその場で駆け足をする

4 息を吐きながら右脚を踏み出す

右脚を踏み出してかかとをつけて

5 ステップをして後ろ側に脚を出す

素早く駆け足をしたら、 左脚を後ろに出してつま先をつける。
再び駆け足をし、 右脚を後ろに出してつま先をつける

6~9の動きの効果

- 腹筋群・腸腰筋群の強化、動的バランス能力の向上
- 肩関節周囲筋のストレッチ
- 腰痛の予防

6 右ヒジと左ヒザを近づけて体幹を丸める

右手を頭の後ろに回し、右手と左ヒザを近づける。呼吸を止めずに2回繰り返す

7 左へ1周、腕を回す

呼吸を整え、肩甲骨から大きく腕を回す

8 左ヒジと右ヒザを近づけて体幹を丸める

左手を頭の後ろに回し、左ヒジと右ヒザを近づける。呼吸を止めずに2回繰り返す

9 右へ1周、腕を回す

呼吸を整え、肩甲骨から大きく腕を回す

10〜16の動きの効果

- 股関節のストレッチと筋力強化、下腿三頭筋（アキレス腱）のストレッチ、体幹のストレッチ
- 下を向きがちな登山の姿勢を回復させるためのストレッチ
- さまざまな形状の地面に対応できる体軸のスムーズな移動
- 登山に必要な脚筋力の総合的な強化

10 左脚を横に開いて開脚スクワット

左脚を左側に開いて開脚スクワットをする。
ヒザとつま先を同じ方に向けたまま、ヒザを曲げる。呼吸を止めない

11 右脚を引いてアキレス腱伸ばし

右脚を後ろに引いてかかとをつけ、両手を左脚においてアキレス腱を伸ばす。呼吸を止めない

12 両手を開いて胸を反らせる

両手を肩甲骨から大きく開き、胸を反らせる

13 右脚を横に開いて開脚スクワット

右脚を右側に開いて開脚スクワットをする。
ヒザとつま先を同じ方に向けたまま、ヒザを曲げる。呼吸を止めない

14 左脚を引いてアキレス腱伸ばし

15 両手を開いて胸を反らせる

左脚を後ろに引いてかかとをつけ、両手を右脚においてアキレス腱を伸ばす。呼吸を止めない

両手を肩甲骨から大きく開き、胸を反らせる

16 最後に大きく深呼吸

おしまい

両手を合わせて腕を伸ばしながら大きく息を吸い、両手を開いて下ろしながら息を吐く

スクリーニングでヒザの動きを確認

ヒザの動きをチェック① フルスクワットチェック

まっすぐに立ってから両足に体重がかかるようにしゃがむ。腰高の姿勢を取り続け、人と会話ができるくらいの余裕があればOK。そのような余裕がない場合には、ヒザがよくない方向にねじれている可能性が高い。

回数 30秒

NG

足首や股関節が正しく使えていないと、ヒザがつま先よりも内側に入りやすい

まっすぐに立ち、母指球と小指球、カカトの中心に体重を乗せる

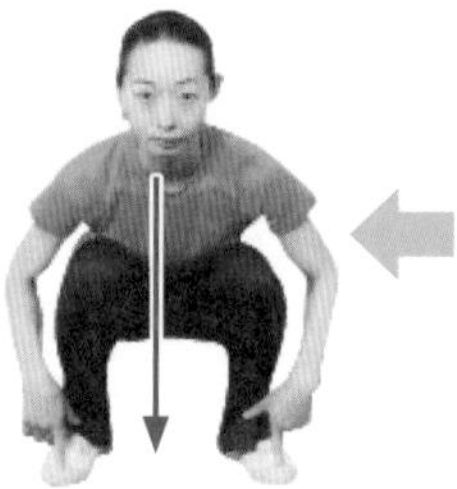

⚠ 脚全体に負担がかかって痛むことがある。これはヒザに問題があるのではなく、股関節や足首が正しく使えていないことで負担が増えて起こる痛みである。

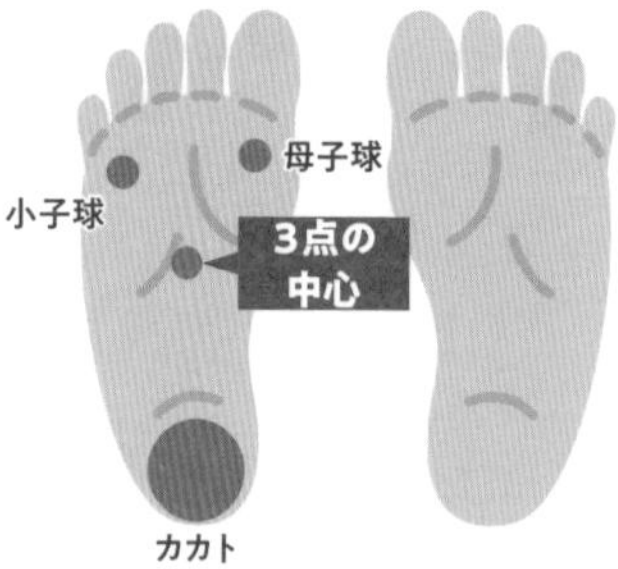
母子球
小子球
3点の中心
カカト

ココをチェック

- 正しい位置に体重を乗せられているか
- ヒザが第2指よりも外に出ているか
- 会話ができる余裕があるか

できない場合は

股関節と足首、どちらに負担がかかっているかを確認。エクササイズをする際に、できない部位を意識する

可動性が高いヒザにはもっとも負担がかかりやすい

これまで紹介してきたように、登山時にヒザのトラブルを起こす人は多い。

ヒザという関節は下肢の3関節、足首（足関節）・ヒザ・股関節のなかでもっとも使われやすく、動作の補助に使われるため、いちばん負担がかかりやすい。ヒザ関節自体はかなりの強度を備えているものの、姿勢や歩き方が悪いことによってねじれた状態で使われることが多いのだ。

ヒザの動きをチェック② 座って開脚

脚を開いて座り、背筋を伸ばす。開く両脚の角度は100度以上にする。そこからゆっくりと上半身を前に倒し、ヒジが床に着くくらいまで前屈する。ヒザが床から大きく浮かずに前屈できればOK。これが股関節の正常な可動域になるため、できない場合はヒザを痛める危険が非常に高い。

回数　30秒

ココをチェック

・両脚を100度以上に広げられるか
・前屈したときにヒザが床から大きく浮かないか

できない場合は

四股やスプリットのエクササイズで可動域を確保できるようにする

⚠ 外科的な要因以外でのヒザの痛みについては、硬い（柔軟性の低い）股関節と足首が原因でヒザに負担が増えてしまうことによって起こりうる。

脚を開いて座り、両脚の角度を100度以上にする

ヒジを前に持ってきながら前屈する

姿勢や歩き方が悪い原因の1つに、股関節や足首の可動域が制限されてしまうことがある。股関節はもっとも可動域が大きく、パワフルな筋肉を兼ね備えている関節だが、このような誤った体の動かし方によって、可動域が制限されていることが多い。ここでは「ヒザの負担を軽減するために股関節を働かせる」という目的で、エクササイズを紹介していく。

チェックができたらエクササイズへ

※エクササイズの効果を実感するためには、定期的にこのチェックをするとよい

エクササイズ1 四股踏み

お相撲さんが四股を踏むように座るエクササイズ。股関節に体重をかけ、荷重しながら可動させるので、股関節の可動域の向上や動きの改善になる。また内転筋群へのストレッチにもなる。股関節に重力をかけて支えよう。

回数
上下に軽く動きながら
30秒×2セット

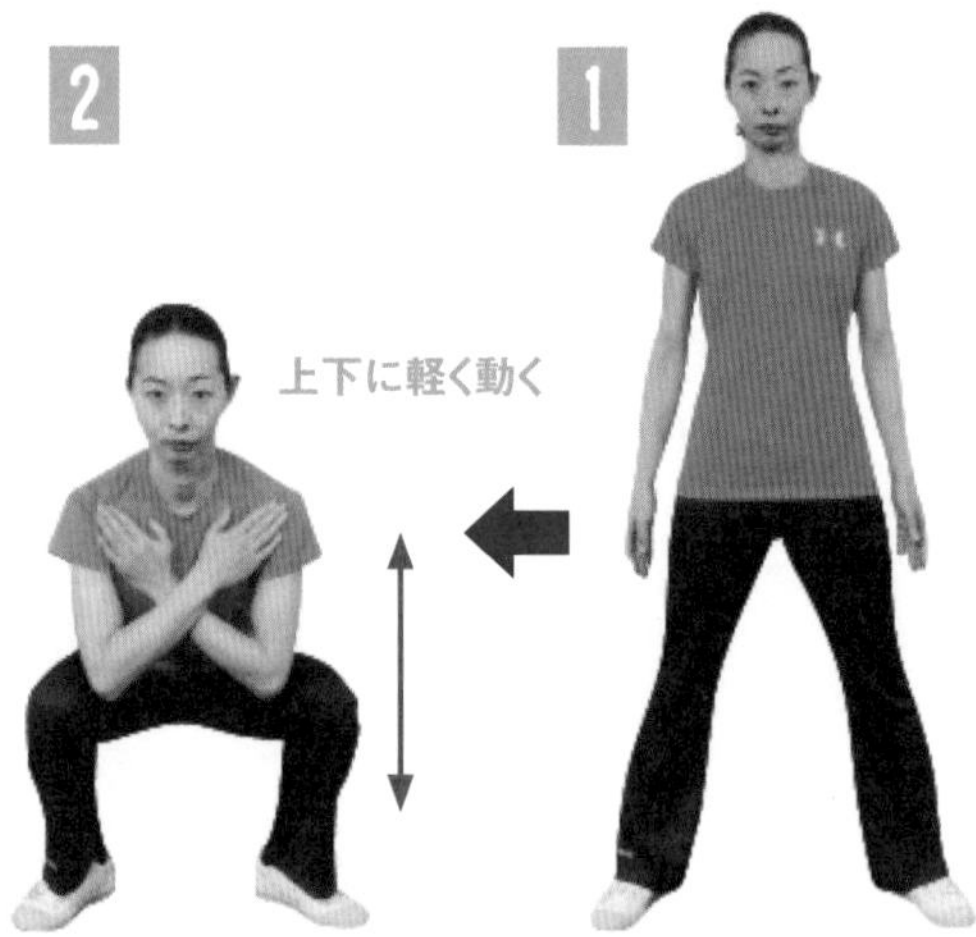

2
1
上下に軽く動く

POINT

ヒザや股関節が悪いと、いろいろな場所に体重を乗せるために、ヒザとつま先が別方向を向きやすい。母指球、小指球、カカトの3点で体を支え、3点の真ん中に体重を乗せて地面を踏む。

エクササイズ2 スプリットエクササイズ

股関節を内外転させることで、股関節をしっかりと伸ばしたり、大腿四頭筋と足首の正しい角度を作ることが目的になる。また大腿骨の位置が第2指の延長線上になることで、ヒザの正常性が保たれる。つま先とヒザの向きに気をつけよう。

回数
左右5~10周
×2~3セット

1

足を前後に開き、ヒザをカカトよりも少し前に出す

2

カカトをぐっと下方向に押し込み、お尻を締める

3

左手をヒザの内側から回して左脚の外に置く

4

左脚を踏み込みながら上体を時計回りに大きく回す。何周か回したら反時計回りにも回す

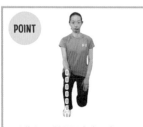

POINT

つま先とヒザを同じ方向に向け、ヒザのねじれを軽減させる（できれば第2指（足の人指し指）とヒザの方向を同じに）。

エクササイズ3 エアボールを叩きつける

ボールを両手で下にたたきつけるイメージで行うエクササイズ。ヒザの負担を減らして股関節のパワーを引き出す「股関節を引きつけて踏ん張る」という動きを覚える。股関節を使って歩くために必要な動きになる。

回数
20~30回
×2~3セット

POINT このエクササイズによって、足首や股関節が引きつけられ、もっとも曲がるようになる。お尻（大殿筋）や体幹（腸腰筋）が鍛えられる。

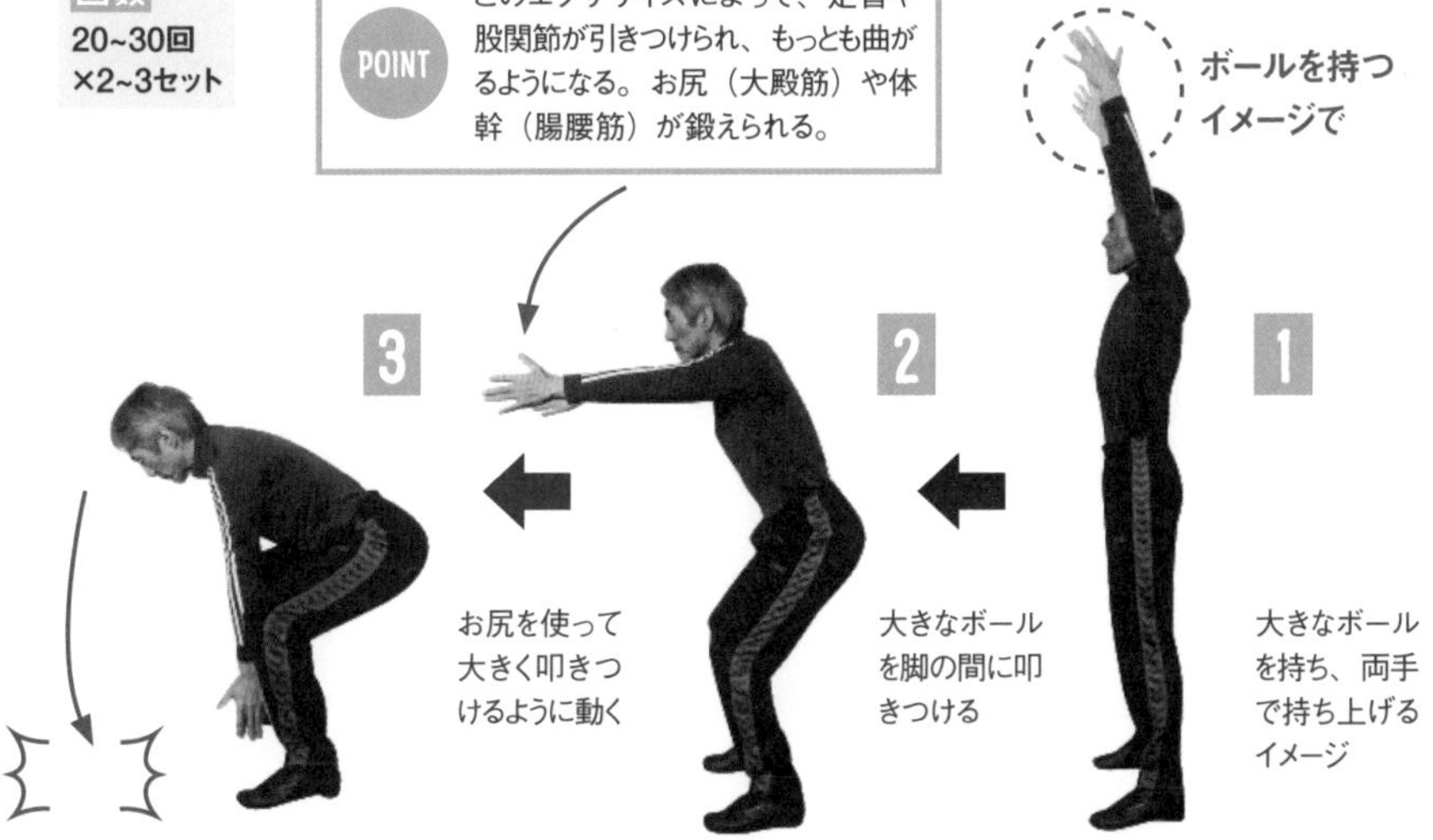
ボールを持つ
イメージで
1
2
3

1 大きなボールを持ち、両手で持ち上げるイメージ

2 大きなボールを脚の間に叩きつける

3 お尻を使って大きく叩きつけるように動く

エクササイズ4 プランク

体幹を安定させるエクササイズ。姿勢を維持するためには、つま先を引き上げ、肩甲骨をできるだけ下げ、お腹を締めることが大切になる。このエクササイズで安定した姿勢を手に入れよう。

回数
30秒
×2~3セット

POINT お腹とお尻を締めたら、締めた部位が緩まないようにキープしたまま、大きく呼吸をする。

1
2
3

1 四つんばいになりつま先で立つ

2 カカトをぐっと下方向に押し込み、お尻を締める

手（特に人指し指のつけ根）でしっかりと地面を押す

3 肩甲骨を下げてお尻とお腹を締める。この姿勢をキープしたまま、大きく呼吸を続ける

究極の登山トレーニングは「低山トレーニング」

図3-4 低山トレーニングの効果

低山トレーニングを取り入れている人たちと、月1回の登山をする人たちを比べた結果である。ほぼすべてのトラブル項目で低山トレーニングの効果が見られる

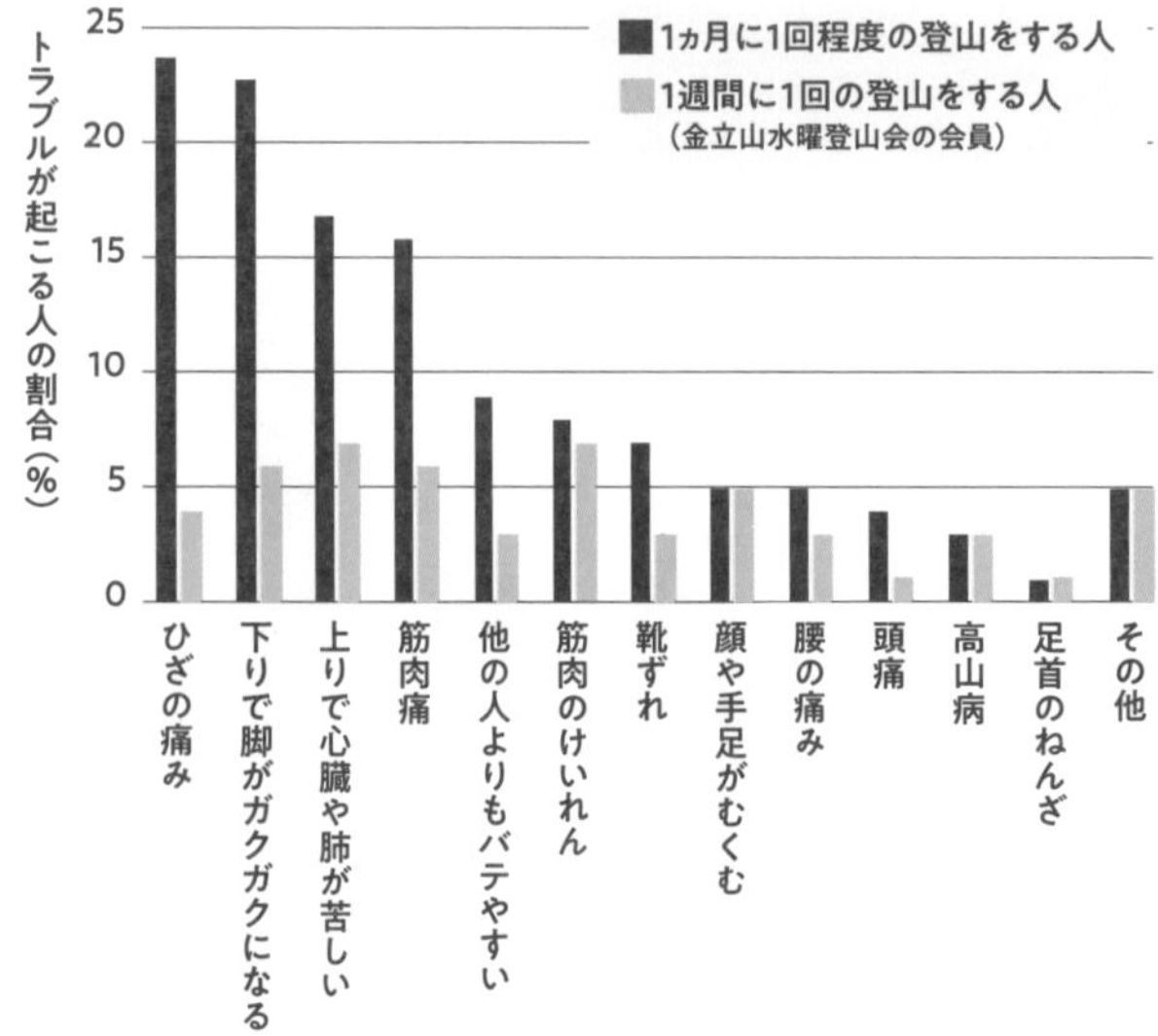
トラブルが起こる人の割合（%）
25
20
15
10
5
0
1ヵ月に1回程度の登山をする人
1週間に1回の登山をする人
（金立山水曜登山会の会員）
ひざの痛み
下りで脚がガクガクになる
上りで心臓や肺が苦しい
筋肉痛
他の人よりもバテやすい
筋肉のけいれん
靴ずれ
顔や手足がむくむ
腰の痛み
頭痛
高山病
足首のねんざ
その他

月間2000mの登山がもっとも効果的

これまでさまざまなトレーニングを紹介してきたが、これらはあくまでも基礎登山力をつけることが目的になる。前にも述べたとおり、登山では400種類以上ある筋の多くの部分を使うため、その筋群をすべて鍛えるためには実際に山に登るのが最適なのである。

同じような例にマラソンが挙げられる。市民ランナーがフルマラソンに挑戦するためには、月間およそ100㎞走ることが必要だといわれる。これと同様に登山のためのトレーニングとしては上り下りとも、月間2000mほどの山登りが必要となる。

図3-4は佐賀県で行なわれている「水曜登山会」の参加者と、月に1回程度の登山をする人を比較したグラフである。「水曜登山会」とは毎週水曜日に標高502mの金立山（佐賀県）に登る会で、毎週100名前後が参加している。1回の登山で3〜3・5時間、上り下りで500m近く歩くのだが、決してハード

図3-5 男女別に見た登山日数と「上りでの息切れ」との関係

登山日数が年間20日を超えると、男女差がほぼなくなり、女性でも男性とそん色なく歩けるという結果が出た

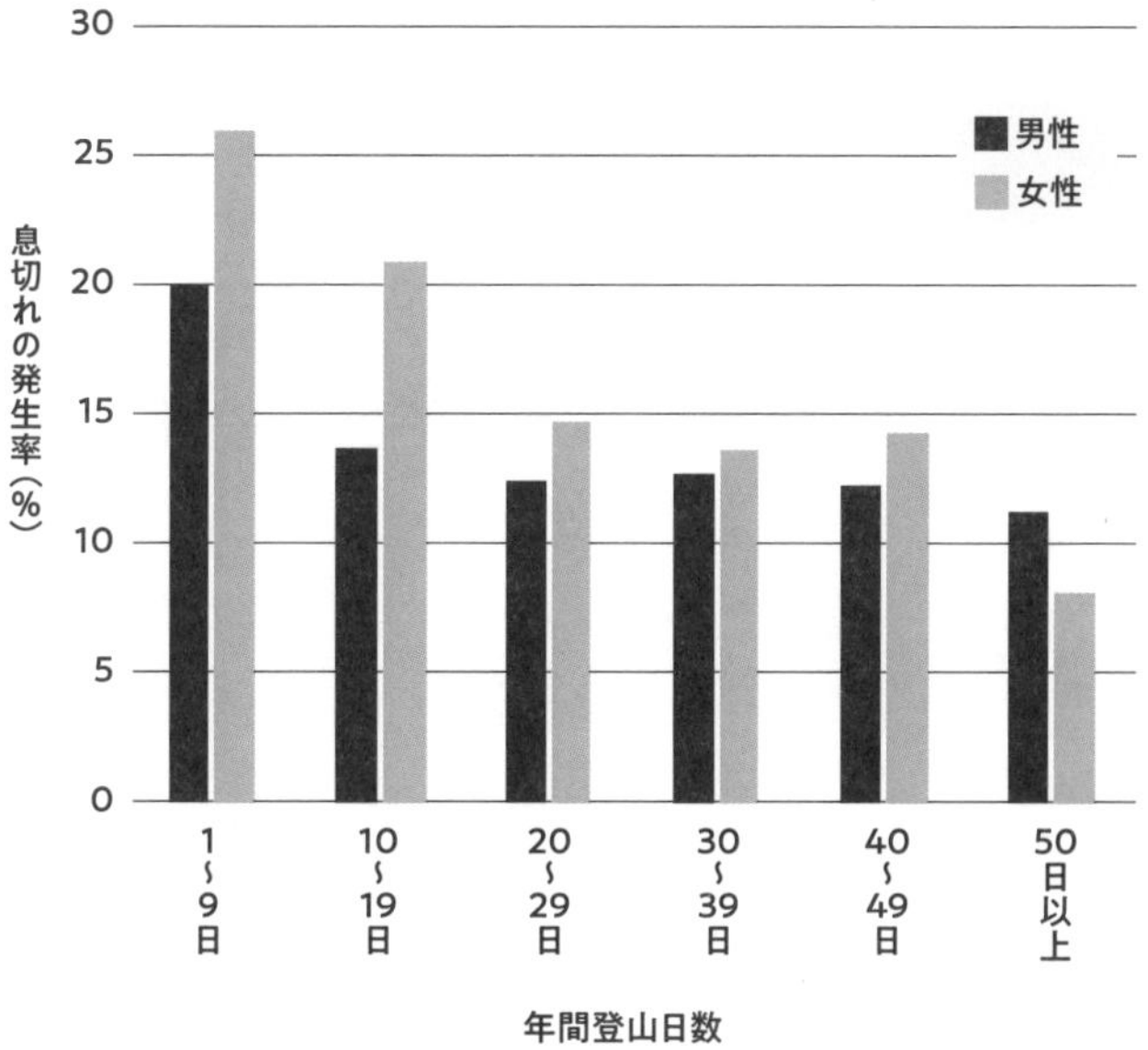
男性
女性
息切れの発生率（%）
30
25
20
15
10
5
0
1〜9日
10〜19日
20〜29日
30〜39日
40〜49日
50日以上
年間登山日数

なトレーニングではない。それでも月1回しか登山をしない人と比べると、その差は歴然である。

毎週500m登山のすすめ

低山トレーニングには、さまざまな効果がある。例えば「歩く運動なので、腰やヒザにかかる衝撃が少ない」「心肺機能や登山に必要な筋群を鍛えられる」などだ。また「いつもよりも少し速く歩く」「ザックをいつもよりも重たくする」などの課題を設定することで、自分の弱点を克服する工夫もできる。

さきほど、月間2000m程度の登山が効果的と書いた。しかし1回でこの距離を歩くと体への負担が大きすぎて、腰やヒザなどを痛める原因となってしまう。そのようなリスクを減らすためには、月に2〜4回程度に分けるとよい。

もう1つ、面白い研究結果を紹介しておきたい。図3-5は、登山日数と上りでの息切れの関係を男女別に調べた結果で、登山日数が年間20日未満の場合には男女差が生じている。ところが年間20日以上になると、男女差がほとんどなくなるのだ。これはつまり女性でもある程度の登山日数を確保すれば、男性とそん色なく歩けるようになることを示している。こういった観点からも、ぜひ低山トレーニングをはじめてもらいたい。

COLUMN 3

山の危険生物『動物』①

子熊のそばには母親熊がいる

山で出会う動物で、もっとも生命の危険を感じるのが熊である。本州の南側で出会う熊はツキノワグマであり、1万頭以上も生息している。また北海道にはヒグマがおり2千頭前後が生息しているといわれる。

警戒をしていても熊と会った瞬間は声が出ない。しかし急激な動きは禁物で、できるだけ熊から目を離さないようにし、ゆっくりと動いて熊から離れるようにすること。

熊のなかでも怖いのは子熊。かわいいのでつい近寄りたくなるが、子熊は母熊と一緒にいることが多く、母熊は遠くから子熊を見ているケースが多い。そのため子熊にかまうと「危害を加えられている」と思い込んで興奮した状態で飛び出してくるのだ。これは熊だけでなく、野生動物全般的にいえること。

対処法としては熊鈴がある。熊鈴の効果についてはいろいろといわれるが、あるガイドは2か月の間に6回も熊と出会ってしまったそうである。6回とも出かけた場所が小屋の近場ということもあり、熊鈴をつけていないときであった。そう考えると、熊鈴には効果があると思える。また北海道では多くのガイドが熊撃退スプレーを所持している。しかし飛行機には持ち込めなかったり、熊と5～10mほど近づかないと効果がなかったりするため、無理をして持つ必要はないだろう。

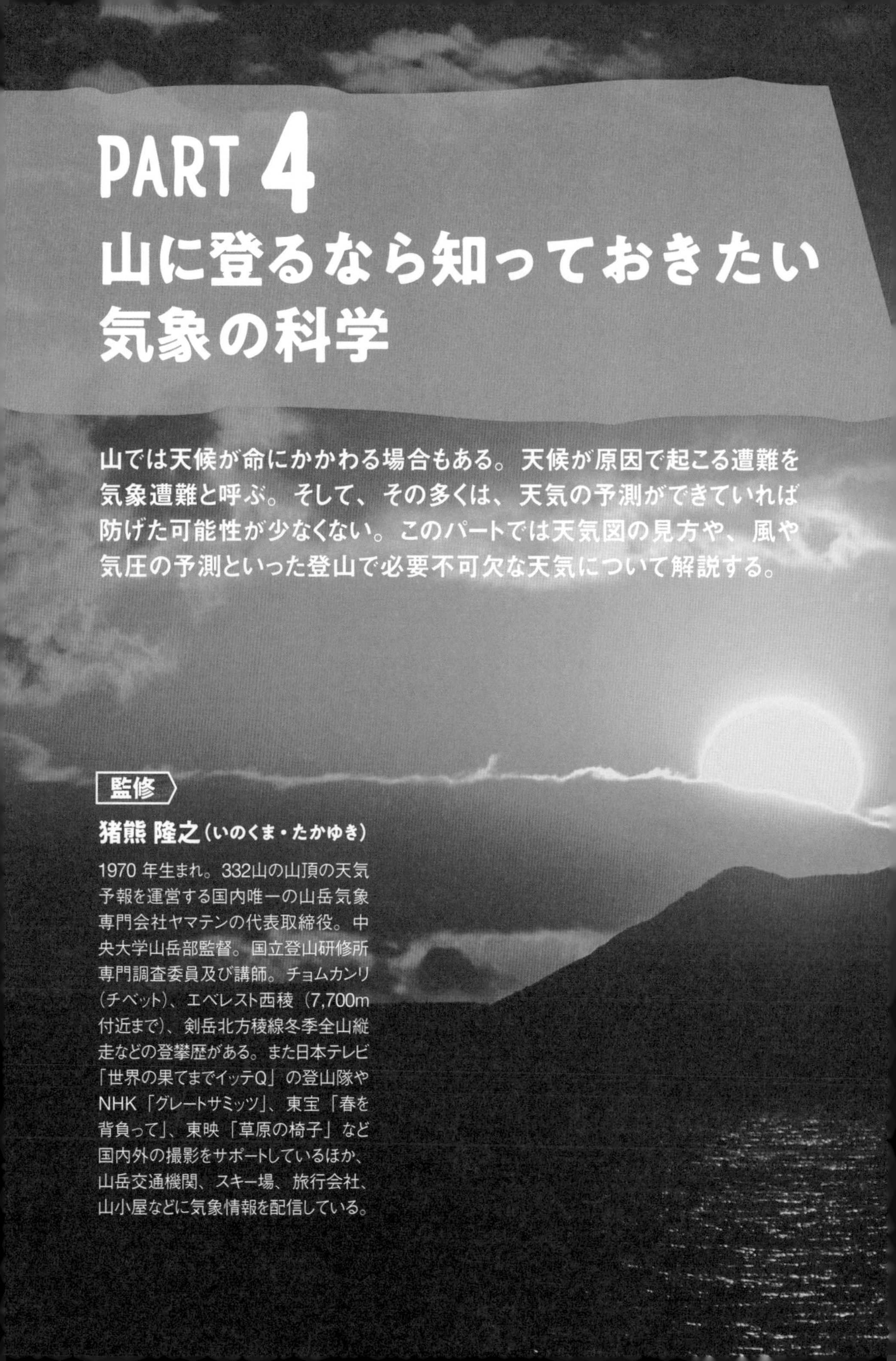

PART 4
山に登るなら知っておきたい気象の科学

山では天候が命にかかわる場合もある。天候が原因で起こる遭難を気象遭難と呼ぶ。そして、その多くは、天気の予測ができていれば防げた可能性が少なくない。このパートでは天気図の見方や、風や気圧の予測といった登山で必要不可欠な天気について解説する。

監修

猪熊 隆之（いのくま・たかゆき）

1970 年生まれ。332山の山頂の天気予報を運営する国内唯一の山岳気象専門会社ヤマテンの代表取締役。中央大学山岳部監督。国立登山研修所専門調査委員及び講師。チョムカンリ（チベット）、エベレスト西稜（7,700m付近まで）、剣岳北方稜線冬季全山縦走などの登攀歴がある。また日本テレビ「世界の果てまでイッテQ」の登山隊やNHK「グレートサミッツ」、東宝「春を背負って」、東映「草原の椅子」など国内外の撮影をサポートしているほか、山岳交通機関、スキー場、旅行会社、山小屋などに気象情報を配信している。

天気図の見方のキホン

低
低
低
55km/h
996
1
低気圧を意味し、「L」と表記されることもある。全般的に低気圧の周辺では天気が悪いことが多い。
6
低気圧や高気圧の移動の方向や速度を表しており、時速（km／h）で表示される。春には40km／h程度で進むことが多く、その場合には24時間で約1000km進む計算になる。また移動速度が遅いときは「停滞」や「ほとんど停滞」と表記される。
7
温暖前線を表している。冷たい空気の上に、暖かい空気が這い上がってできる前線である。前線の進行前側では、シトシトと弱い雨が長時間降る傾向がある。
4
低気圧の中心気圧を指す数字。低気圧の強さを表しており、この数字が小さくなるほど、低気圧が発達していることを示している。また気圧を表す単位はヘクトパスカル（hPa）である。
9
停滞前線。動きの遅い前線で、前線付近では天気が悪いことが多い。梅雨前線や秋雨前線がこれにあたる。
経度10度分が日本付近ではおよそ1,000km

天気図に書かれている情報

テレビや新聞、インターネットで入手することができる天気図。この天気図には、どのような情報が記されているのか、代表的な9つのポイントを実際の天気図から見ていこう。

天気図のなかにはいろいろな情報が書かれている。はじめから、これらをすべて覚えることは難しい。

登山者が絶対に知っておきたいポイントは「風の向き」

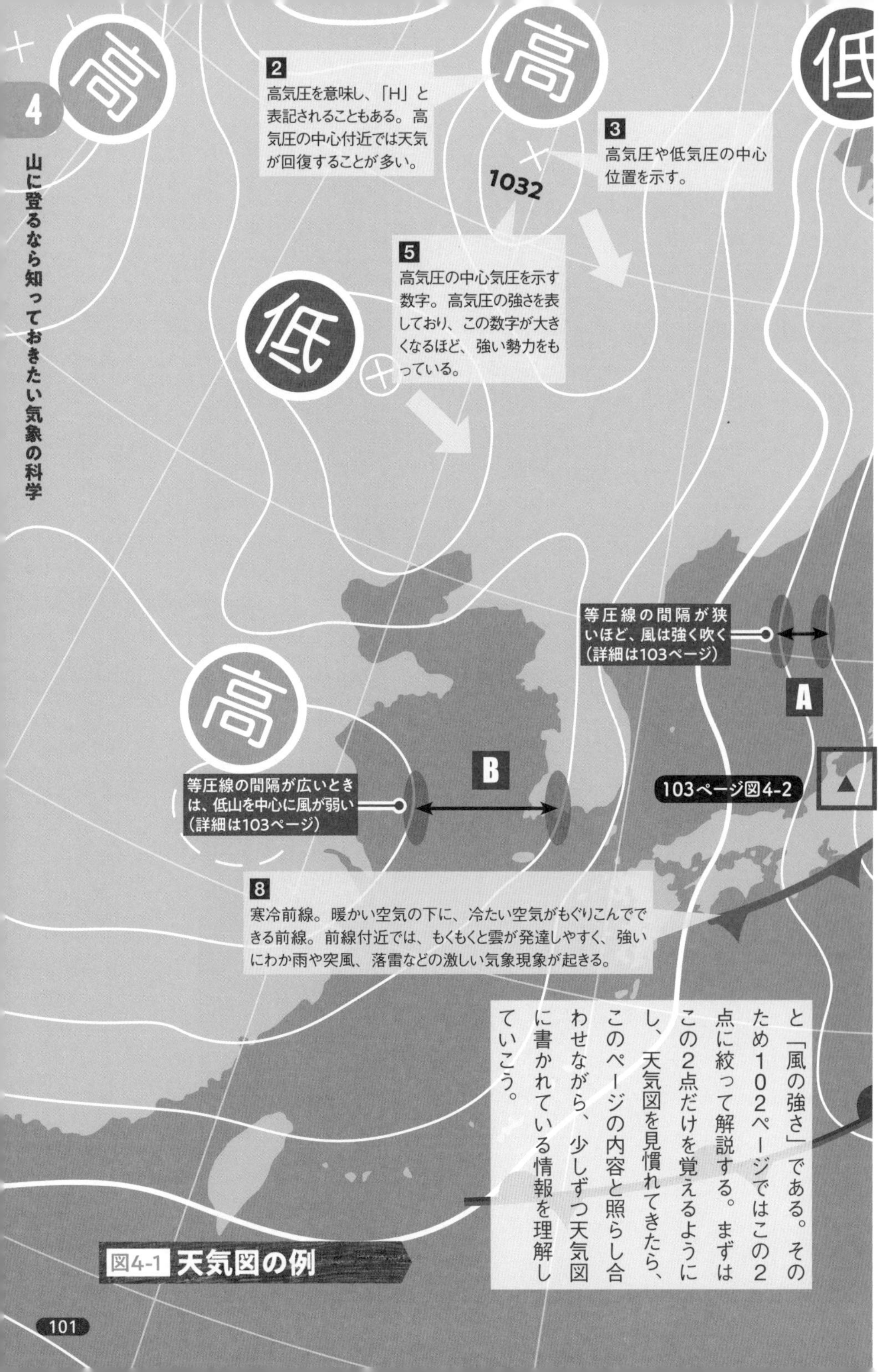
高
高
低
2
高気圧を意味し、「H」と表記されることもある。高気圧の中心付近では天気が回復することが多い。
3
高気圧や低気圧の中心位置を示す。
1032
5
高気圧の中心気圧を示す数字。高気圧の強さを表しており、この数字が大きくなるほど、強い勢力をもっている。
低
等圧線の間隔が狭いほど、風は強く吹く（詳細は103ページ）
A
高
B
103ページ図4-2
等圧線の間隔が広いときは、低山を中心に風が弱い（詳細は103ページ）
8
寒冷前線。暖かい空気の下に、冷たい空気がもぐりこんでできる前線。前線付近では、もくもくと雲が発達しやすく、強いにわか雨や突風、落雷などの激しい気象現象が起きる。

と「風の強さ」である。そのため102ページではこの2点に絞って解説する。まずはこの2点だけを覚えるようにし、天気図を見慣れてきたら、このページの内容と照らし合わせながら、少しずつ天気図に書かれている情報を理解していこう。

図4-1 天気図の例

天気図から風を読み取る

風の向きと強さを読み取る

山では風が強いと、体のバランスを崩したり、転倒や滑落などの事故につながる危険がある。それだけではなく、強風によって体感温度が下がることも考えられ、体温が急速に奪われていくと、低体温症など重大な事故につながりかねない。また山では、風がどの方向から吹くかによって、天気の崩れ方が大きく異なる（105ページ参照）。したがって山の天気でもっとも重要なことは、「風の向き」と「風の強さ」である。まずは、この2つを天気図から読み取る方法を図4-2、図4-3で学んでいく。

図4-2 天気図から風向きを判断する

1 目的とする山の両側の2つの等圧線を見つける

2 2つの等圧線を比較し、どちらの線が気圧が高いかを判断。低気圧や高気圧の位置を参考にする

> **ここがポイント!** 低気圧は周囲より気圧が低いところ（地形でいうと窪地）、高気圧は周囲より気圧が高いところ（地形でいえば山）なので、高気圧の中心に近い線が気圧は高い。もしくは低気圧の中心から遠い線が気圧が高い。

※右の図の場合は目的の山（槍ヶ岳）の右上に低気圧があり、左側に高気圧がある（図4-1）ので、左の線のほうが気圧が高く、右の線のほうが気圧が低くなる。

3 気圧が高いほうから低いほうへと矢印を引く。

4 地球の自転の影響があるため、その矢印の進行方向に対し、北半球では90度右向きに方向を変える。この風向きが、目的とする山の風向きだ。

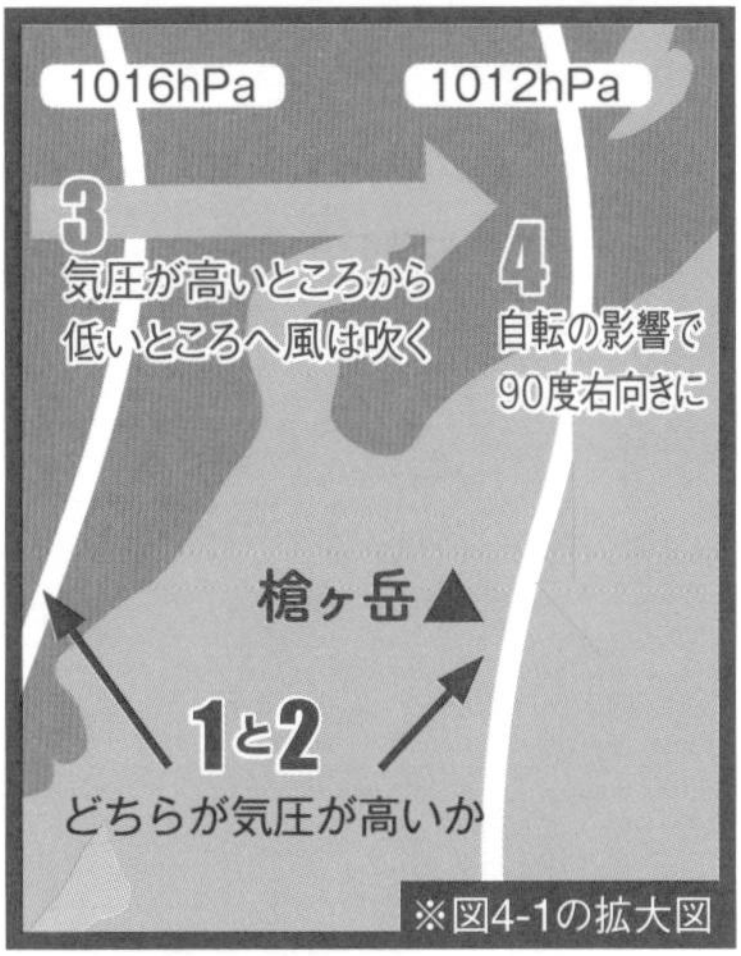
1016hPa
1012hPa
3
気圧が高いところから
低いところへ風は吹く
4
自転の影響で
90度右向きに
槍ヶ岳▲
1と2
どちらが気圧が高いか
※図4-1の拡大図

この風向きはあくまで障害物のない、理論上の風向きだが、海側から湿った風が吹いてくるかどうかの判断には使える。海側から風が吹いてくる場合には天気予報より天気が悪くなる可能性があることに注意しよう

図4-3 天気図から風の強さを判断する

1 等圧線の間隔が狭い場合（101ページ A ）

等圧線の間隔が狭いほど、風は強く吹く。この間隔が東京～名古屋間（約300km）より狭い時は、山では風が強まることが多く、要注意。また、この間隔が名古屋～大阪間（約100km）の幅より狭い時は、山での行動は危険であり、平地でも沿岸部を中心に風が非常に強まることが多い。

2 等圧線の間隔が広い場合（101ページ B ）

等圧線の間隔が広い時は、低山を中心に風が弱い。また、標高の高い山（中部山岳など）では、等圧線の間隔が広くても風が強いことがある。このようなときは、強風時に現れる雲（120ページ）が発生しているかどうかを確認するとよい。

東京～大阪間（約500km）より狭いとき	**注意が必要（強風になる可能性あり）**
東京～名古屋間（約300km）より狭いとき	**稜線や開けた場所で強風になる可能性が高い**
名古屋～大阪間（約100km）より狭いとき	**稜線や開けた場所で大荒れの天気になる可能性が高い。平地でも交通機関が乱れたり、災害が起きる可能性あり**

山と平地の天気の違い

図4-4 平地と山とでの雲のでき方の違い

平地が晴れていても、山では雲がかかっていたり、嵐になっていることがある。平地と山とで天気が異なる仕組みを理解しよう

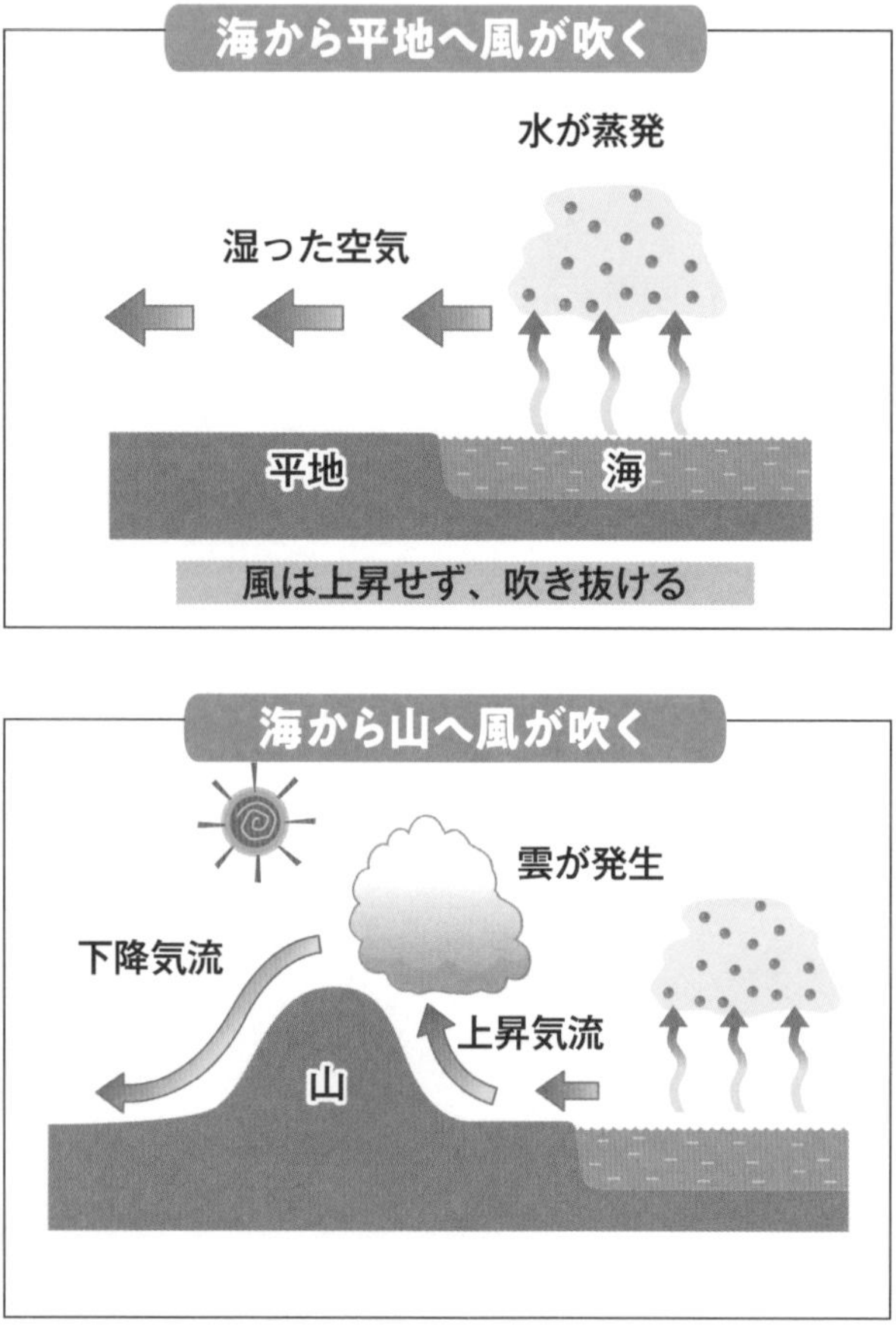
海から平地へ風が吹く
水が蒸発
湿った空気
平地
海
風は上昇せず、吹き抜ける
海から山へ風が吹く
雲が発生
下降気流
上昇気流
山

雲ができる仕組み

「平地では晴れ」という予想だったのにもかかわらず、山に登ってみると天気が悪化し、仕方なく引き返したという経験がある人もいるかもしれない。気象遭難はこのように「山と平地の天気が異なる」ときに多く発生している。

山でも平地でも、天気が崩れるのは雲ができるからだ。そこでまずは雲ができる仕組みについて考えてみたい。

雲は水滴や氷の粒が集まったものである。そして①水滴

図4-5 海と山の位置関係をチェック

白馬岳の場合は西や北に海が位置している。そのため西風から北風のときに、天気が崩れやすい

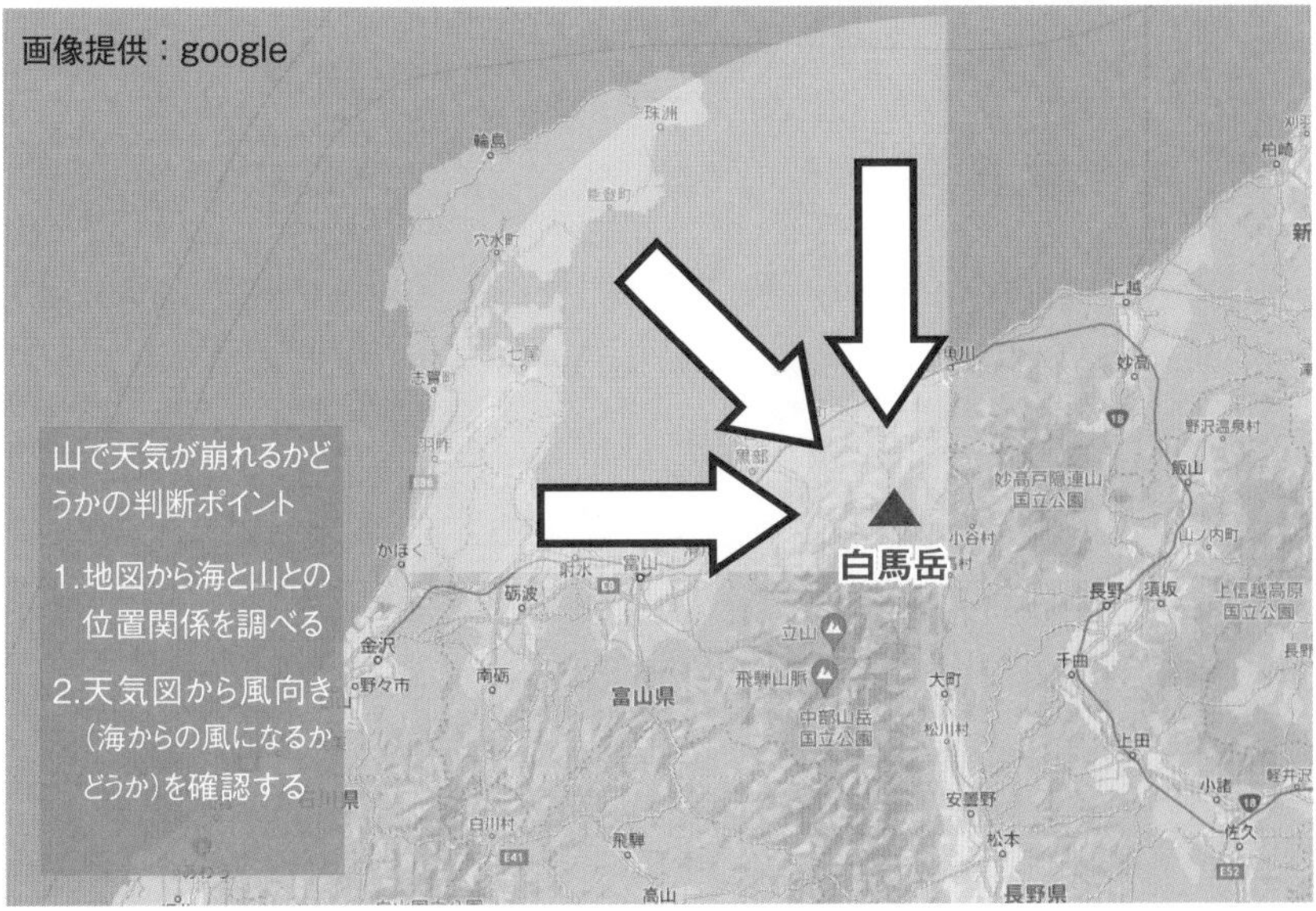
画像提供：google
山で天気が崩れるかどうかの判断ポイント
1.地図から海と山との位置関係を調べる
2.天気図から風向き（海からの風になるかどうか）を確認する
白馬岳
珠洲
輪島
穴水町
七尾
志賀町
上越
妙高
糸魚川
黒部
妙高戸隠連山国立公園
小谷村
飯山
射水
富山
砺波
長野
須坂
上信越高原国立公園
金沢
野々市
立山
千曲
南砺
飛騨山脈
大町
富山県
中部山岳国立公園
松川村
上田
安曇野
小諸
白川村
飛騨
松本
佐久
高山
長野県

や氷の粒は、空気中にある水蒸気が冷やされてできる、②水蒸気が冷えるためには、空気自体が冷えなければならない、③空気は上昇すると冷えていく、という関係性がある。つまり雲ができるためには「水蒸気を含んだ空気が上昇する」ことが必要となるのだ。

低気圧や前線が接近すると天気が崩れる理由は、低気圧や前線付近では広い範囲で空気が上昇しているからである。

山と平地で天気が異なる理由

ところが、山ではこれらが接近しなくても天気が崩れることがある。山と平地で天気が異なる理由を図4-4を使って考えてみよう。山に向かって風が吹き付けるとき、空気は斜面に沿って上昇し、冷やされていく。さらに海側から風が吹く場合、水蒸気を多く含んだ空気が上昇する。これらの要素が重なることで、風上側や山頂付近で雲ができやすい状況となるのだ。

つまり平地が好天でも山で天気が崩れるのは、「海側から風が吹いてくるとき」になるのである。

103ページで紹介した方法で風の強さ・向きを調べることにより、海側からの風かどうかを判断し、登りたい山の天気を事前に予想することで、低体温症のリスクを減らすことができる（図4-5）。

高気圧や低気圧って何？

図4-6 気圧と標高の関係

標高が高いほど気圧は低くなる

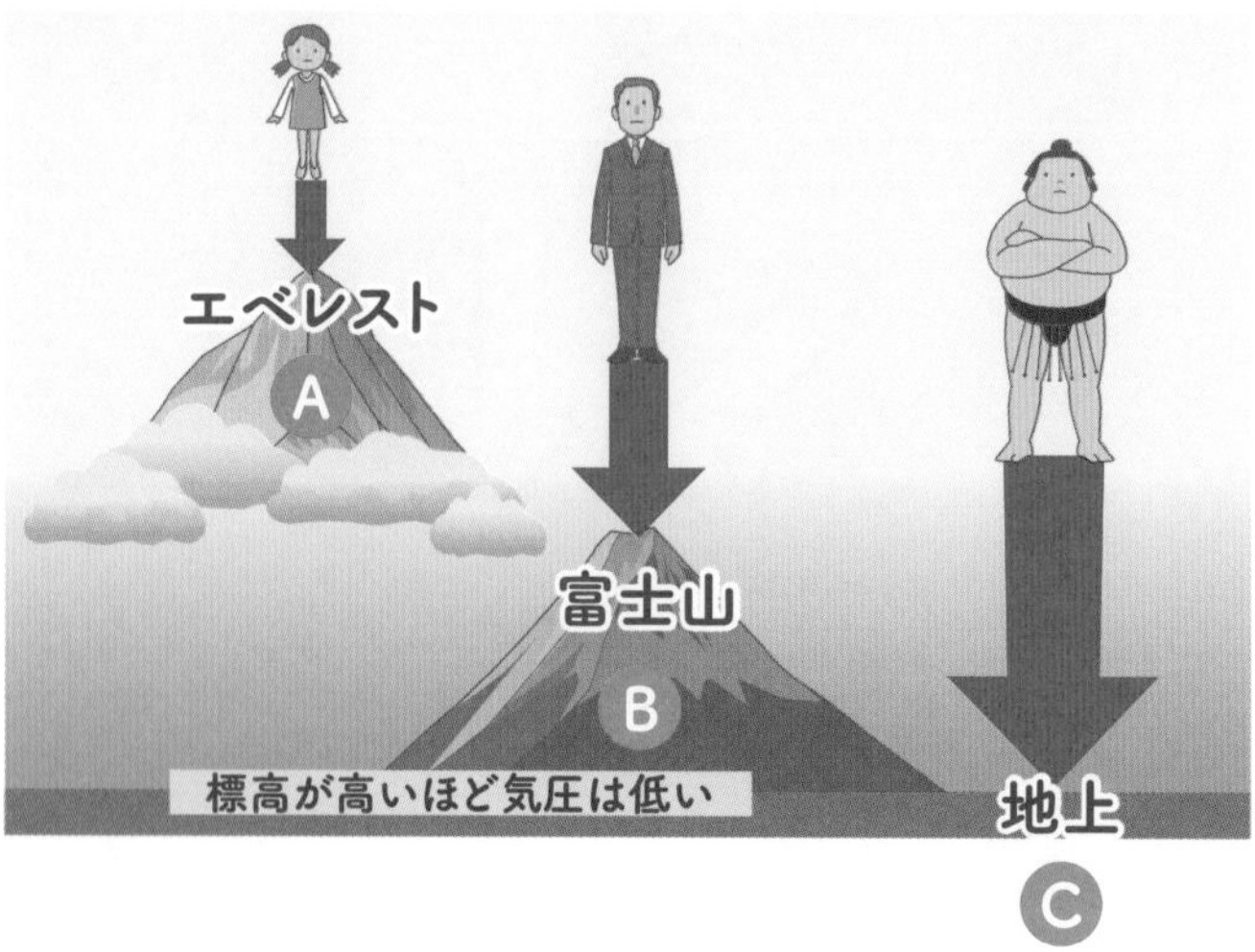
エベレスト
A
富士山
B
標高が高いほど気圧は低い
地上
C

そもそも気圧とは

私たちの周囲には空気があるが、普段は空気の重さを感じることはない。しかし実際には、空気は大きな力で私たちを押している。この空気が押す力のことを「気圧」という。気圧は、空気が地球の重力で地面側に引きつけられていることで生じる力である。

地面付近の空気は、その上にあるすべての空気によって押されている（図4－6Ⓒ）。その一方で地面の上のほうにある空気は、その上にある空気が少ないため、あまり大きな力を受けない。したがって高いところへ行くほど、空気によって押される力は弱くなる。これを空気の圧力が低い＝「気圧が低い」と表現する。

わかりやすい例では、山頂でお菓子の袋がパンパンに膨れることがある。これは地上付近よりも山の上のほうが気圧が低いため、袋が空気によって押される力が弱くなり、その分、膨れてしまうのだ。これを麓に持ち帰ると逆に袋がペシャンコになってしまうのは逆に、押される力が強く

図4-7 気圧のイメージ

気圧が高いところは山と同じであり、空気は周囲へと流れる。逆に気圧が低いところは窪地と同じであり、周囲から空気が集まる

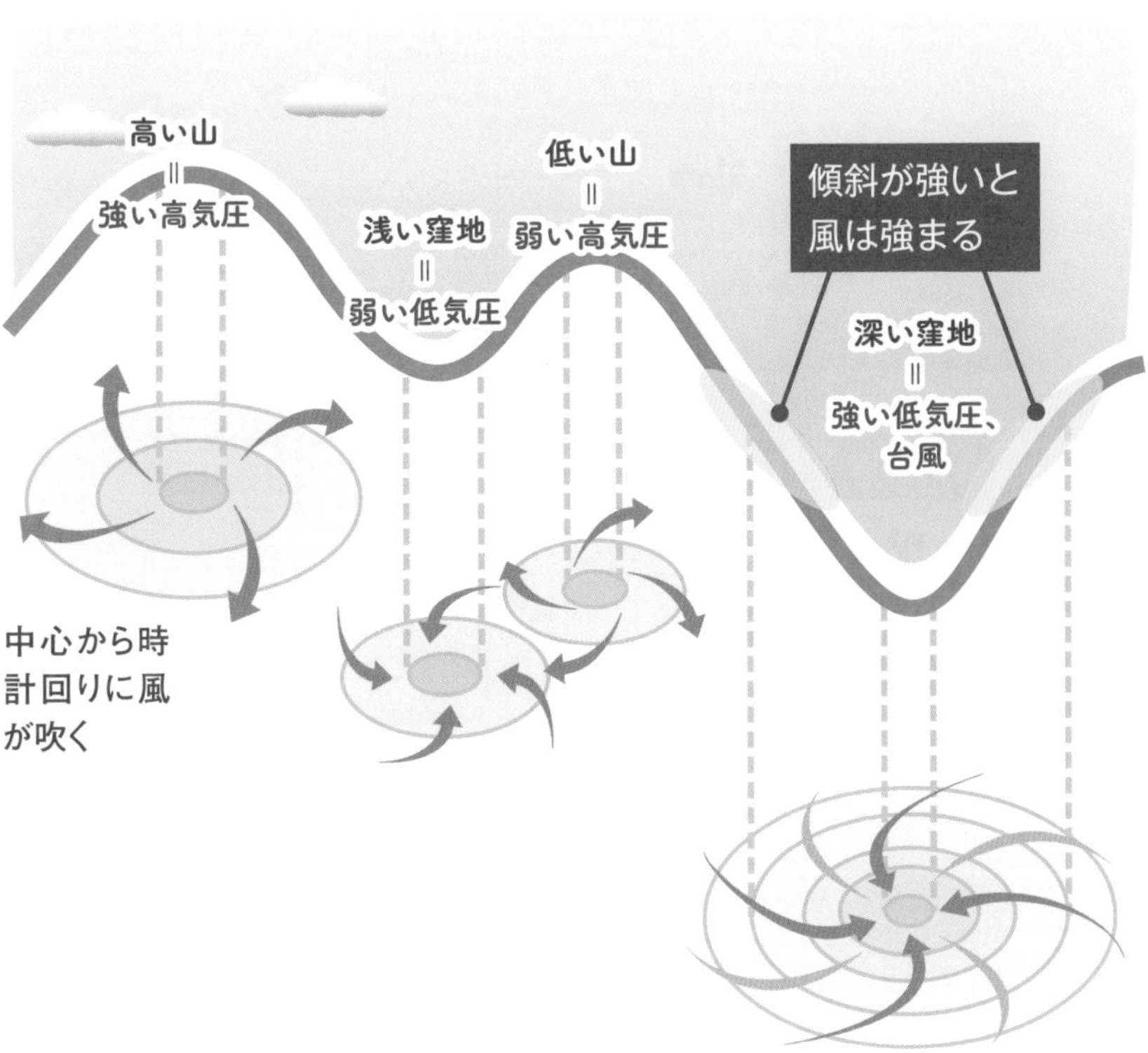
高い山
＝
強い高気圧
浅い窪地
＝
弱い低気圧
低い山
＝
弱い高気圧
傾斜が強いと
風は強まる
深い窪地
＝
強い低気圧、
台風
中心から時
計回りに風
が吹く

なるからである。

高気圧と低気圧の違い

気圧が周囲よりも高いところを「高気圧」、周囲よりも低いところを「低気圧」と呼ぶ。空気は目に見えないので、なかなかイメージが難しいが、地形のようにとらえるとイメージしやすい。図4-7のように、気圧の高低を地形の山と谷として考えてみる。すると高気圧は山となり、低気圧は窪地になる。

山頂から水を流すと、低いところへ流れていく。これは空気も同様で、高いところ（高気圧）から低いところ（低気圧）へと流れる。この空気

図4-8 前線とその周辺にできる雲の種類

前線には4種類ある。前線の種類によって、発生しやすい雲の特徴（123ページ）が異なる

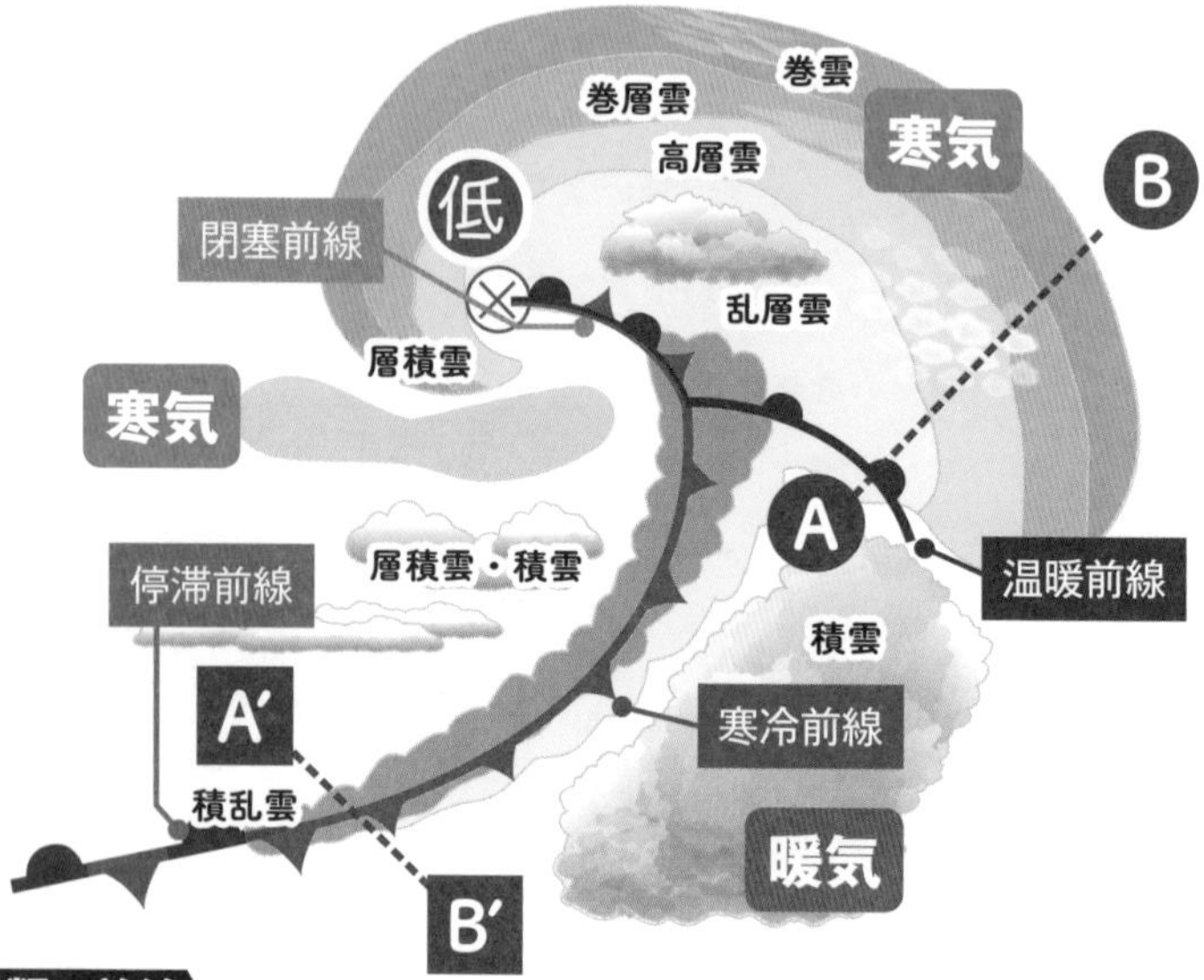
巻雲
巻層雲
高層雲
寒気
B
低
閉塞前線
乱層雲
層積雲
寒気
A
温暖前線
層積雲・積雲
停滞前線
積雲
A′
寒冷前線
積乱雲
暖気
B′

4種類の前線

1 温暖前線
暖かい空気が冷たい空気の上へと這い上がっていくことでできる前線。前線の北側や東側で雲が大きく広がり、広範囲にシトシトとした雨をもたらすことが特徴。長時間降り続くことが多い。

2 寒冷前線
暖かい空気の下に冷たい空気がもぐり込むことで発生する前線。暖かい空気が急激に上昇させられるため、雲は上方向に発達しやすく、短時間の強雨や落雷、突風やヒョウなど、激しい気象現象をもたらす。

3 停滞前線
暖かい空気と冷たい空気、あるいは湿った空気と乾いた空気がぶつかり合い、それぞれの勢力が拮抗しているときにできる。勢力が拮抗しているため、長期間同じような場所に停滞する。日本では梅雨前線や秋雨前線が代表的で、長雨をもたらすことが多い。

4 閉塞前線
寒冷前線は温暖前線よりも移動が速いため、温暖前線に追いついてしまうことがある。この状態の前線を閉塞前線と呼び、温暖前線と寒冷前線両方の性質をあわせ持つ。

の流れが「風」である。

高気圧は山と同じだから、中心から周囲へと向かって風が吹き出し、中心付近の空気は少なくなる。そして少なくなった空気を補うようにして、上空から空気が下りてくるため、それが下降気流となり、天気はよくなる。

一方、低気圧は窪地と同じだから、周囲から空気が流れ込んでくる。そして中心付近に集まった空気は行き場がなくなり上昇していく。このため、低気圧の中心付近では上昇気流が発生し、雲ができやすくなるのだ。低気圧の周辺で天気が悪くなるのはそのためである。

図4-9 温暖前線と寒冷前線の断面構造

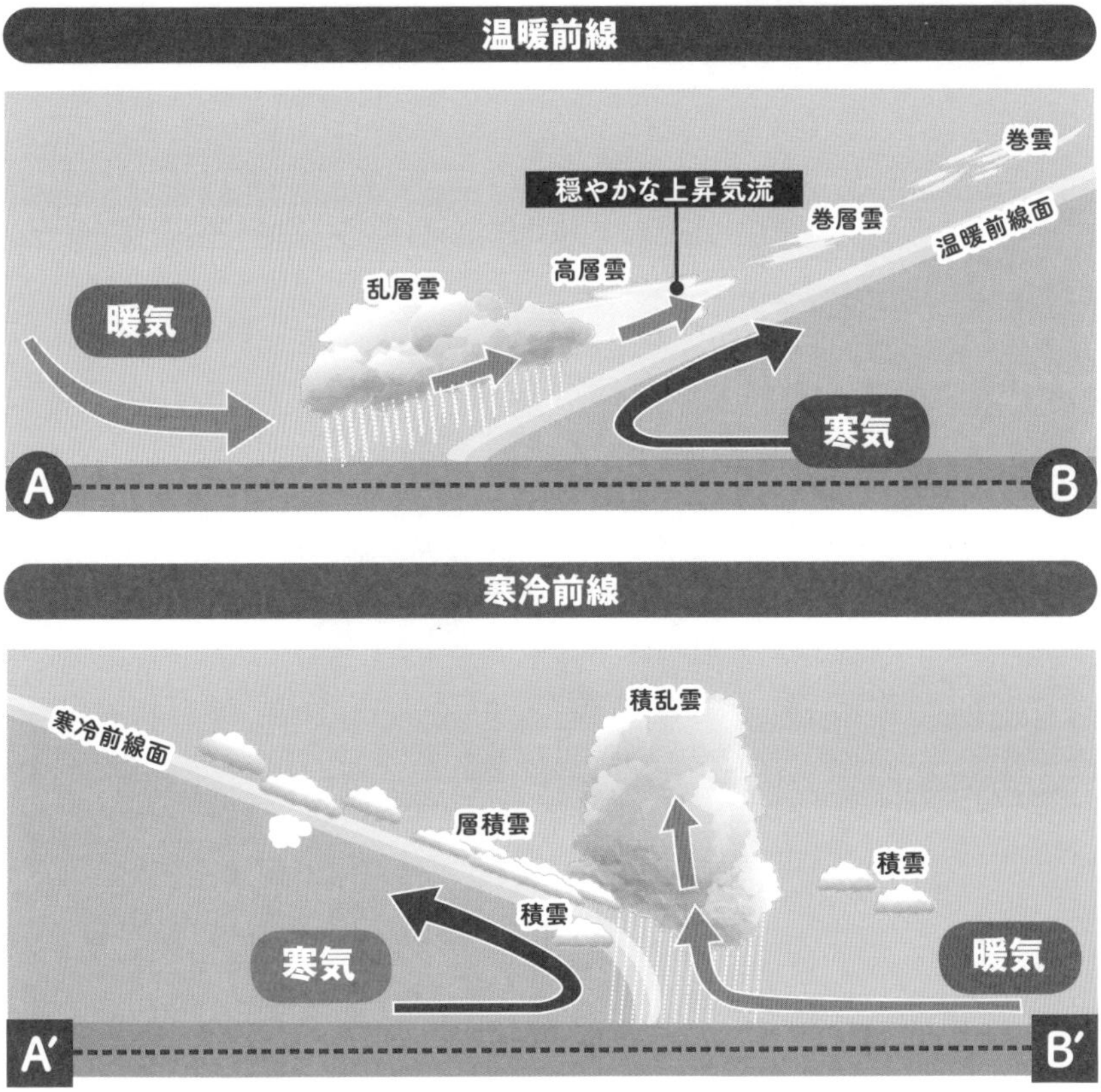
温暖前線
巻雲
穏やかな上昇気流
巻層雲
温暖前線面
高層雲
乱層雲
暖気
寒気
A
B
寒冷前線
積乱雲
寒冷前線面
層積雲
積雲
積雲
寒気
暖気
A′
B′

前線の性質

天気図を見ていると、低気圧の中心付近から半円や三角形がついた線が描かれていることがある。この線のことを「前線」といい、異なる性質の空気がぶつかる境界を意味する。

暖かい空気と冷たい空気や、湿った空気と乾いた空気は簡単に混じり合わないため、境界すなわち前線ができる。前線付近では空気が上昇するため、天気が崩れることが多い。

天気の崩れ方は、前線の種類や、山が前線のどちら側（暖気側か寒気側か）に位置しているかによって、大きく異なる。

気象による遭難①低体温症

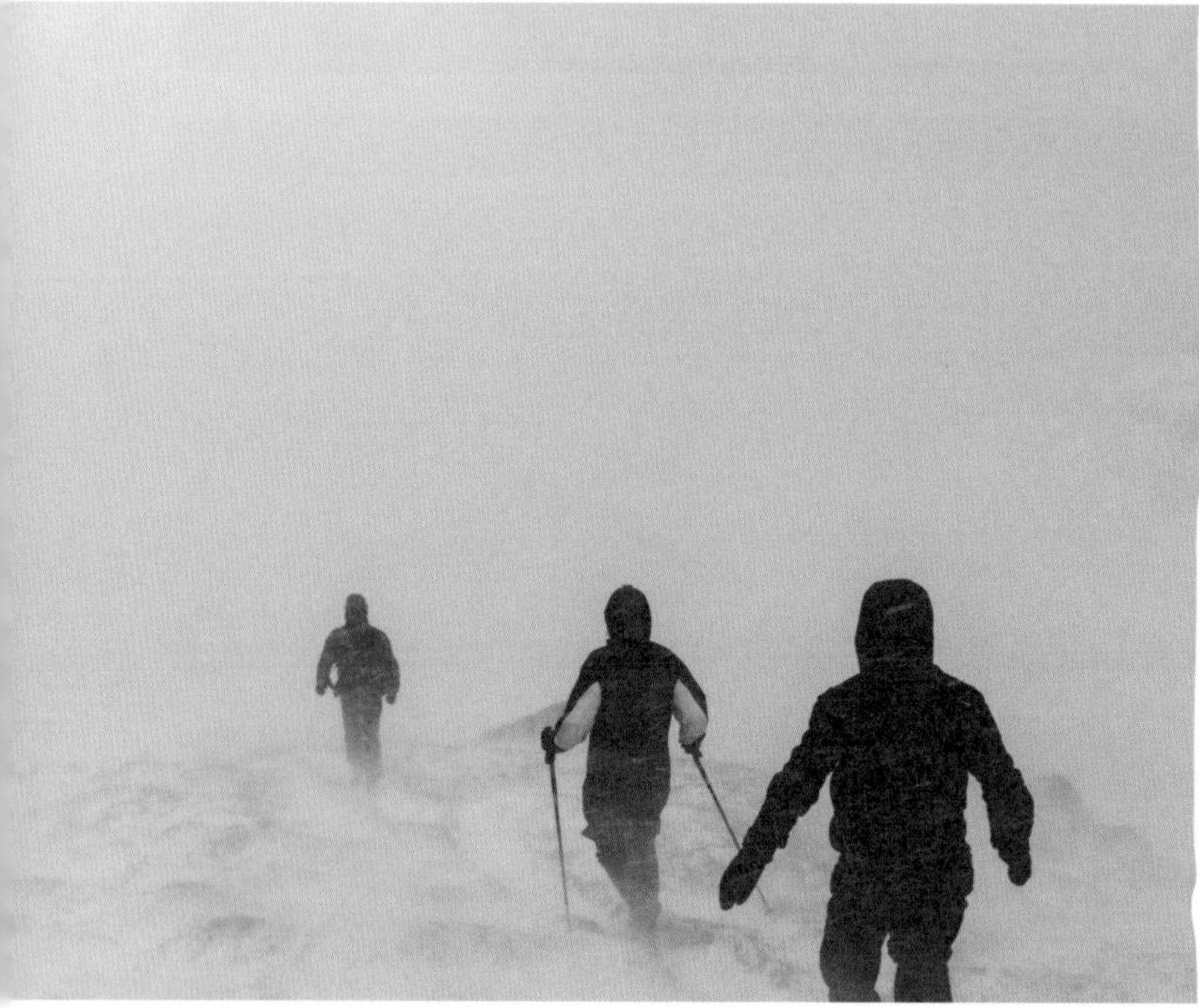

低体温症とは

気象による遭難のなかでも、死亡者が多いのが「低体温症」による事故である。低体温症とは、例えば、山で風雨や風雪にさらされることなどにより、体温が低下することである。症状が進むと意識障害に陥ったり、死に至ることがある。冬だけではなく、夏にも発生していることから、年間を通して警戒しなければならない遭難といえる。

低体温症に陥りやすい気象条件には、①強風、②降水（濡れ）、③低温の3つがある。そしてこれら3つの条件が揃いやすいのが、「低気圧が発達しながら日本列島を通過した後」である。

例えば日本海側の山岳では、低気圧の本体に伴う降水（濡れ）の後、低気圧が通過した後に寒気が入り（低温）、北から北西寄りの風が強まって、風雨や風雪（強風、濡れ）が強まることが多くなるのだ。

このような場合、低体温症が起こりやすい森林限界を超える場所で行動することは非常に危険である。

図4-10 低体温症による遭難時の天気図

低体温症は、同じような気圧配置のときに発生している。その気圧配置を覚えておくことで、低体温症のリスクを下げることができる

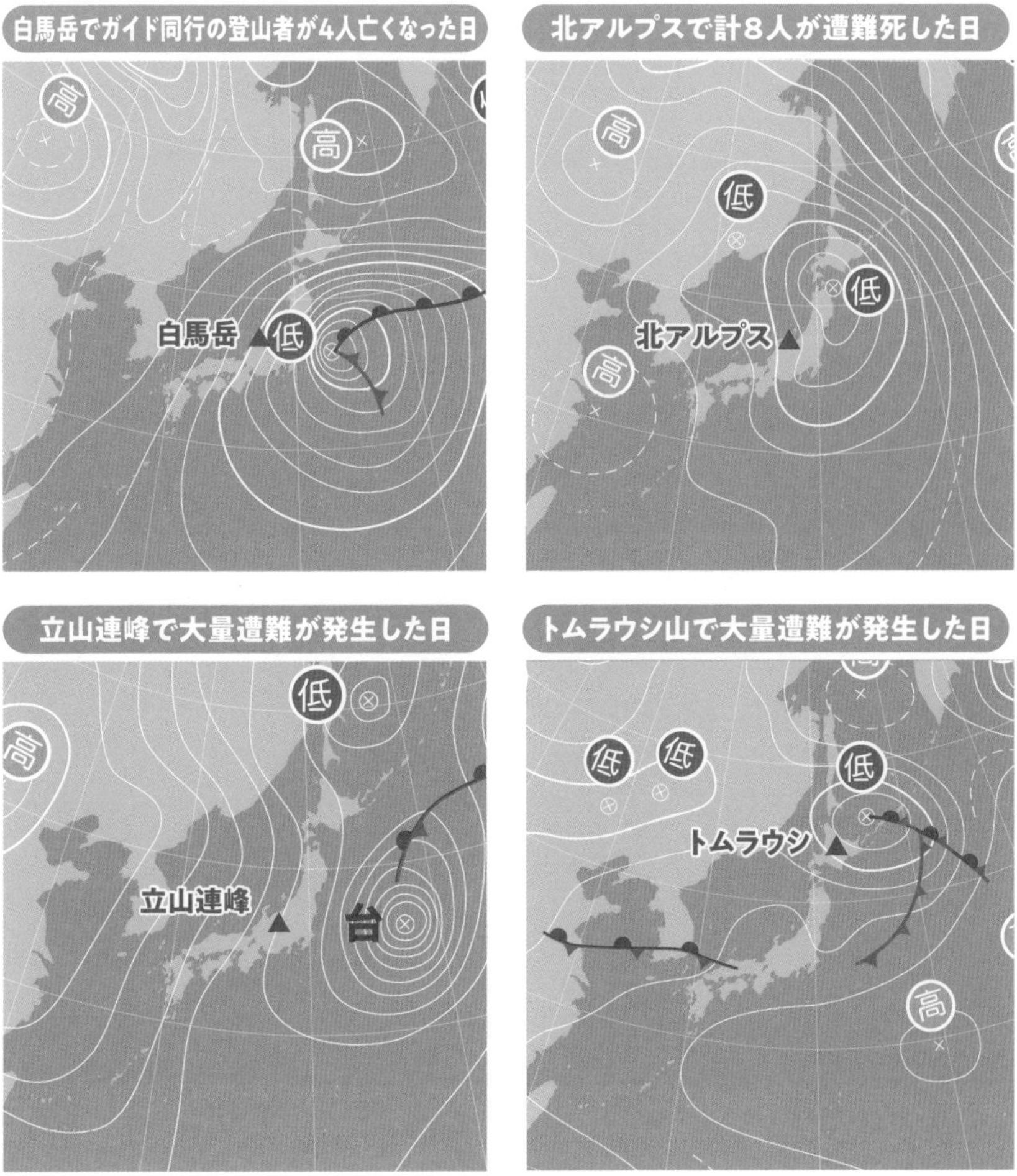
白馬岳でガイド同行の登山者が4人亡くなった日
高
高
白馬岳
低
北アルプスで計8人が遭難死した日
高
低
低
北アルプス
高
立山連峰で大量遭難が発生した日
低
高
立山連峰
台
トムラウシ山で大量遭難が発生した日
低
低
低
トムラウシ
高

これらの天気図からわかることは次の3つである。

1 低気圧が発達しながら日本付近を通過

2 通過後に等圧線が、遭難が発生した山のあたりで混み合っている

3 日本海側の山岳で遭難が発生

写真1 天気が崩れる前兆の例

下の2つの写真は白馬村から白馬連峰を見た写真である。青空が広がっているが、稜線には雲がかかっている。この雲をよく観察すると、時間とともに雲の厚みが増している。下の写真の状態になると山頂ではすでに荒れた天気となっており、中腹より下部でも天気が崩れていくことが多い

白馬村ライブカメラ・白馬大橋より

ただし、こうした気象状況を予想することはそれほど難しくなく、低体温症による遭難は防ぐことができるものがほとんどである。

登山前と登山中に行うこと

低体温症（※）に陥った登山者の多くは、天気予報を利用していた。ではなぜ遭難を防げなかったのかというと、山頂ではなく山麓の天気予報を利用していたり、天気予報が外れる可能性を考えなかったからだ。

低体温症を防ぐためには、登山前に登山当日の予想天気図を見て風雨や風雪が激しい状況を予想しなければならな

写真2 燕岳上空のレンズ雲

上空にレンズ雲（120ページ）が出ているときは、上空で風が強まっている。この雲が見えたときは、登山口で風が弱くても、山頂では強風が吹き荒れていることを想定したい

い。天気図の見方はわからなくてもいいので、過去の低体温症が発生したときの天気図（図4－10）を見てみよう。そうすると危険な天気図のパターンが見えてくる。登山前日に、登山当日の予想天気図を気象庁のホームページなどでチェックし、これらのパターンが表れていたら、特に日本海側の山岳や中部山岳北部では天候が荒れることを想定しよう。

低体温症の事故を防ぐためには、風雨や風雪が激しい気象状況では、「登山を中止して引き返す」、「天候が悪化する前に安全地帯（森林限界の下）まで下りる」ということが重要になる。そのために積極的に天気図を活用したい。

また、予想天気図でチェックしていても、予想よりも早く天気が崩れたり、予想以上に悪くなることもある。さらに疑似好天といって、いったん天気が回復した後で急変することもある。登山中には空を見て、天候が崩れる前兆を見つけよう（写真1、写真2）。

※低体温症は強風がもっとも重要な要件であり、風が強まりやすい森林限界より上部（木が生えていない場所）の尾根上や稜線で発生しやすい。また風から身を守ることができる大きな岩場が少なかったり、なだらかな草原上のルートで起こりやすい。稜線上からエスケープ（脱出）できる登山道がない場所も危険である。

気象による遭難②落雷

図4-11 落雷が起きやすい気圧配置①

尾瀬で落雷事故が発生した日の気圧配置。前線を伴わない低気圧が接近するときは、上空に寒気を伴っていることが多い

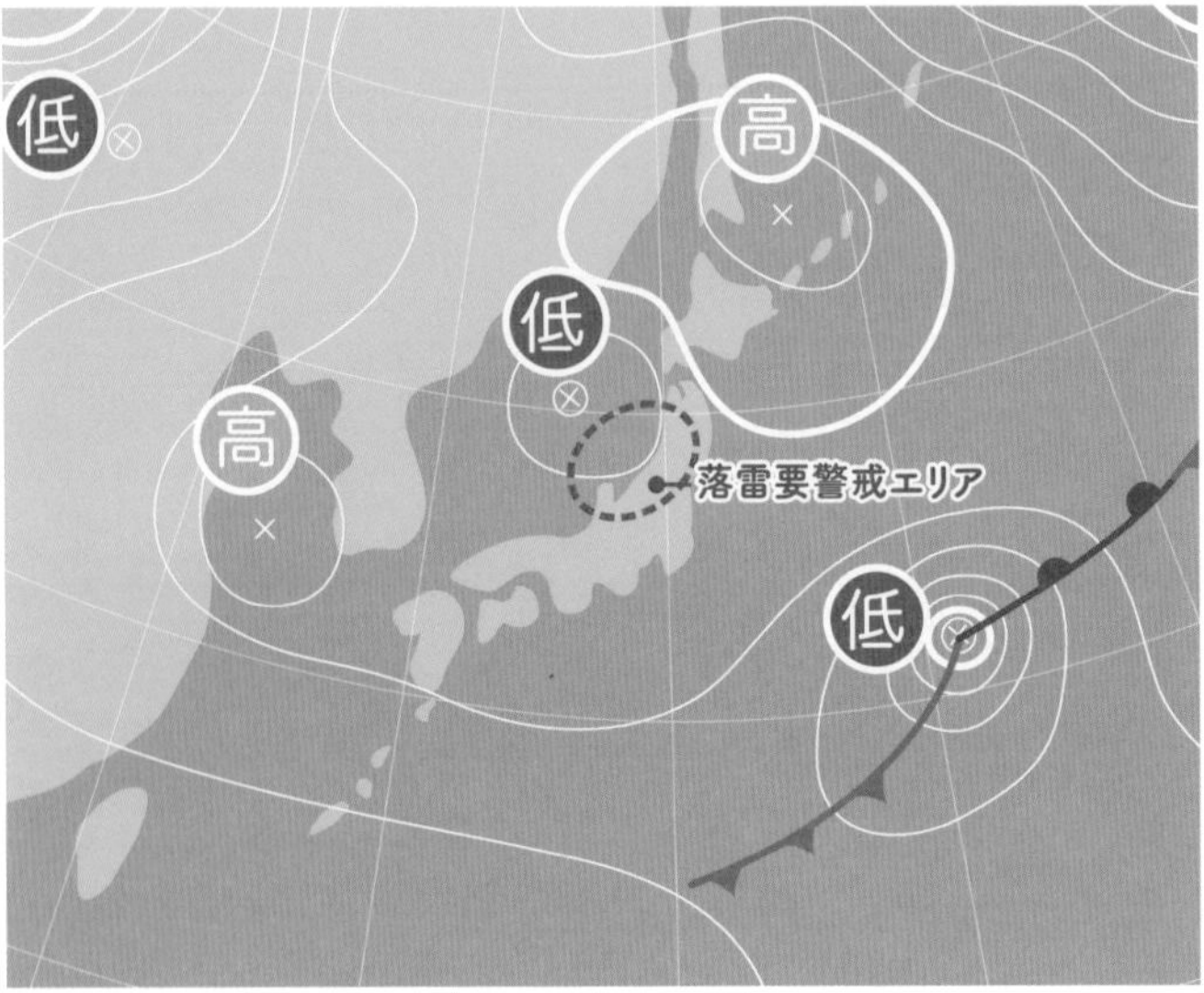
低
高
低
高
落雷要警戒エリア
低

落雷による遭難

青空の下で気分よく登っていたときに天候が急変し、突然の雷雨に襲われて怖い思いをした、という方もいるかもしれない。こうした突然のにわか雨や雷は、「積乱雲」と呼ばれる、上空にもくもくと発達した雲によって引き起こされる。雷雲という呼び名のほうが馴染みがあるかもしれない。ここでは夏山登山において危険度が高い、落雷から身を守るための方法を紹介する。

雷をもたらす積乱雲は、上空と地面付近との温度差が大きいときに発達する。夏の日中は地面付近の気温が高くなるので、上空に冷たい空気が入ってくるとき、積乱雲が発達しやすい。このような状況を「大気が不安定」という。

お天気キャスターがよく口にする言葉で、「大気が不安定」「上空に寒気が入ってくる」「温かく湿った空気が入ってくる」「午後からにわか雨や雷雨の可能性」というフレーズが聞こえてきたら、落雷に警戒が必要になる。

図4-12 落雷が起きやすい気圧配置②

白馬岳で土砂崩落事故が発生した日の気圧配置。日本海を前線が南下している状況であり、前線の南側300km以内に雷を伴った非常に激しい雨が降った

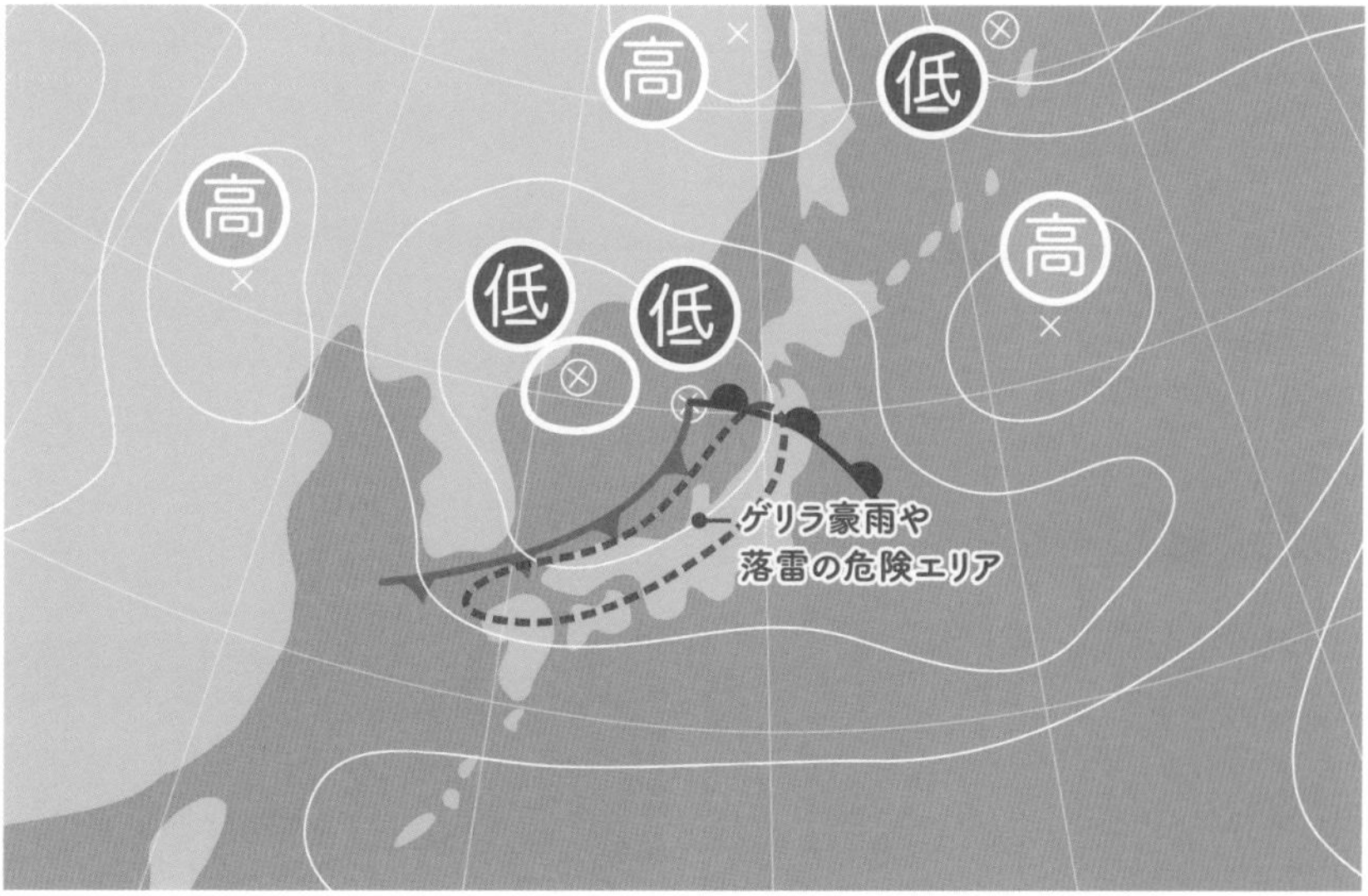
高
低
高
高
低
低
ゲリラ豪雨や
落雷の危険エリア

図4-13 寒冷低気圧とは

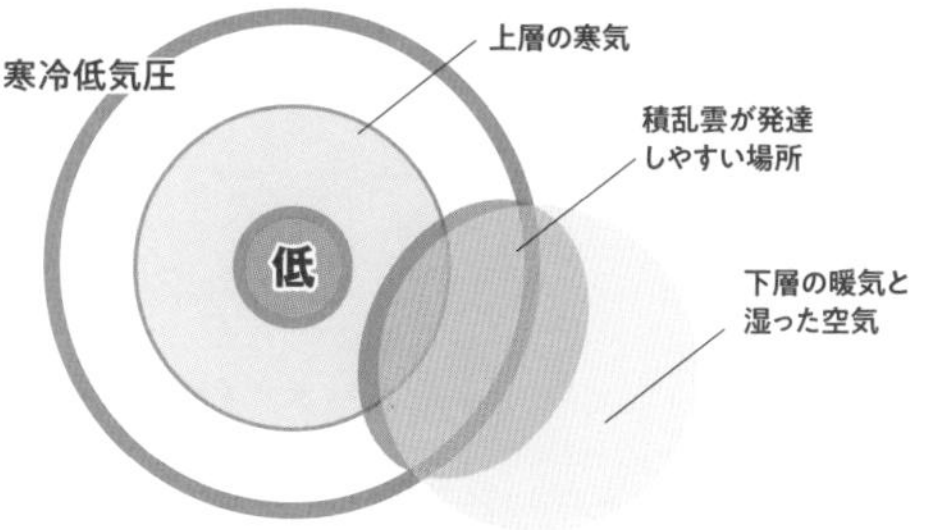
寒冷低気圧
上層の寒気
積乱雲が発達
しやすい場所
低
下層の暖気と
湿った空気

上層の寒気と下層の暖気や湿った空気が交わった場所で、積乱雲が発達しやすくなる。なお、寒冷低気圧や寒冷前線による雷は、時間帯を問わず発生するおそれがある

落雷が起きやすい気圧配置

高い山で落雷が起こりやすい気圧配置を覚えておきたい。登山の前日には翌日の予想天気図をチェックし、落雷のリスクが高い気圧配置の場合は計画を変更したり、行動時間を短くするなど、リスクを減らすことが大切である。

まず、図4-11のように、前線を伴わない低気圧（寒冷低気圧）が接近するときは、上空に寒気を伴っていることが多い。

特に中心の南東側では雲が発達しやすく、落雷や強雨のリスクが高くなる。また夏の

写真3 積乱雲が発達する状況

3-1

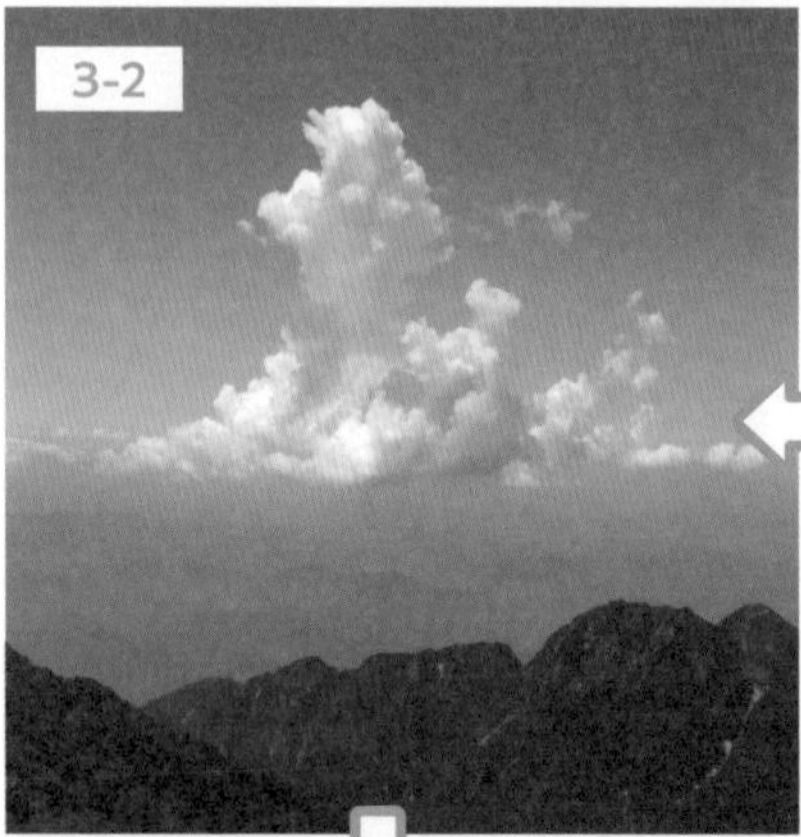
3-2

3-3

落雷をもたらす積乱雲は、塊状の綿雲（積雲　写真3-1）が発達したものである。朝早い時間から山の上に、このような雲が出てくるときは、大気が不安定なときが多く、その後の雲の発達に注意が必要である。写真3-2の雲のように、上方へ勢いよく成長していくときは要警戒だ。さらに雲の底が黒くなってくると（写真3-3）、落雷や強雨のリスクが高まってくる。落雷による気象遭難を防ぐうえで、もっとも重要になるのが、こうした積乱雲に遭遇しないことである。積乱雲は暖められた空気が上昇することで発達するため、雷は午後に発生することが多い。山では、「早出早着き」が基本であるが、それは落雷による気象遭難を防ぐうえでも非常に大切であるということを強調しておきたい

雷は昼過ぎから夜のはじめにかけて発生することが多いが、この寒冷低気圧（図4－13）による雷は、どの時間帯でも発生する。

次に図4－12のように日本海を前線が南下している状況では、前線の南側で落雷や激しいにわか雨が発生する。もっとも多いパターンとしては、朝のうちは日本海沿岸で雷雲が発達し、日中内陸へと移動する。そして午後から夕方に太平洋側の山岳、夕方以降に東京など都市部に達するものである。特に前線の南側300㎞以内に入る山岳では、落雷や沢の増水などに厳重な警戒が必要である。

図4-14 落雷の危険時に近づいてはいけない場所

雷光が見えたり雷鳴が聞こえた場合には、このような場所に近寄ってはいけない

とがった山頂
突き出た岩（ピナクル）
高い木
岩場など滑落の危険があるところ

登山中は雲に警戒する

出発時には空を見るようにしたい。早朝から写真3-1のようなもくもくとした雲が発生しているときは、日中に気温が上昇すると積乱雲に成長する可能性が高い。

またいつもよりジメっとした感じがしたり、生暖かい風が吹いているときも注意をしたい。山では「いつもとの違い」を感じることが大切になる。

それから行動中に、「ピカッ」という雷光や、「ゴロゴロ」という雷鳴が聞こえたときには、すでに雷の危険が迫っている。そのようなときは、①とがった山頂、②突き出た岩、③高い木、④滑落の危険のあるところには絶対に近づいてはいけない（図4-14）。

「金属に落ちやすい」「濡れたものに落ちやすい」というのは迷信である。多くの実験でこれらが事実ではないことが証明されていることを、知っておいてもらいたい。

もしも近くに営業小屋や避難小屋があれば、すぐに避難し、なければ窪地に避難したり、少しでも高度を下げるようにすること。このような場所への避難が難しければ、周囲よりなるべく低いところに身をかがめ、足を揃えて体勢を低くして、雷雨をやりすごそう。

気象による遭難③沢の増水・突風

局地豪雨などによる増水への対策

局地豪雨などに伴って急激に沢や河川が増水し、その渡渉の際に流されてしまう事故が近年増えている。この局地豪雨をもたらすのは、116ページで紹介した積乱雲の発達に伴うものである。こうした気象遭難を防ぐために、気をつけるべきことを紹介しよう。

【登山前に行うこと】

まずは、落雷への対策と同じように、登山前日に天気図をチェックし、積乱雲が発達しやすい状況かどうかを確認する。積乱雲の発達が予想される場合には、沢が増水して渡渉が困難になることがある。なるべく沢沿いのコースは避けたほうがいい。

また沢の近くを通るコースの場合には、登山の前日に気象庁のホームページなどから「解析雨量」や「アメダス」を確認して、目的の山周辺の雨量を確認すること。1時間に20ミリ以上の雨が降っていたら、沢が増水している可能性が高い。それ以外にも、数日間にわたってまとまった降水（24時間で80ミリ以上）が確認される場合には、沢が増水していることを考えてルートの変更などを検討したい。

【登山中に行うこと】

局地豪雨は、天気図からでは予想ができない場合も多い。そこで重要となるのが、空を見て天気を判断する「観天望気」である（122ページ）。この観天望気によって、局地豪雨をもたらす積乱雲が発達していないかを確認しよう。その際に自分が現在いる場所だけでなく、沢の上流の天気にも注意を払うことが必要になる。上流で局地豪雨があれば、自分のいる場所で雨が降っていなくても沢が急激に増水することがあるからだ。

万が一、積乱雲の発達や接近に伴う土砂降りに遭遇した場合には、沢の増水だけでなく、土砂崩落や落石による事故のリスクも高まる。特に雪渓上を転がる石は音がしないため、強い雨が降っているときや、発達した積乱雲が近づいているときは、図4-15のような場所には近づかないようにしたい。

図4-15 土砂降りの際に近づいてはいけない場所

強い雨が降っているときや、発達した積乱雲が近づいているときは、このような場所には近づかないこと

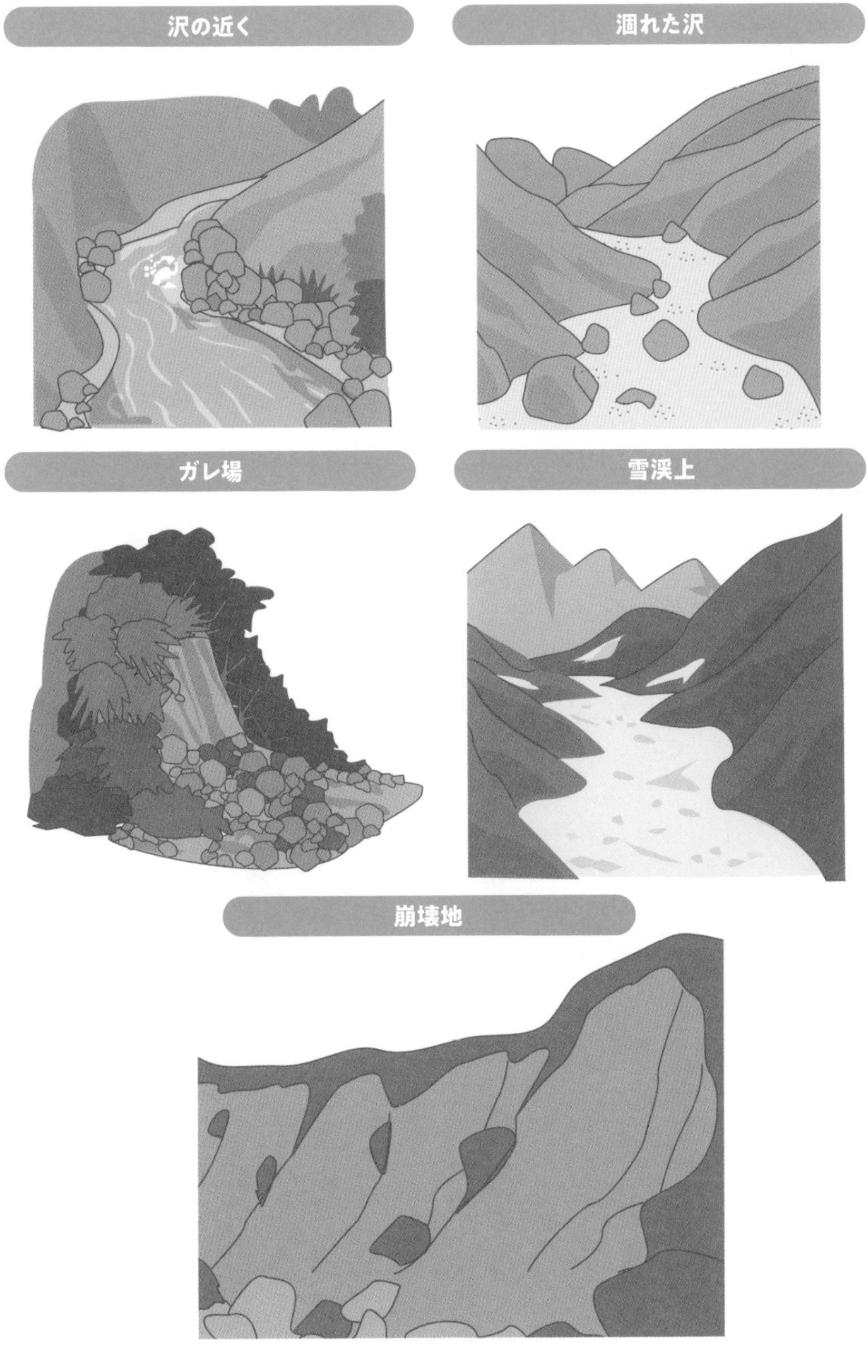
沢の近く
涸れた沢
ガレ場
雪渓上
崩壊地

写真4 レンズ雲

凸レンズのように横長で平たい雲。レンズ雲が見えたときは、上空で風が強まっている

突風や強風への対処法

突風が吹くかどうかの予想は難しいが、突風は強風が吹いているときに発生するケースが非常に多い。強風については予想天気図を見たり、「レンズ雲」（写真4）などの強風を知らせる雲からも、ある程度の想定ができる。また普段から耐風姿勢（図4-16）を取る練習をして、突風から身を守る姿勢を学んでおくことも大切である。

【登山前に行うこと】

強風は天気図の等圧線の間隔から予想できる（103ページ）。等圧線が非常に込み合っているとき（線の間隔が非常に

図4-16 耐風姿勢の取り方

突風が吹いた際には、体の内側に風が入らないように、風上側に体を向け、腰をかがめて頭を下げる。そして両脚とピッケルが二等辺三角形になるようにして踏ん張る

狭いとき）は風が非常に強く吹いている。瞬間的には、常時吹いている風の1・5～2倍程度の風速で突風が吹くこともあるため、等圧線が込み合っているときほど、突風が強く吹くと考えていい。

【登山中に行うこと】

まずは登山口で山頂や空を見上げて、強風を知らせるレンズ雲や笠雲が出ていないかをチェックする。これらの雲が出ている場合や、稜線に近づいたときに「ゴーゴー」という風の音が聞こえたとき、樹木が大きく揺れているときなどは、注意が必要になる。樹林帯を抜けた場所に出る前に、リーダーなどが先行して風の状況を偵察することをおすすめしたい。またこのタイミングでダウンジャケットなどの防寒具を着込み、ジッパーをしっかりと上まであげて防寒や防風の対策を行ったり、引き返す判断をする。

やむを得ず強風のなかでの行動を続ける場合には、突風が来る前に耐風姿勢を取り、体が飛ばされにくいように踏ん張る。突風が吹くときには、たいてい風の音がする。その音が近づいてきたら、耐風姿勢を取るようにしよう。

風にも「呼吸」があり、風が強まったり弱まったりを繰り返すことが多い。この合間を縫って風が避けられるポイントまで慎重に移動するようにしたい。

08
山に登るなら知っておきたい
気象の科学

空を見て天気を予測する「観天望気」

まずは雲の種類を覚える

雲を見たり、風を感じたりと、人間の五感を使って今後の天気を予想することを観天望気（かんてんぼうき）と呼び、天気予報の技術として古くから行われてきた。しかし観天望気は、もっとも難しい天気予報の技術でもある。そこで観天望気の基本として、まずは雲の種類とその高さを知るところからはじめよう。

雲の種類は無数にあるが、国際的な分類法では10種類に分けられている。そして10種類の雲は、「層」「積」「巻」「乱」「高」という5つの漢字の組み合わせによる名前がつけられている。例えば「層」は平べったい雲であり、「積」は塊状の雲を意味する。このように漢字と雲の形を関連づけると、覚えやすいだろう。

また雲の高さによって、上層雲（高いところにある雲）、中層雲（中くらいのところにある雲）、下層雲（低いところにある雲）、対流雲（縦長の雲）の4種類に分けることもある。

天気の急変の前兆となる3つの危険な雲

落雷や強風、強雨など、気象遭難のリスクが高い気象現象が起こる前には、前兆が見られることが多い。そのなかで代表的なものは次の3つの雲である。登山口から登り始める前には必ず空を見上げ、このような雲が見えていないかチェックしよう。

【積乱雲】

雷雲とも呼ばれる。大雨（雪）や落雷、突風を引き起こす雲。雲の底は上空数百メートル程度だが、発達すると雲のてっぺん（雲頂）は10km以上にまで発達する。特に夏山では登山者にとって危険な雲である。

【笠雲】

富士山など独立峰にかかり、山頂が笠をかぶったように見える雲。この雲が現れるときは、上空の風がある程度以上強い時や、空気がある程度湿っているときである。つまり、気圧の谷が接近している場合が多い。「笠雲が現れると天気が崩れる」という言い伝えがあり、天候悪化の前兆として

図4-17 雲の分類

雲は国際的には10種類に分類される。また地表からの高さに応じて、4つに分類されることもある

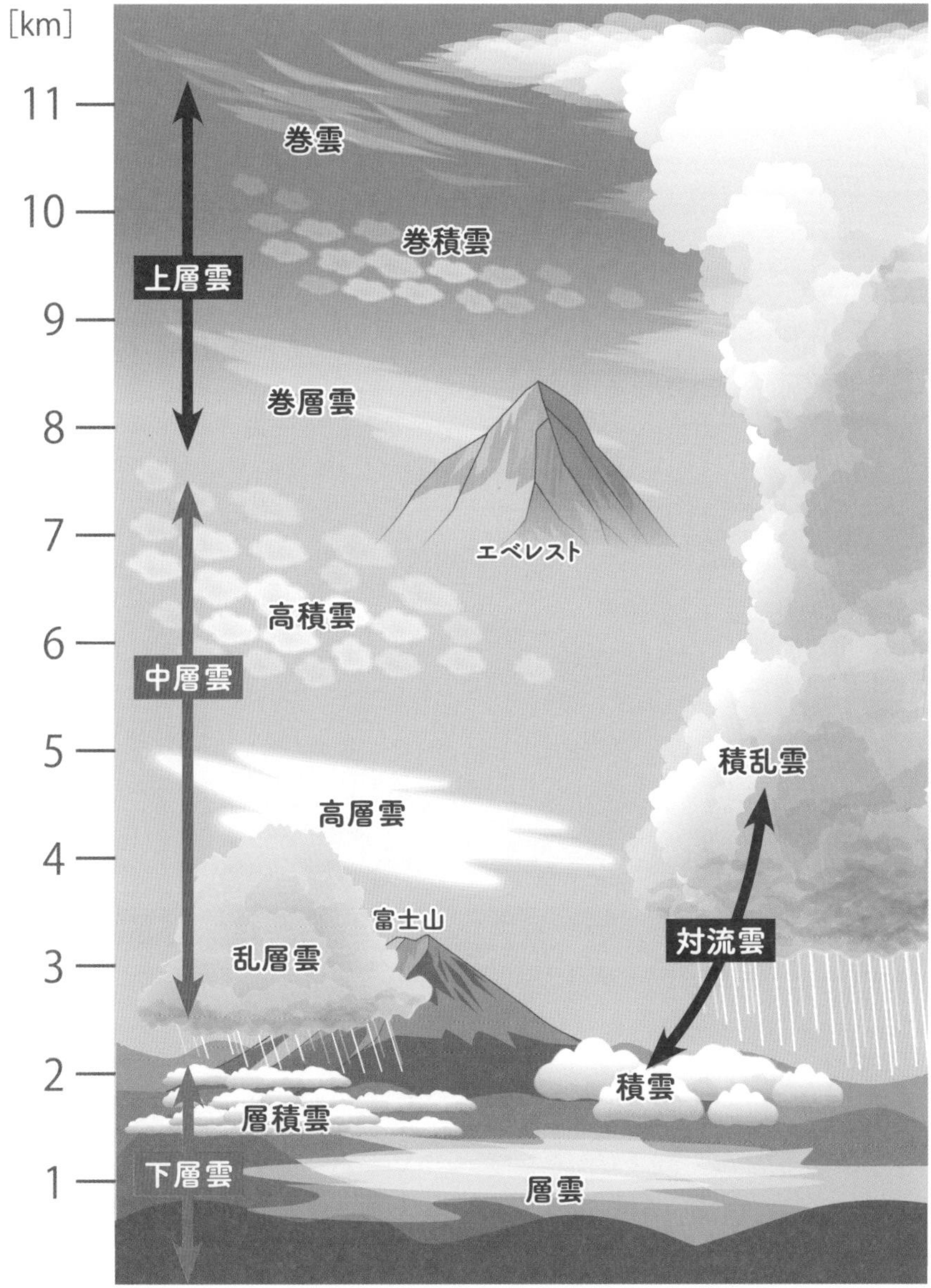
[km]
11
10
9
8
7
6
5
4
3
2
1
上層雲
中層雲
下層雲
巻雲
巻積雲
巻層雲
エベレスト
高積雲
高層雲
富士山
乱層雲
層積雲
層雲
積乱雲
対流雲
積雲

写真5 3つの危険な雲

積乱雲（雷雲）

夏山では登山者にとってもっとも危険な雲。落雷や突然の豪雨をもたらす

笠雲

写真提供：絶景くん
（山中湖村観光課公式サイト：http://www.vill.yamanakako.yamanashi.jp/zekkei/）

天候悪化の前兆である笠雲。強風や天候悪化をもたらす

レンズ雲

笠雲と同様に、天候悪化の前兆であるレンズ雲。強風や天候悪化をもたらす

知られている。

【レンズ雲】

凸レンズの形をした雲をレンズ雲と呼ぶ。

この雲が現れているときには、上空で非常に強い風が吹いている。山麓では風が弱くても、上空にレンズ雲が見えるときは、稜線や上部では風が強くなっていると考えたほうがいい。また笠雲と同様に、気圧の谷が接近しているときに現れる傾向があり、天候悪化の前兆となることもある。

天気予報の精度は100%ではない

天気が崩れる予報だったとしても、実際にそうなるとは限らない。

残念ながら、現在の技術では100%正確な天気予報を得ることは不可能だ。だからこそ、出発前や登山中に自分の目で雲を観察し、実際の空の変化と事前に入手した天気予報や天気図の動向を比較することで、気象遭難のリスクを回避することが必要になる。

ここでは、天気が崩れる時の典型的なパターンである温帯低気圧接近時の雲の変化と、日本海側の山で特に気をつけたい疑似好天（悪天候の合間に訪れる一時的な好天。後に天気が急変する。）時の雲の変化について学んでいく。

図4-18 典型的な雲の変化

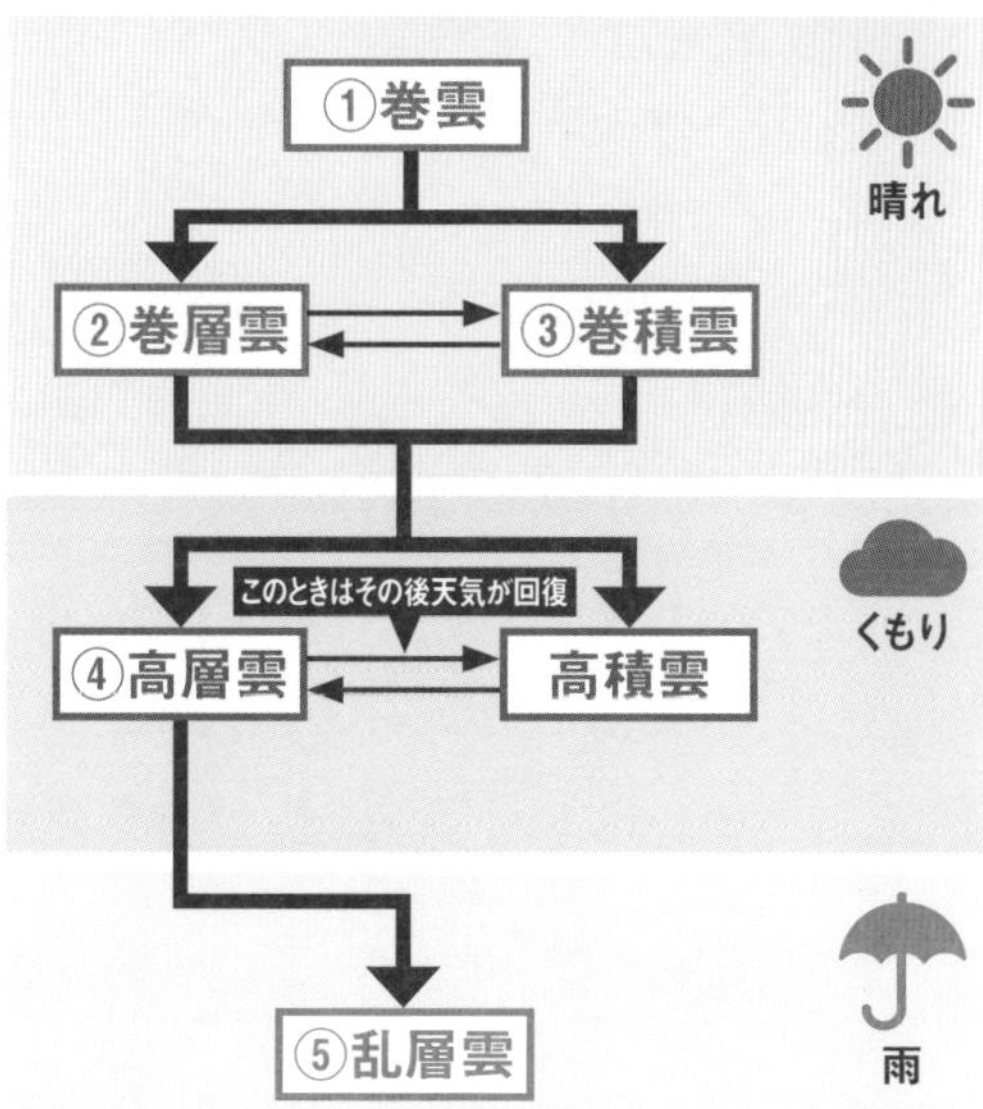
①巻雲
晴れ
②巻層雲
③巻積雲
このときはその後天気が回復
くもり
④高層雲
高積雲
雨
⑤乱層雲

温帯低気圧が接近してくる時の雲の変化

天気図上で温帯低気圧（※）が接近してくる時には、上空の高いところから雲の変化が見られる。108ページの図4-8を見ると、温帯低気圧から温暖前線と寒冷前線が延びている。温帯低気圧が接近してくる時は、まず、温暖前線に伴う雲が次第に広がってくることが多い。

109ページの図4-9の

※春や秋に日本付近を通過する、温かい空気と冷たい空気がぶつかり合うことで発生・発達し、温暖前線と寒冷前線を伴う低気圧

巻積雲（けんせきうん）
魚のうろこのような比較的小さな塊状の雲が密集して現れる。空の全体を覆っていくときは天気が下り坂になることが多い

巻雲（けんうん）
高いところに現れる雲で、刷毛で刷いたような雲

高層雲（こうそううん）
空全体を薄い灰色に覆う雲。太陽がうっすらと透けて見える程度で、山麓でも「くもり」という印象に。この雲が厚みを増していくと、標高の高い山では次第に稜線が雲に覆われていき、雨や雪が降りだす。平地でも数時間後には降りだすことが多い

温暖前線の断面図において、温暖前線がB地点に接近していくと考えたとき、はじめは巻雲や巻層雲などの高い雲が広がるが、前線が接近するにつれて高層雲や乱層雲などの低い雲に覆われていく。

つまり、温帯低気圧が接近してくる際には最初に高い雲が現れ、次第に低い雲へと変化していくということだ。雲の移り変わり（125ページ図4−18）とそれぞれの雲の様子（写真6）を確認しよう。

疑似好天にだまされないためには

一時的な回復に過ぎない晴れ間のことを疑似好天と呼ぶ。この晴れ間の後、天気が急変

写真6 典型的な雲の形

巻層雲（けんそううん）
平べったく、むらの無い乳白色の雲が広がる

乱層雲（らんそううん）
暗い灰色で、「雨雲」「雪雲」と呼ばれる雲。しとしとと長時間の雨や雪をもたらすのが特徴

して風雨や風雪が強まることで、過去には低体温症（110ページ参照）による大量遭難の一因にもなっている。

　疑似好天は日本海側の山岳（北アルプスや白山、谷川連峰、越後三山、飯豊・朝日連峰など）で多く発生する。

　これらの山岳で、疑似好天の際に見られる雲の変化を学んでいこう。

登山口で山にかかっている雲を確認

　出発前に、登山口で山にかかる雲の様子を観察しよう。たとえ登山口では晴れていても、写真7-1のように雲が稜線にべったりと張り付いている場合、山では荒れた天気

写真7 八方尾根から見た白馬三山

7-2

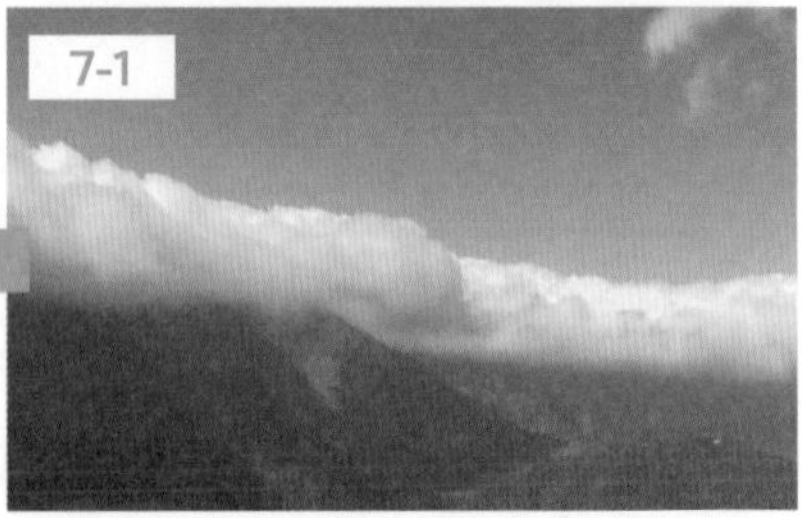
7-1

写真8 燕岳上空の灰色の雲

になっている。同日・同地点の1時間後の様子が写真7−2だ。

このように時間の経過とともに、山に張り付いている雲が大きくなるときや、次第に中腹以下を覆っていくようなときは、天候が悪化していくと考えたほうがよい。

日本海の方向にある雲を確認

登山中、見晴らしのいい稜線に出たら、日本海方向の空を観察しよう。レンズ雲（124ページ・写真5参照）が空に浮かび、その雲が厚みを増していき、灰色に変わっていくようなとき（写真8）は、悪天となるまでそう時間はかからな

写真9 日本海の方向に浮かぶ積乱雲の雲列（新潟市付近）

写真10 北アルプス上空の雪雲

い。

このため、レンズ雲が確認できた時点で天気の崩れを察知し、避難場所（山小屋など）やエスケープルートがないルートを進むのはやめて、早めに下山するなどの判断をしよう。

また、日本海方向から写真9や写真10のような、もくもくとした雲の列が迫ってくる時は、この後天気が急変する。落雷や強風、強い雨や雪、突風などに見舞われる前に、早い段階で安全な場所に避難し、下山を検討しよう。

天気予報を活用して気象遭難を未然に防ぐ

図4-19 気象庁のホームページから気象情報を得る

1 気象警報・注意報
登山予定の山の付近に警報や注意報が出ていないかを確認する。警報が発令されている場合には、登山の中止を検討したい。

2 台風情報
台風の進路予想や現在の勢力、進行方向、速度などが見られる。情報によっては登山の中止を検討したい。

3 天気図
最新の天気図を確認し、予想天気図で目的の山周辺での風の強さや風向きをチェックする（103ページ）。

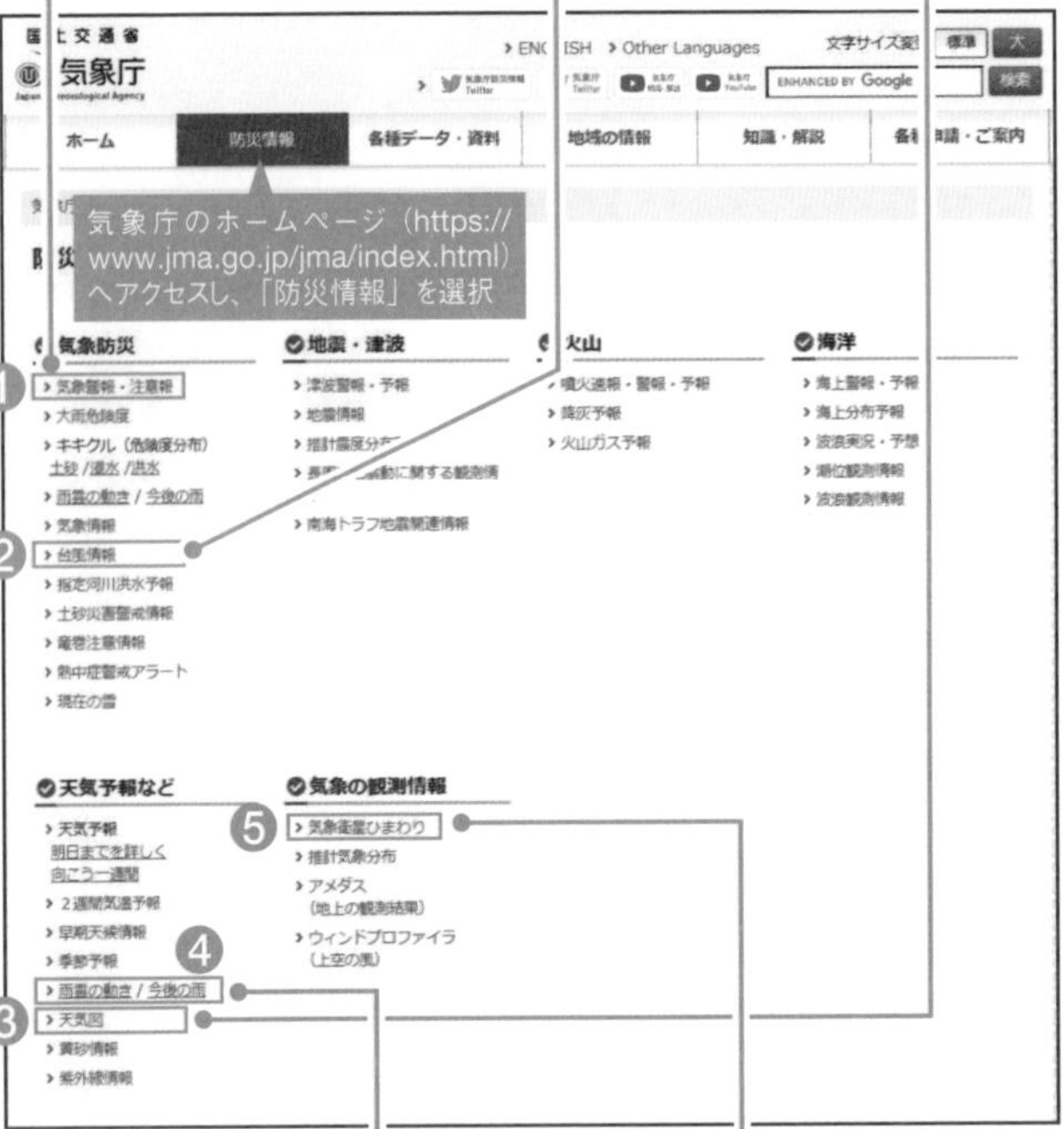
気象庁
ENGLISH
Other Languages
文字サイズ変更
標準
大
ENHANCED BY Google
検索
ホーム
防災情報
各種データ・資料
地域の情報
知識・解説
気象庁のホームページ（https://www.jma.go.jp/jma/index.html）へアクセスし、「防災情報」を選択
気象防災
気象警報・注意報
大雨危険度
キキクル（危険度分布）
土砂／浸水／洪水
雨雲の動き／今後の雨
気象情報
台風情報
指定河川洪水予報
土砂災害警戒情報
竜巻注意情報
熱中症警戒アラート
現在の雪
地震・津波
津波警報・予報
地震情報
南海トラフ地震関連情報
火山
噴火警報・警報・予報
降灰予報
火山ガス予報
海洋
海上警報・予報
海上分布予報
波浪実況・予想
潮位観測情報
波浪観測情報
天気予報など
天気予報
明日までを詳しく
向こう一週間
２週間気温予報
早期天候情報
季節予報
雨雲の動き／今後の雨
天気図
黄砂情報
紫外線情報
気象の観測情報
気象衛星ひまわり
推計気象分布
アメダス
（地上の観測結果）
ウィンドプロファイラ
（上空の風）

4 雨雲の動き・降水短時間予報
気象レーダーとアメダスによる観測値から作成した降水量（雨や雪）分布が表示される。また、15時間先までの降水量分布の予測値も見ることができるので、降水域の今後の移動方向に注目しよう。

5 気象衛星の画像
雲の動きが確認できる。気象レーダーなどで表示されない南海上や中国大陸の雲の様子を確認しよう。

気象庁のホームページはこちらから

図4-20 活用しやすい天気予報サイト①

山の天気予報
スマホ版
情報提供：株式会社ヤマテン
3分でわかる！山の天気予報の機能と特徴
山の天気予報のご案内ページ ▶
トップページ
会員登録のご案内
会員ログイン
ご利用マニュアル
よくあるご質問
株式会社ヤマテン
紹介動画を見る ▶
天気概況
赤外画像 | 水蒸気画像 | 24時間予想 | 48時間予想
山の天気 ハイキング
火山登山者向けの情報提供ページ
遭難捜索・救助費用を550万円までカバー（お支払）します
新しい山岳遭難対策
日本山岳救助機構会員制度
山頂の天気予報(有料)のご案内
全国１８山域、５９山の山頂の天気予報を有料でご案内しております。詳細はこちらのページをご参照ください。天気、気温、風向・風速の６時間単位で翌々日までの予報、山岳気象に精通した気象予報士の解説コメント、大荒れ情報等を閲覧、メール受信をすることができます。

ヤマテン

URL：https://i.yamatenki.co.jp/
月額330円（税込）の有料サイト。全国332山の山頂の天気予報をはじめ、気象遭難のリスクが高まるときに発表される「大荒れ情報」や、週末にどの山に行くのかを決める際に役立つ「今週末のおすすめ山域」など登山者の知りたい情報が掲載されている（2021年夏までは59山が予報対象）。

気象情報を活用する

ここからは登山前や登山中にチェックしたい情報を中心に紹介していく。

気象遭難を防ぐためには、登山中に想定されるリスクである、雷や暴風雨などを事前に想定することが大切である。そこで活用したいのが天気予報。たとえば気象庁のホームページ（図4-19）には、登山者にとって非常に役立つ情報が詰まっている。現在は山の天気予報も簡単にインターネットで検索できるが、無料で誰でも見られる山の天気予報のほとんどが「山頂」の予報ではなく、「山麓」の予報である。山岳遭難は、山麓と山頂

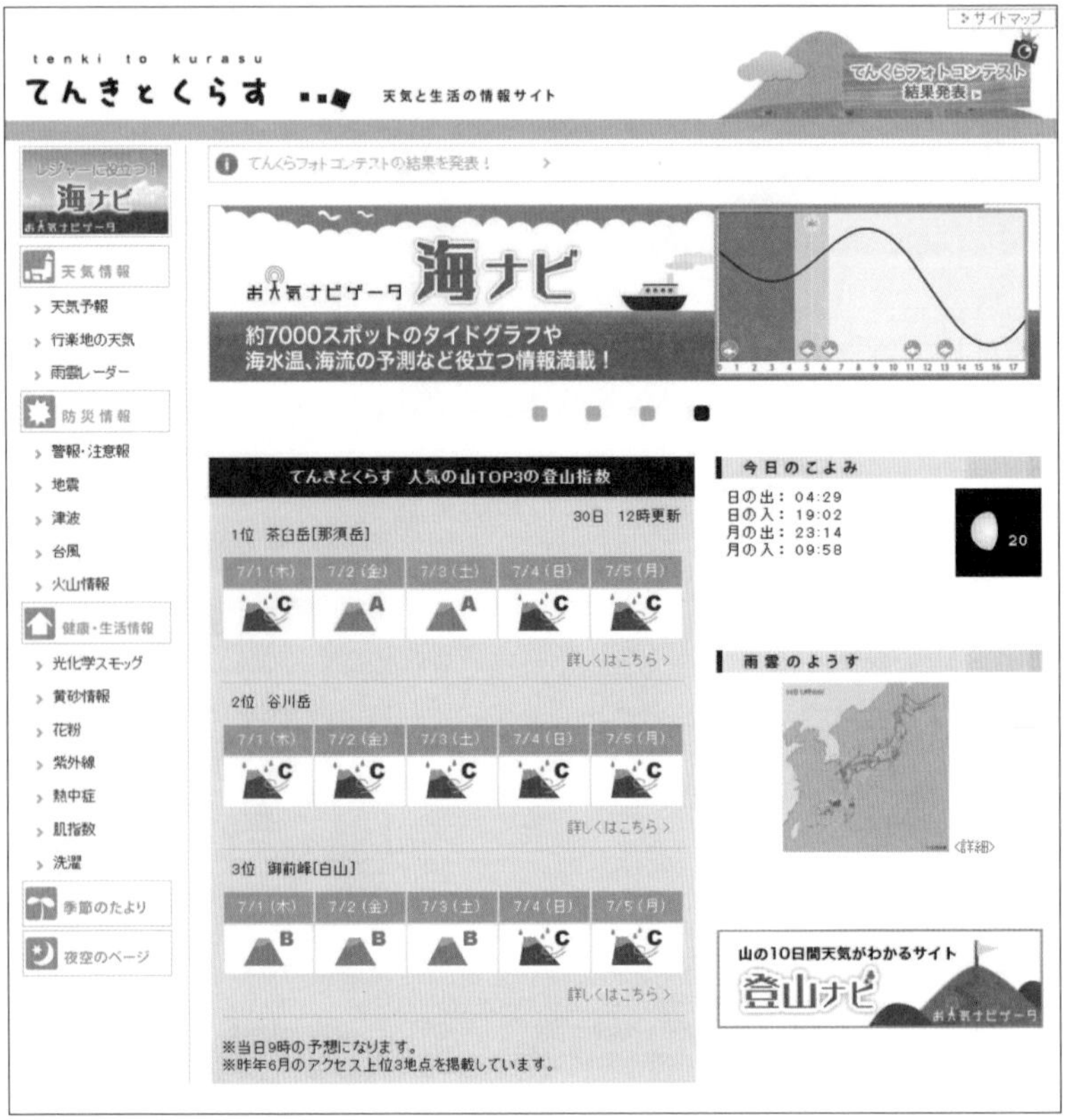
サイトマップ
tenki to kurasu
てんきとくらす
天気と生活の情報サイト
てんくらフォトコンテスト 結果発表
てんくらフォトコンテストの結果を発表！
レジャーに役立つ！ 海ナビ
天気情報
天気予報
行楽地の天気
雨雲レーダー
防災情報
警報・注意報
地震
津波
台風
火山情報
健康・生活情報
光化学スモッグ
黄砂情報
花粉
紫外線
熱中症
肌指数
洗濯
季節のたより
夜空のページ
お天気ナビゲータ 海ナビ
約7000スポットのタイドグラフや
海水温、海流の予測など役立つ情報満載！
てんきとくらす 人気の山TOP3の登山指数
30日 12時更新
1位 茶臼岳[那須岳]
7/1(木) 7/2(金) 7/3(土) 7/4(日) 7/5(月)
C A A C C
詳しくはこちら
2位 谷川岳
7/1(木) 7/2(金) 7/3(土) 7/4(日) 7/5(月)
C C C C C
詳しくはこちら
3位 御前峰[白山]
7/1(木) 7/2(金) 7/3(土) 7/4(日) 7/5(月)
B B B C C
詳しくはこちら
※当日9時の予想になります。
※昨年6月のアクセス上位3地点を掲載しています。
今日のこよみ
日の出：04:29
日の入：19:02
月の出：23:14
月の入：09:58
20
雨雲のようす
<詳細>
山の10日間天気がわかるサイト
登山ナビ
お天気ナビゲータ

てんきとくらす

URL：https://tenkura.n-kishou.co.jp/tk/

登山者に人気の無料サイト。全国1600地点以上の予報が見られる。ただしホームページ内に記載されている「登山指数」の基準が具体的に示されておらず、記載されている天気予報は「山麓」を対象としているため、利用の際には注意が必要。

の天気が大きく異なるときに発生しやすいため、山麓の予報を鵜呑みにすることは危険といえる。ここでは信用性の高いホームページを紹介するが、「山頂」の天気か「山麓」の天気かを知ったうえで活用してもらいたい。

それぞれの天気サイトの特徴

『山の天気予報』は131ページに記載した特徴以外に、気象予報士が登山者の視点に立ち、具体的な登山時のリスクについてコメントしていて有益である。

『てんきとくらす』は、登山者に人気の無料サイトだが、記載されている天気予報は

図4-21 活用しやすい天気予報サイト②

tenki.jpトップ | サイトマップ | ヘルプ
tenki.jp
〒・住所を入力
検索
現在地
天気予報
観測
防災情報
天気図
指数情報
レジャー天気
季節特集
tenki.jpラボ
雨雲レーダー
天気図
PM2.5分布予測
地震情報
日直予報士
GWの天気
トップ > 山の天気
国内最大級の
切り抜きサービス
無料 トライアル受付中
切り抜きJP.
Mountain Weather
山の天気
新型コロナウイルス感染拡大により、外出の自粛を呼び掛けられている場合は、その指示に従っていただきますようお願いいたします。
日本百名山やその他の山のふもとの天気予報や、付近の数値計算結果を掲載しています。
夏山シーズン(7〜8月)は、夏山の天気予報や山小屋での気象観測結果なども掲載しています。
スマホアプリで山頂、登山道の天気予報を確認（1ヶ月無料）
山の天気
北海道
東北
北関東・尾瀬・日光
上信越
秩父・多摩・南関東
北アルプス周辺
中央アルプス周辺
南アルプス周辺
北陸・東海
近畿
中国・四国
九州
山を地図から探す
あの山は登山日和？
tenki.jp 登山天気

山の天気

URL：https://tenki.jp/mountain/

日本気象協会が発表している全国200以上の山の天気予報。山頂付近の数値予報の計算結果が見られるが、これは予報ではないので、利用には実際の地形と合わせての判断が必要になる。

「山麓」を対象としているため、利用の際には注意が必要である。『山の天気』は、夏山シーズンの中部山岳以外は「山麓」の天気予報となっているので注意が必要になる。

どの天気予報を参考にするにしても、重要なことは天気予報を全面的に信用するのではなく、これまで紹介してきた天気図の見方や、風や気圧も含めて、自身で天気図を確認すること。そして登山前に考えられるリスクを想定し、安全な登山を心がけてもらいたい。

COLUMN 4

山の危険生物『動物』②

食料を奪い取っていくサルやカラス

　サルやカラスが生息しているエリアでは、むやみに食料を見せないようにしたい。サルは人を威圧し、食料を奪い取ることがある。スキー場に生息するサルは、窓に鍵がかかっていない部屋を見つけて侵入し、食料をあさっていくほど知能が高い。そのためサルが生息することがわかっているエリアや、サルを見かけた場合には、なるべく食料を表に出さないようにしたい。

　カラスも知能が高く、ザックの雨蓋のチャックを口で開いてしまう。そのためサルと同様の注意が必要だ。

　別な意味でサルやシカには注意が必要である。特に登山道を歩いているサルやシカは、上から石を落とす危険がある。特にカール状になった地形や、登山道の先にお花畑があるような場所は、十分に注意したい。

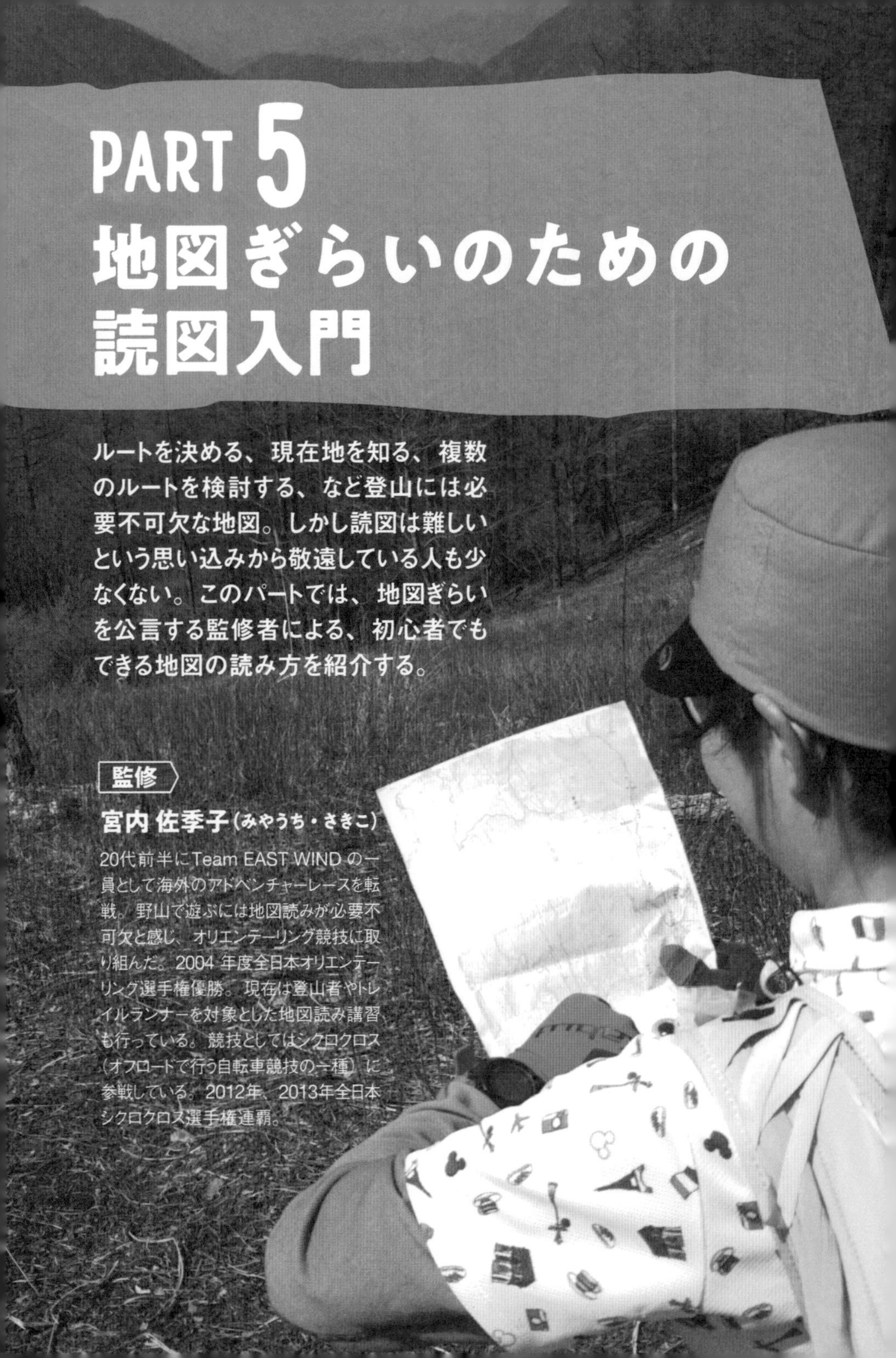

PART 5 地図ぎらいのための読図入門

ルートを決める、現在地を知る、複数のルートを検討する、など登山には必要不可欠な地図。しかし読図は難しいという思い込みから敬遠している人も少なくない。このパートでは、地図ぎらいを公言する監修者による、初心者でもできる地図の読み方を紹介する。

監修

宮内 佐季子（みやうち・さきこ）

20代前半にTeam EAST WINDの一員として海外のアドベンチャーレースを転戦。野山で遊ぶには地図読みが必要不可欠と感じ、オリエンテーリング競技に取り組んだ。2004年度全日本オリエンテーリング選手権優勝。現在は登山者やトレイルランナーを対象とした地図読み講習も行っている。競技としてはシクロクロス（オフロードで行う自転車競技の一種）に参戦している。2012年、2013年全日本シクロクロス選手権連覇。

地図の読み方はじめの一歩

図5-1 元の地図

この地図から読み取れるさまざまな情報を図5-2～図5-4にまとめる

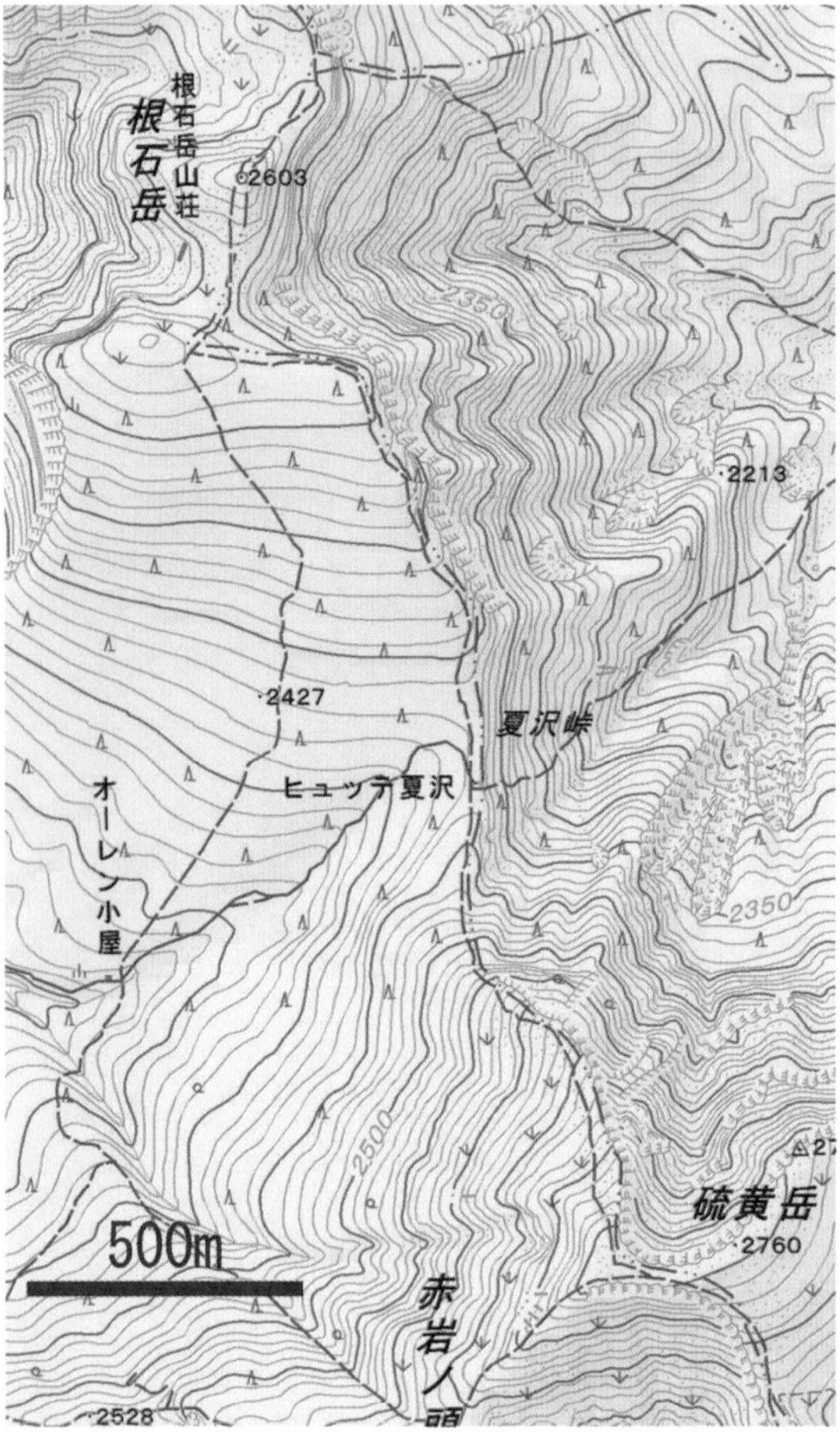
根石岳山荘
根石岳
2603
2350
2213
2427
夏沢峠
ヒュッテ夏沢
オーレン小屋
2350
2500
500m
硫黄岳
2760
赤岩ノ
2528

完璧に情報を読み取れなくてもいい

地図は苦手だ、嫌いだという人は案外多い。その理由を想像すると、「地図を完璧に使いこなさなければならない」と思っているからではないだろうか。

そこで少し考えていただきたい。日常生活でスマホを便利に使っている人も多いと思うが、すべての機能を完全に使いこなしている人がどのくらいいるだろうか。そんな人はまずいないだろう。

図5-2 ルートの選択

A地点からB地点に向かうまでのルートを決める際に使う

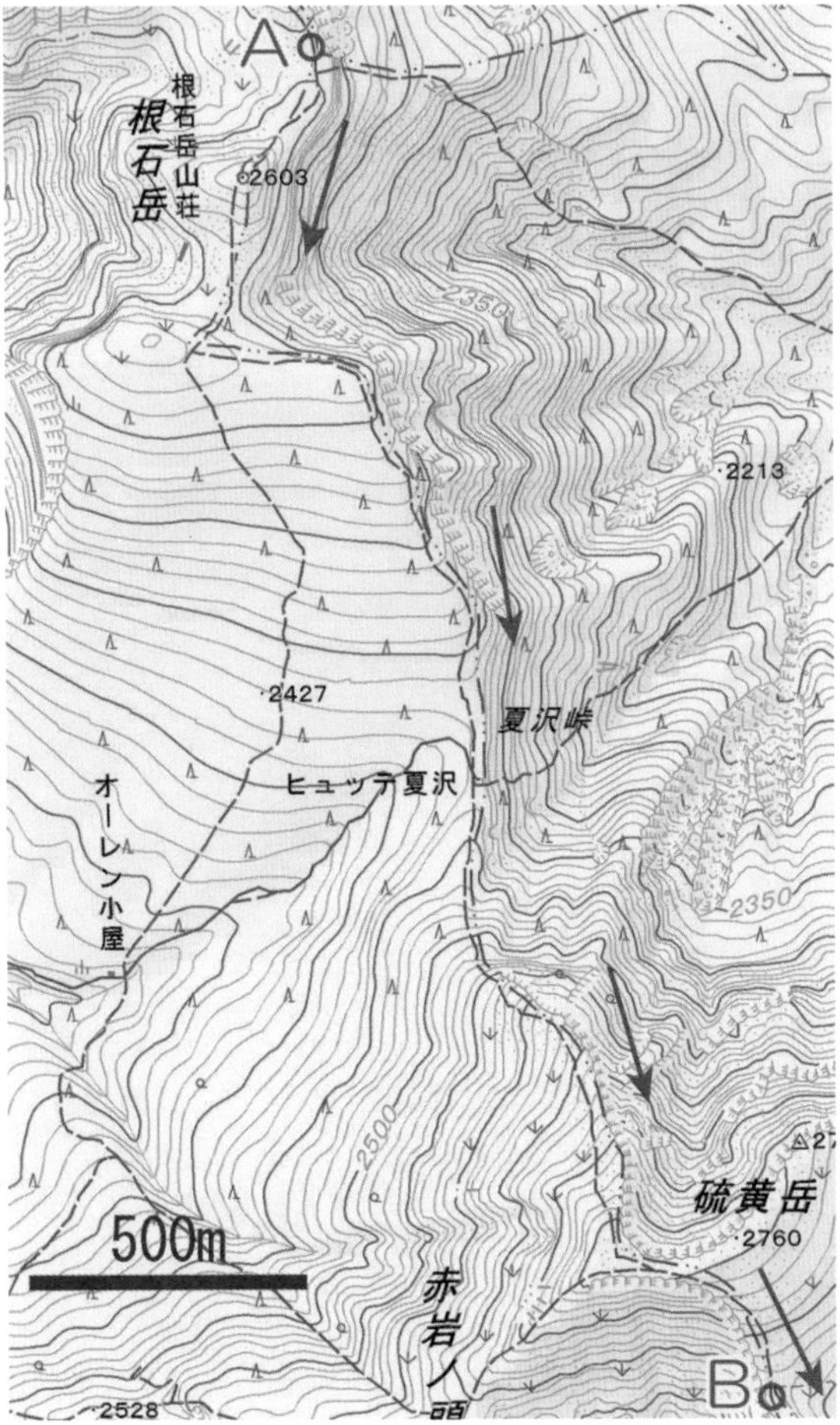
A
根石岳
根石岳山荘
2603
2350
2213
2427
夏沢峠
ヒュッテ夏沢
オーレン小屋
2350
2500
硫黄岳
2760
500m
赤岩ノ
B
2528

地図の使いどころ

1 山の中でのナビゲーション

周りに見えているものと地図を対応させて現在地を知り、コンパスや地形と組み合わせることで進む方向を知ることができる

2 ペース配分を考える

現在地を確認できれば、残りの行程を把握でき、休憩場所を決めたりペース配分もしやすくなる

3 周辺の山を知る

周辺に見える山々が何かを知りたいときに地図を見る。現在地を確認してコンパスを使えば、さほど困難ではない

地図もまったく同じで、自分が地図から「どのような情報を得たいのか」という目的を持ったうえで、必要に応じて使えばいいのだ。

　そのように考え方を変え、まずはできることからはじめてみよう。そうすれば地図から読み取れる情報が増えたり、地図の使いどころが広がってくる。

　図5-2〜4は、図5-1から読み取れる、登山に必要な情報をまとめたものだ。まずは地図からどのような情報が読み取れるのかを知り、自分に必要なことからはじめてみてはいかがだろう。

図5-3 地図に記された情報

読み取れると便利な記号。砂礫地やハイマツ地は周りに木がないため、風や直射日光にさらされる。また「標高が高いので気温が低い」、「登山道の左側に崖があるので気をつけよう」といった情報も読み取れる

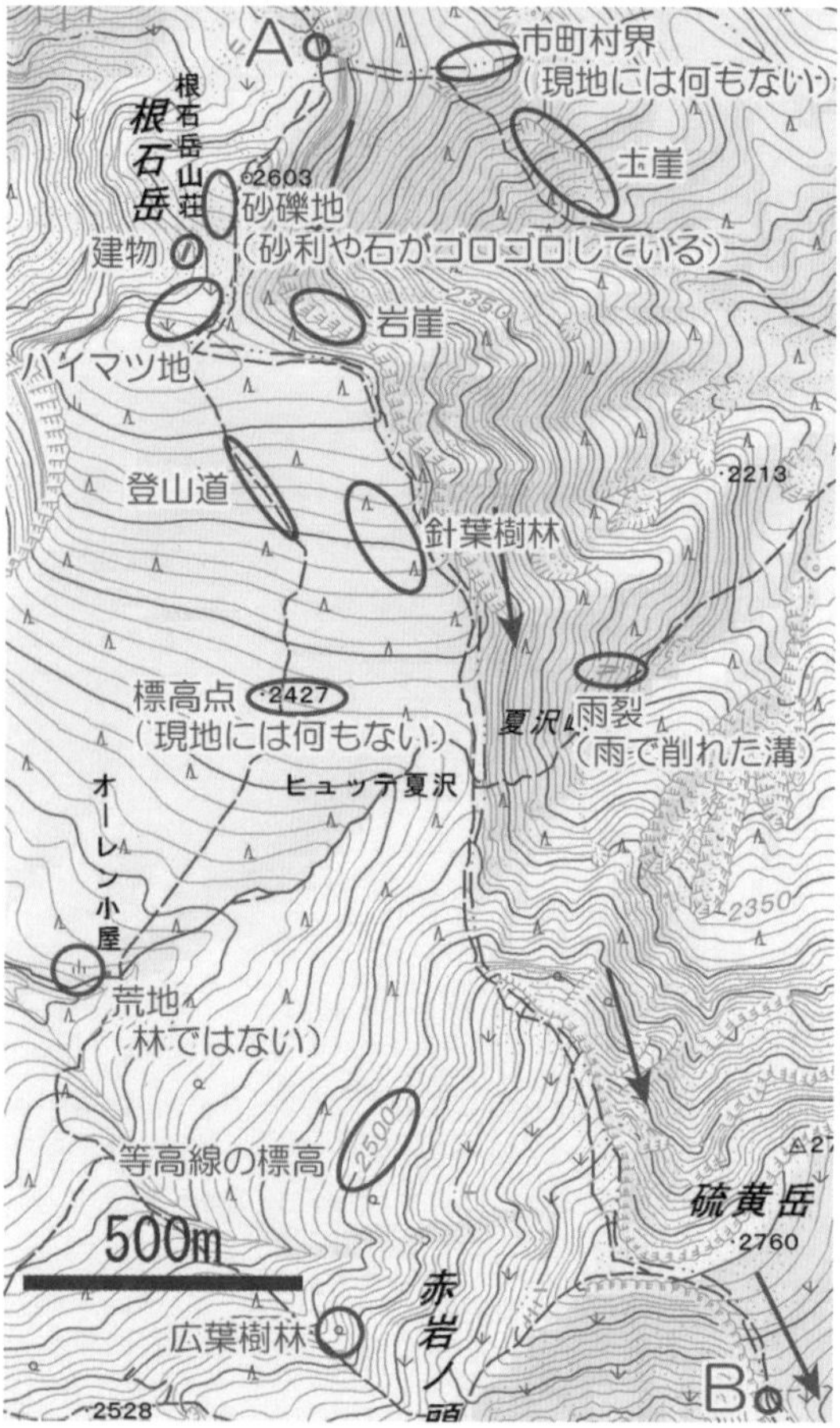

A
B
市町村界
（現地には何もない）
土崖
根石岳山荘
根石岳
2603
砂礫地
（砂利や石がゴロゴロしている）
建物
岩崖
ハイマツ地
2350
2213
登山道
針葉樹林
雨裂
（雨で削れた溝）
標高点
2427
（現地には何もない）
夏沢
ヒュッテ夏沢
オーレン小屋
荒地
（林ではない）
等高線の標高
2500
500m
硫黄岳
2760
赤岩ノ頭
広葉樹林
2528

地図の使いどころは計画段階から

登山は、「どの山」に「どのルートで登るのか」を決めることからはじまる。そこで地図からは、ルートの距離やアップダウンを読み取り、自分の体力と照らし合わせながら、最終的なルートを決めていく。

また登山地図には標準所要時間が記されているので、自分たちの所要時間を推測することもできる。

ルートが決まったら必要な装備を考えるのだが、その際にも地図から得た情報が役立つ。

まず服装は、標高からおおよその気温を想像して決める。

図5-4 登山道の状況

「夏沢峠から硫黄岳は急で長い登りがある」などの情報が等高線の向きや間隔からわかる

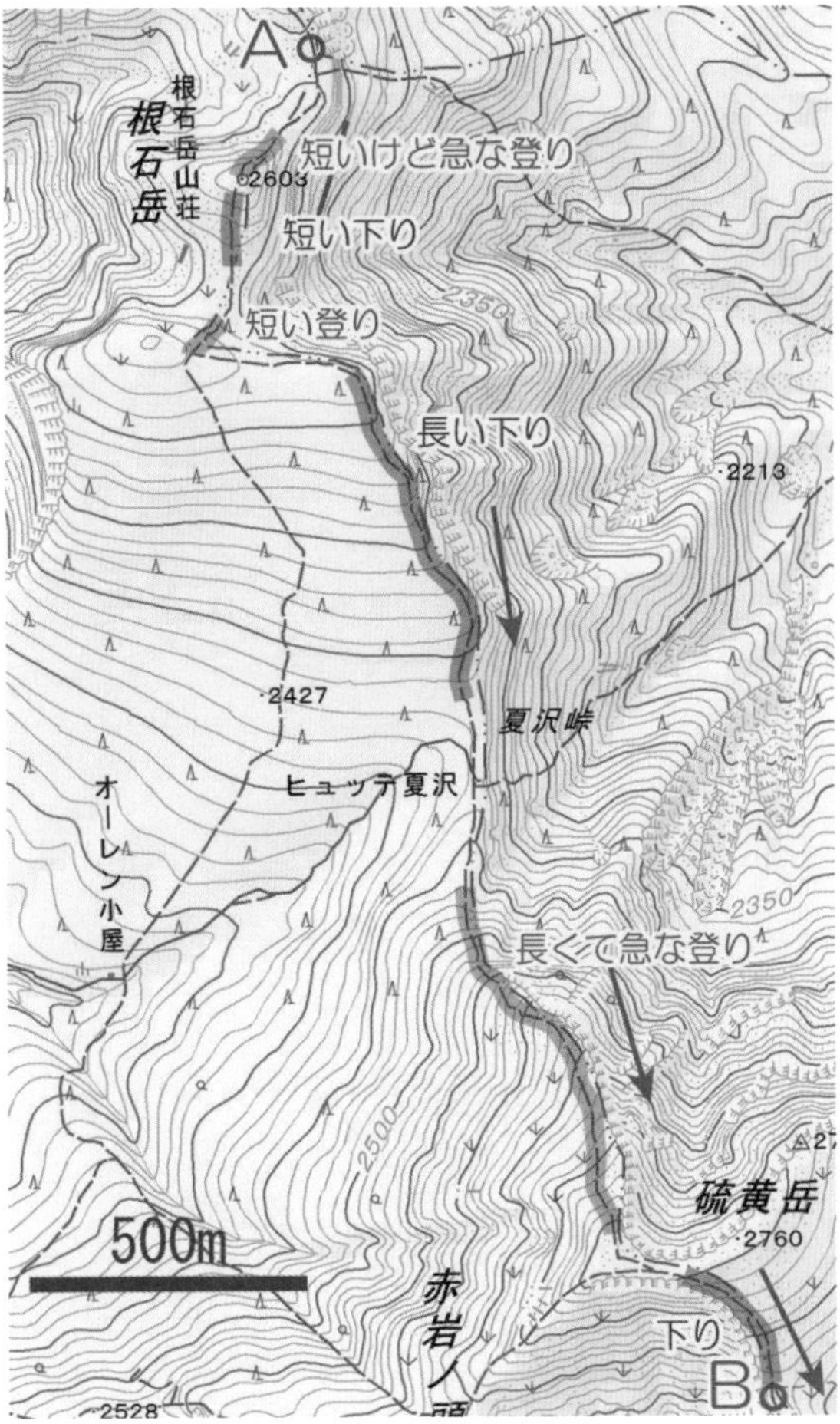
A
根石岳山荘
根石岳
2603
短いけど急な登り
短い下り
短い登り
2350
長い下り
2213
2427
夏沢峠
ヒュッテ夏沢
オーレン小屋
2350
長くて急な登り
2500
硫黄岳
2760
500m
赤岩ノ頭
下り
B
2528

さらにハイマツ地などの高い木がない場所であれば、直射日光や強風から身を守る衣類が必要といった推測もできるだろう。

それ以外にも、①距離やアップダウンから、携行する飲食料の量を予想する、②どの地点で「急で長い登り」になるのかを知り、心の準備をしておく、③水場やトイレ、山小屋を知っておくことで、余裕を持った行動ができる、などの使い方ができるのだ。

地図の使いどころは137ページにまとめているので、こちらも参考にしてもらいたい。

登山地図と地形図を使い分ける

図5-5 地形図と登山地図

同じ範囲の地形図と登山地図。登山地図は、多くのエリアで採用されている1：50000。それぞれ読み取れる情報が異なる

地形図

越前岳
1504.2
1308
鋸岳
呼子岳
1296
1310

登山地図

タカツツジ群落
1504.2
25
富士見台
15
10
:50
0:35
崩壊地荒れぎみ
45
50
第二ケルン
沢下り
足元注意
割石峠
35
40
0:45
0:30
1176
15
1296

登山に使う2種類の地図

登山に使う地図は、大きく分けて「登山地図」と「地形図」の2種類になる。

それぞれ特徴が違うので、それを理解したうえで使い分けたい。

登山地図

登山地図は登山道が目立つ色で描かれていて、標準所要時間や駐車場、水場、山小屋の営業時期など、登山に役立つ情報が記載されている。その反面、地形を表す等高線は薄く読み取りにくい。

また、登山者に人気のある山域しか発行されていないため、必ずしも行きたい山の地図があるわけではない。地図によって縮尺が違うことにも注意が必要だ。

書店、登山用品店やネットショップで購入できる。

地形図

地形を表す等高線が読みやすいこと、日本全国どこのものでも手に入ることがメリットだが、登山道は誤っていることも少なくないため、登山道情報は別途調べなければならない。

図5-6 地図には尺を書き込む

パソコンで地図を印刷したり、拡大や縮小コピーをすると、縮尺がわからなくなることがある。これを防ぐためには、地図上に尺を一緒に入れておく。するとおおまかな距離を知ることができる

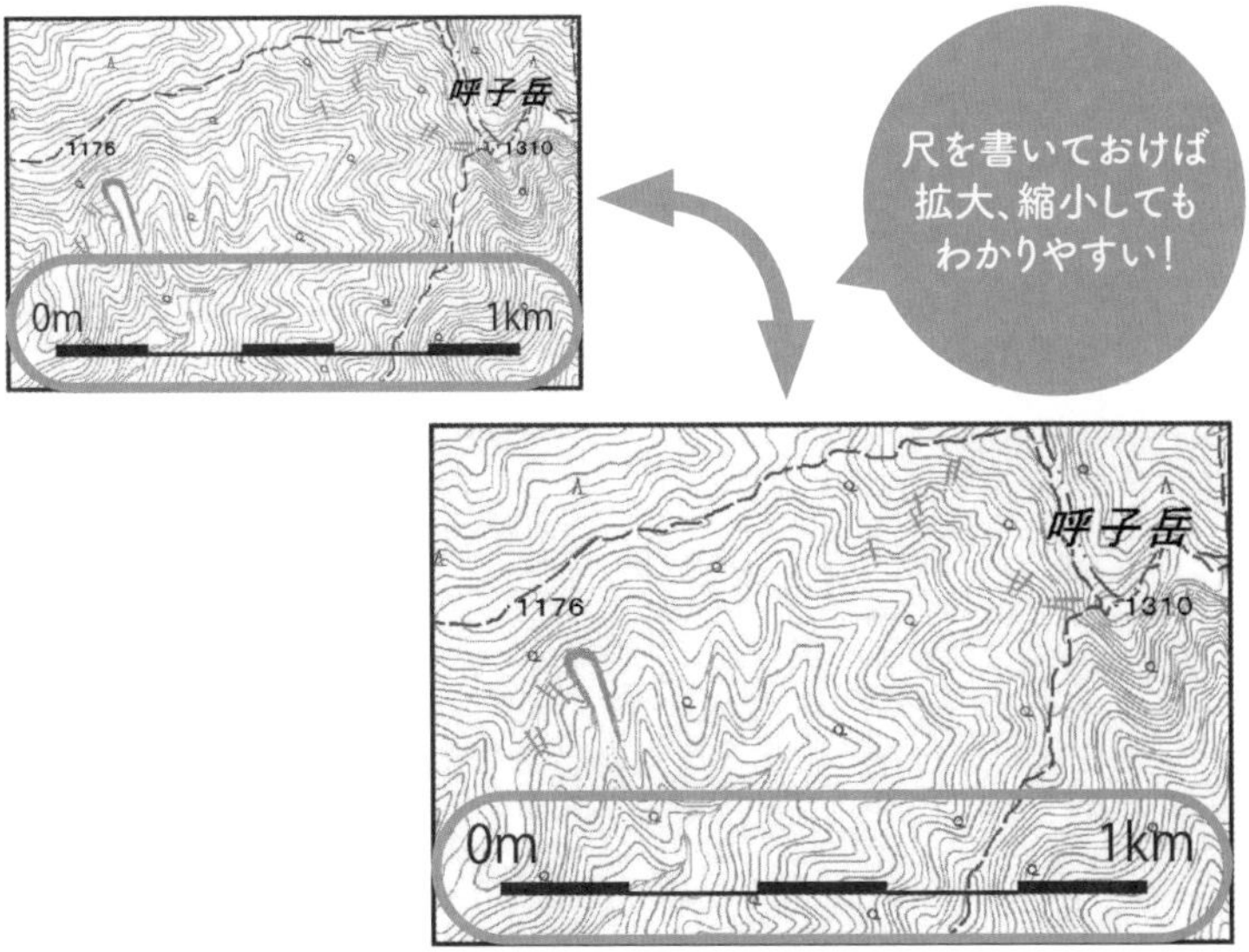
呼子岳
1176
1310
0m
1km
尺を書いておけば
拡大、縮小しても
わかりやすい！
呼子岳
1176
1310
0m
1km

登山用品店などでも購入できるが、ウェブサイトから購入したり印刷したりするのが一般的だ。

日本地図センターのウェブサイトから電子地形図を購入すれば、縮尺の正確な地形図が手に入る。

地図の使い分け

登山地図と地形図には以上のような特徴がある。山行前に登山地図を見ながら情報を読み取り、必要に応じて地形図に書き込む。

その地形図を携帯すれば山での地図読みが快適になるはずだ。

地図の縮尺

登山で使う地図は縮尺１：２５０００のものが適している。

１：２５０００というのは、地上にあるものを「２万５千分の１に縮小している」という意味。つまり地図上の１㎝は実際には２５０ｍ、実際の１㎞は地図上では４㎝で描かれているということだ。このことを利用して目的地までの距離などを計算することができる。

登山地図は１：５００００のものが多く、中には広大な山域をカバーするため１：８００００などさらに縮尺の小さなものもある。このような地図は地形や道が簡略化して描かれ、ナビゲーションには向かない。

コンパスを使いこなす

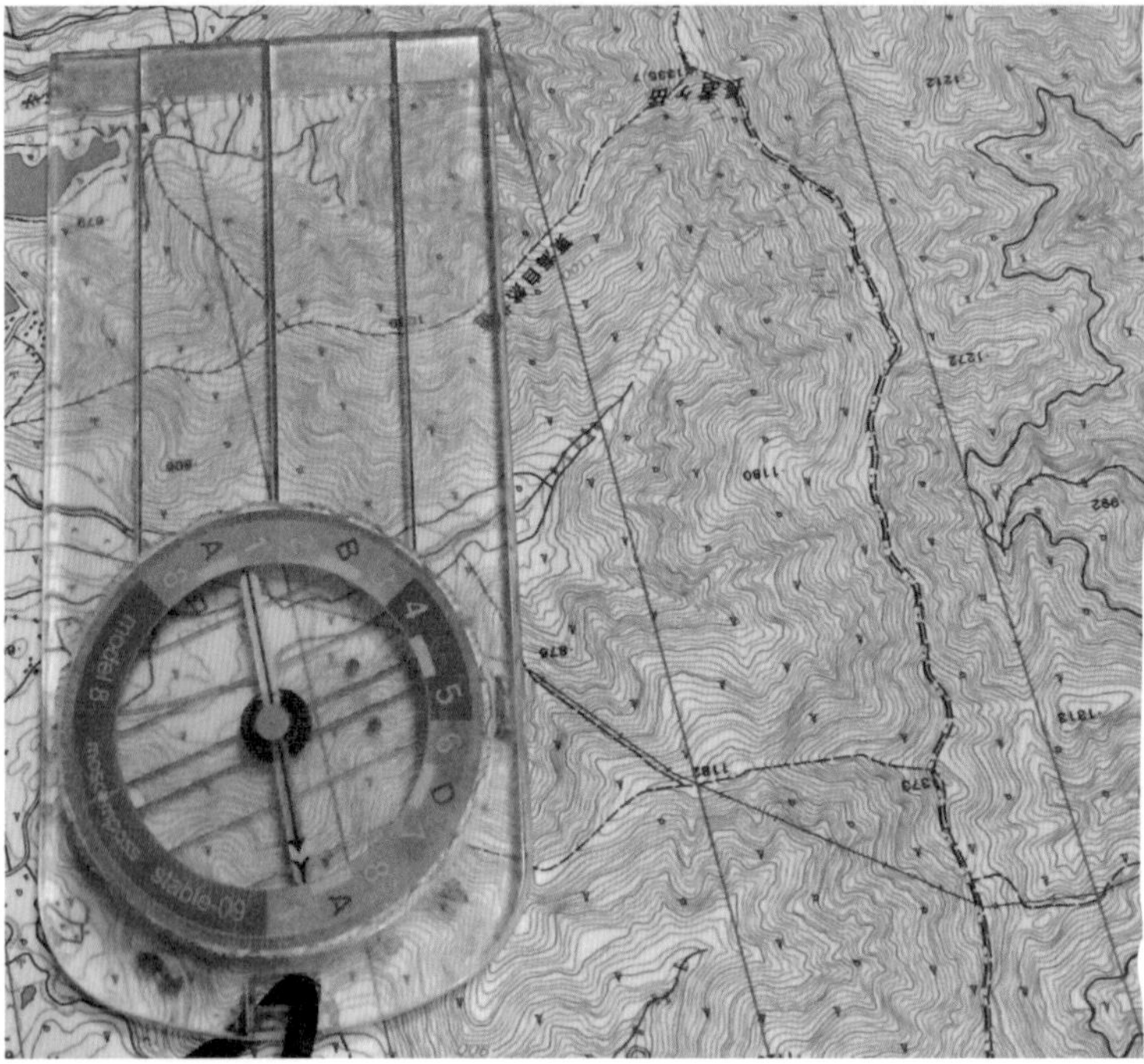

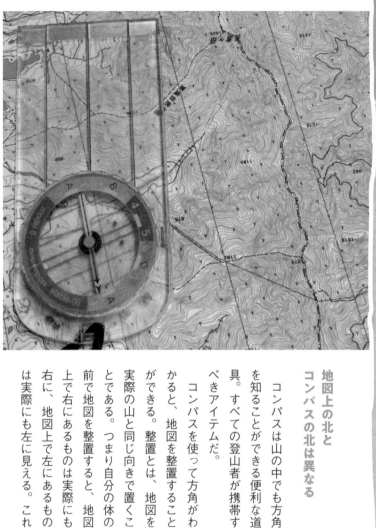

地図上の北と コンパスの北は異なる

コンパスは山の中でも方角を知ることができる便利な道具。すべての登山者が携帯すべきアイテムだ。

コンパスを使って方角がわかると、地図を整置することができる。整置とは、地図を実際の山と同じ向きで置くことである。つまり自分の体の前で地図を整置すると、地図上で右にあるものは実際にも右に、地図上で左にあるものは実際にも左に見える。これによって間違った方向に進むことが防げる。

地図をクルクル回すと、地図を読めない人だと思われる可能性もある。そのため地図を回すことに抵抗がある方もいるかもしれない。しかし地図を回すだけで道迷いや遭難が防げるのであれば、どんどん回していこう。人の目なんて気にすることはない。

さて、正確に整置をすると、道の方向が10度ほど違うだけでも気づけるようになる。しかし正確に整置をするためには、あらかじめ地図に磁北線

図5-7 磁北の偏角を調べる

地理院地図
ツール
作図・ファイル
計測
断面図
並べて比較
重ねて比較
3D
Globe
その他
7°10'
磁北線
等距圏
方位線
その他の地図
uPlace
外部タイル
300 m

国土地理院のウェブサイトhttps://maps.gsi.go.jp/から調べる方法の一例。矢印の順番にクリックすると左のように磁北線が表示される

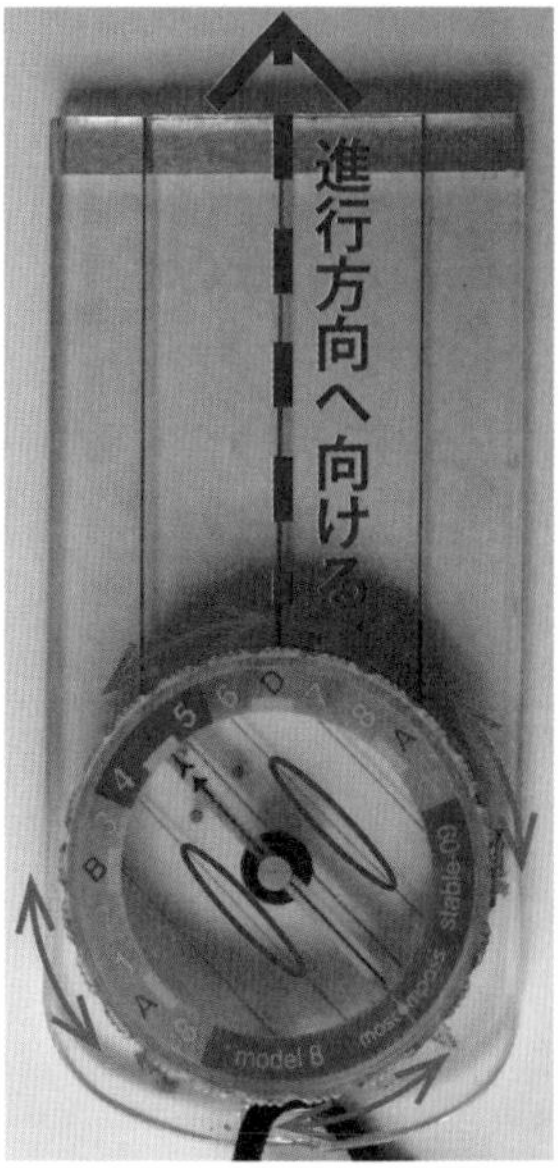
進行方向へ向ける

コンパスのカプセルは記憶装置

コンパスの説明書を読むと、コンパスで進む方向を定める方法が書いてある。この使い方は比較的なだらかでどこを歩いてもいい場所では便利だが、急峻な山が多い日本ではあまり出番がないので、一度読んでわからなければ忘れてしまってかまわない。日本では同じ向きにしばらく進む場合に次のように使うと便利である。最初に、コンパスの透明な板に印刷された線を進む方向へ向け、右の写真の青で示しただ円（ノースマーク）が針と同じ向きになるよう赤矢印の部分（カプセル）を回してセットしておく。定期的にコンパスを確認し、針がノースマークとほぼ平行なら正しい方向を向いている。長時間違うほうへ進んでいるようなら、道を間違えたと考えたほうがいいだろう。

を引いておかなければならない。日本では、コンパスの針が指すのは真北ではなく、真北より5度～10度西の方向になる。西に何度傾くのかは場所によって異なるため、地図上の記号、図郭外の記述や国土地理院のサイトで調べておきたい（図5-7）。真北から見た磁北のずれを偏角というが、その偏角は本州の広い範囲で7度前後で、7度ずれた方向に1km進むと左右に120mほどずれる計算になる。その誤差を考えると、磁北線は引いておきたい。

整置に必要な3つのコツ

整置をするためには、地図

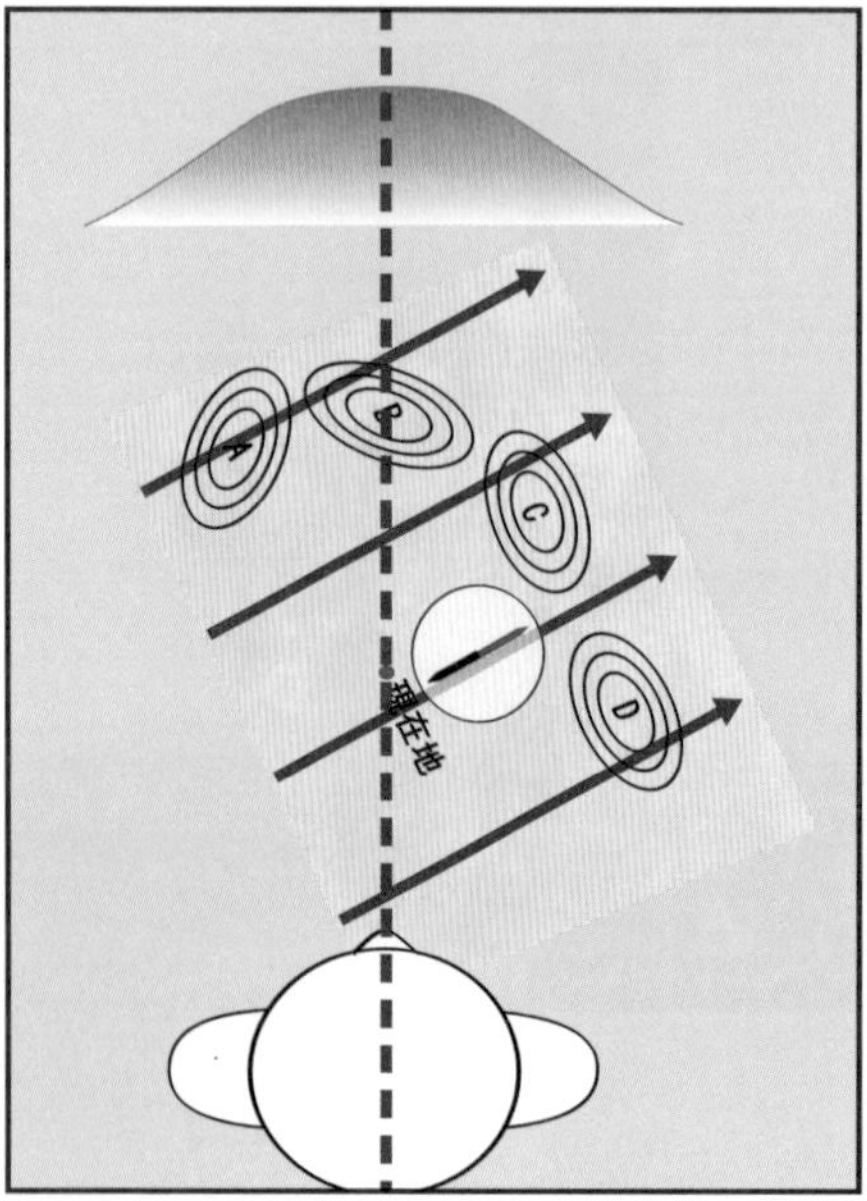
A
B
C
D
現在地

整置をすることで、見えている山が地図上のどの山なのかがわかる

に引いた磁北線がコンパスの針と同じ方向を向く（平行になる）ように地図を回す。その際に必要となるコツがいくつかあるので、ここで紹介したい。

①コンパスを水平に持ち、できるだけ真上からのぞくようにする。コンパスが傾いていると中の針がケースに当たって正確な方向を指せなくなることがあるからだ。

②コンパスを地図の磁北線の近くに置くと整置しやすい。そのため地図も水平に持つことになる。

③自分が行きたい（向きたい）方向を向き、地図を体の正面に持つこと。

最初は別の方向を向いて整置し始めたとしても、一度その方向で整置できればだいたいどちらを向けばいいかわかる。

そうしたら再度その方向を向いて正確に整置し直すといい。

コンパス使用時の注意点

コンパスは磁石のN極が北を指す性質を利用している。そのため、近くに磁石や鉄などがあると正確には動かない。スマホやカメラ、腕時計はもちろんのこと、ジャケットやザックに磁石が使われていることもあるので、確認しておきたい。

図5-8 整置の方法

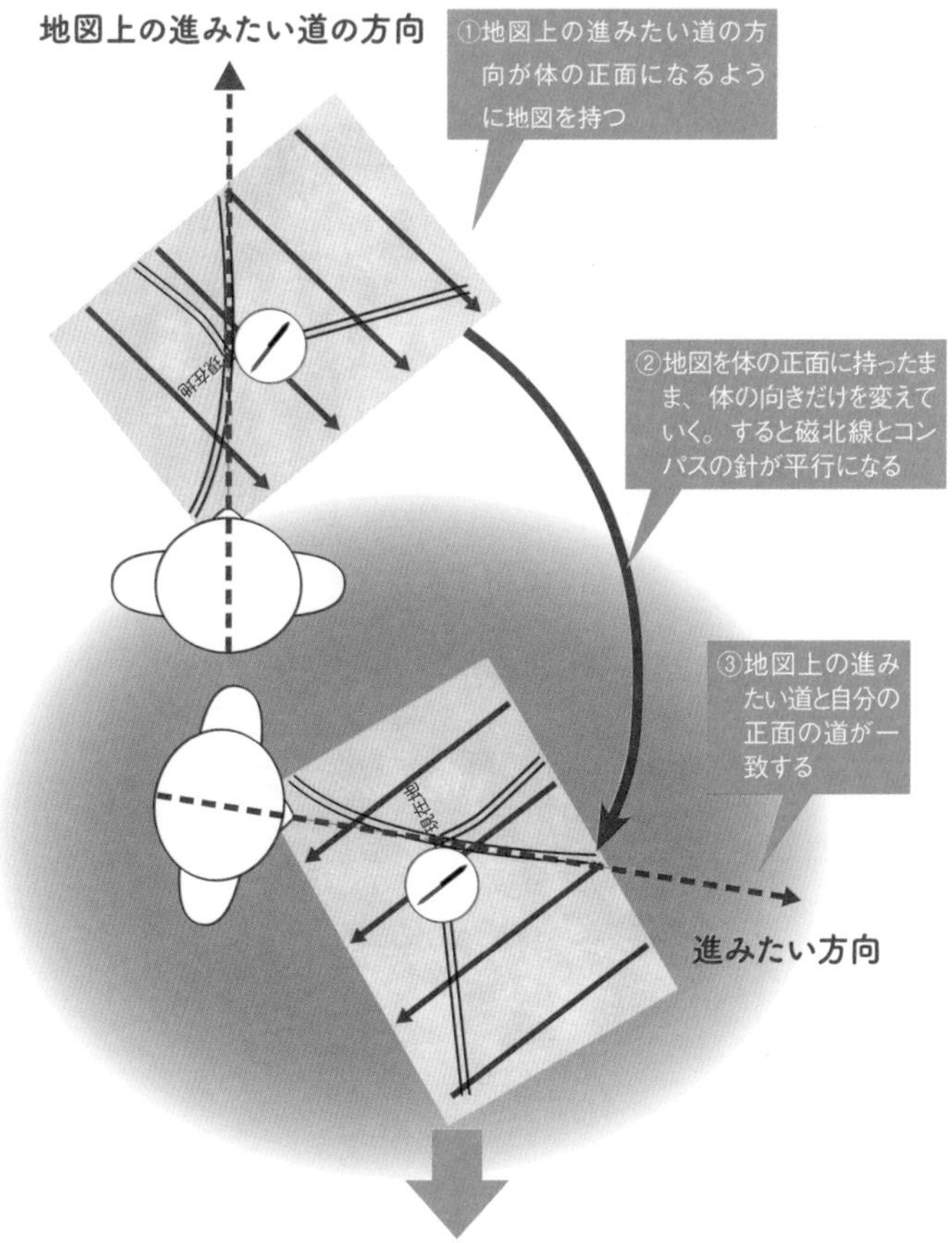
地図上の進みたい道の方向
①地図上の進みたい道の方向が体の正面になるように地図を持つ
②地図を体の正面に持ったまま、体の向きだけを変えていく。すると磁北線とコンパスの針が平行になる
③地図上の進みたい道と自分の正面の道が一致する
進みたい方向

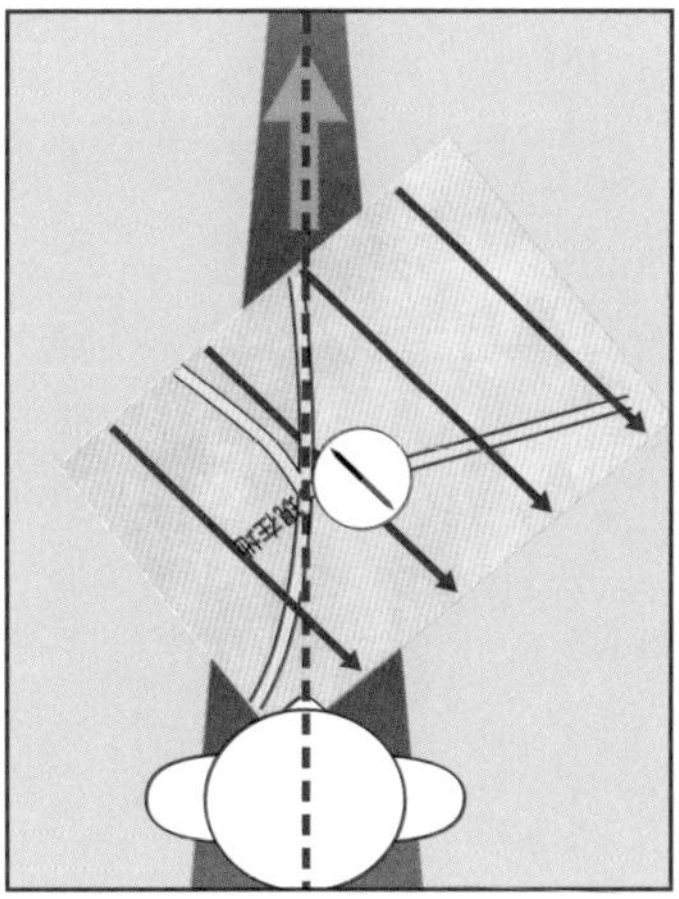

青い線が磁北線。このように地図に何本か引いておくと使いやすい。またこの図のように地図の磁北線がコンパスと同じ方向を向いている状態を「整置されている」という。このとき、正面に見えている道が地図上でも体からまっすぐ前方へのびている

等高線はここを読む

図5-9 地図の陰影を表示する

国土地理院のウェブサイトhttps://maps.gsi.go.jp/では、地図に陰影を重ねて表示させることができる。「陰影起伏図」のほか、「赤色立体図」も直感的に地形を把握するのに役立つ

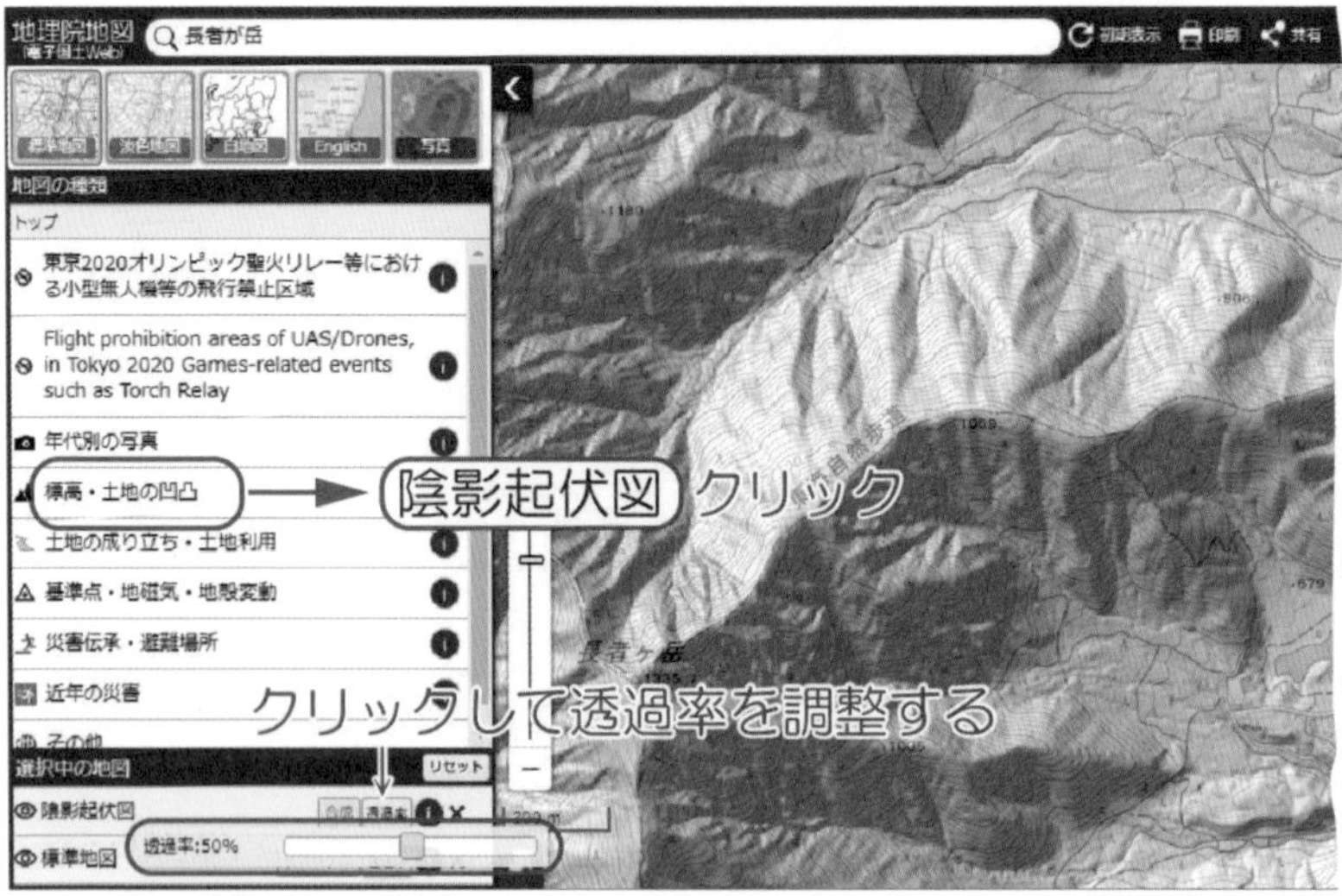
地理院地図
(電子国土Web)
長者が岳
初期表示
印刷
共有
標準地図
淡色地図
白地図
English
写真
地図の種類
トップ
東京2020オリンピック聖火リレー等における小型無人機等の飛行禁止区域
Flight prohibition areas of UAS/Drones, in Tokyo 2020 Games-related events such as Torch Relay
年代別の写真
標高・土地の凹凸
陰影起伏図
クリック
土地の成り立ち・土地利用
基準点・地磁気・地殻変動
災害伝承・避難場所
近年の災害
その他
クリックして透過率を調整する
選択中の地図
リセット
陰影起伏図
標準地図
透過率:50%
長者ヶ岳

等高線から情報を読み取る

登山で地図を読むときに最も頼りになるのが等高線だ。というのも、登山道や林道、建物などの人工物は、新設されたりなくなったりすることも珍しくないのに対し、地形は変化が少ないからだ。

先ほども書いた通り、最初から地図を読みこなすことを考えなくてもよい。読める情報から読んでいこう。

等高線とは

等高線とは、文字通り「等」しい「高」さの点をつないだ「線」である。そして隣り合う等高線の間隔は一定である。

1：25000の地形図では、等高線の間隔は10mと決まっている。また5本に1本が太くなっている（計曲線という）。

さらに等高線は、いくら複雑に曲がっていても、必ず1周してつながっており、等高線の内側が高く、外側が低くなっている。例外的に内側が低い（凹地）こともあり、その場合には、図5-11のように閉じた等高線の内側にヒゲがついているか、凹地が小さ

図5-10 隣り合う等高線同士の間隔は一定

等高線は内側が高い。内側が凹んでいる地形は矢印かヒゲがついてわかるようになっている。凹地はカルストや火山周辺に多い

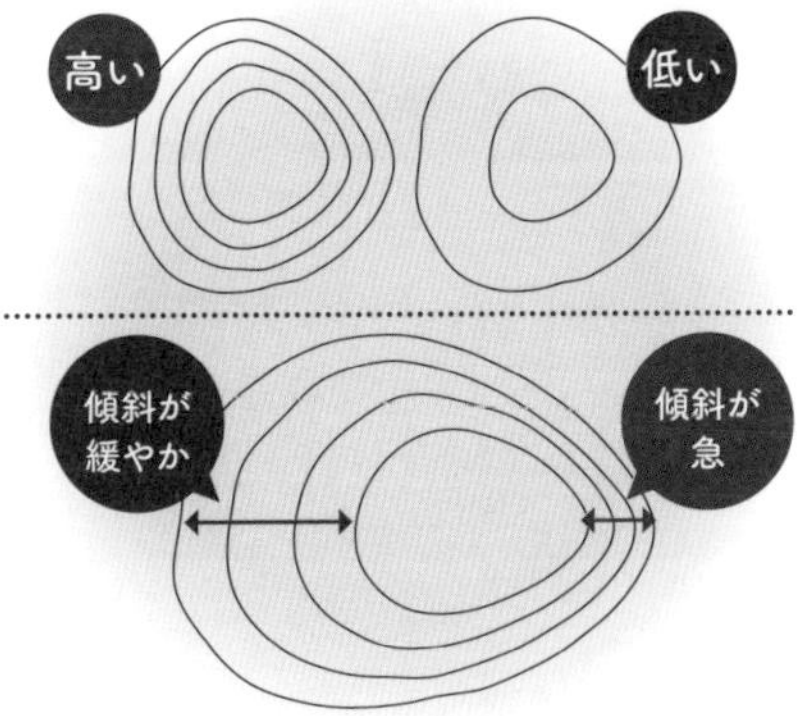
高い
低い
傾斜が緩やか
傾斜が急

図5-11 等高線の高低差

このように高低差や勾配が読み取れる

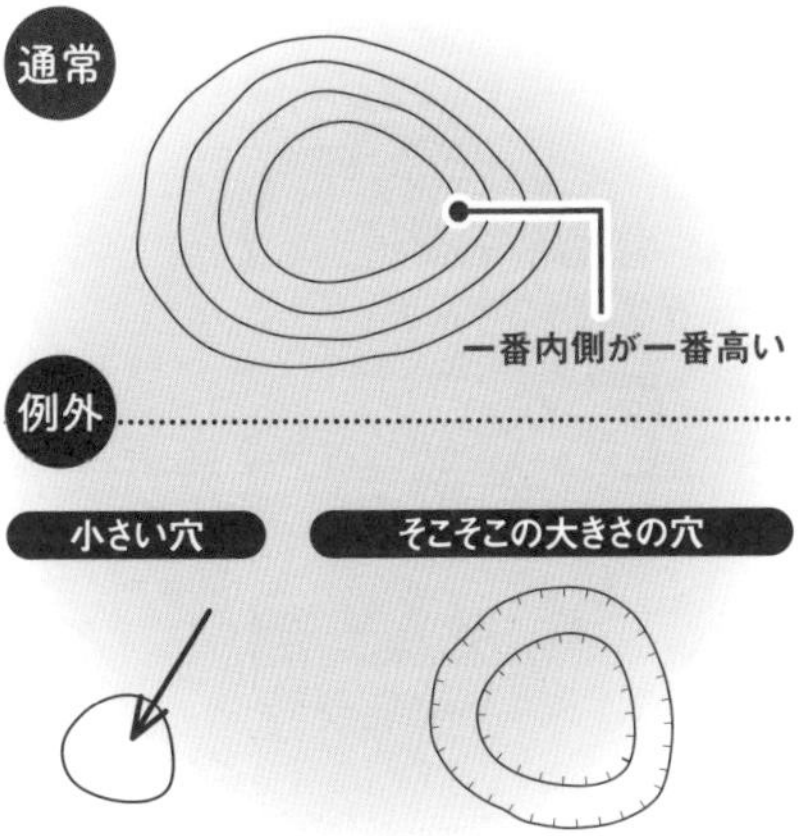
通常
一番内側が一番高い
例外
小さい穴
そこそこの大きさの穴

図5-12 等高線と直交する道

等高線と道が直交している場合と等高線と道が平行か斜めに交わる場合の状況を理解しておきたい

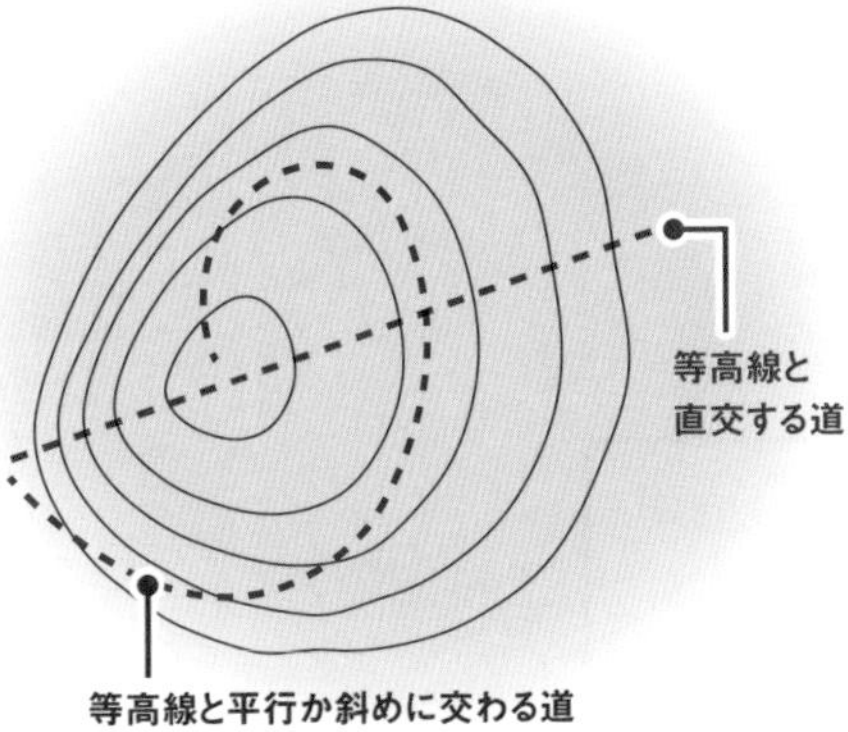
等高線と直交する道
等高線と平行か斜めに交わる道

ければ等高線の中へ向いた矢印が描いてある。これらの記号を見れば、高低差の区別ができる。

文明の利器に頼る

慣れると等高線を見るだけで地形を把握できるようになるが、最初は文明の利器に頼るのも良い。例えば、国土地理院のウェブサイトでは地図に地形の凹凸を重ねて表示させるサービスがある。

傾斜の緩急

図5-10のとおり、等高線の間隔が狭いほど傾斜は急、逆に、間隔が開いているほど傾斜は緩やかである。登山ルートが決まったら、図5-4（139ページ）のように急なところを読み取っておくとペース配分をしやすい。

道と地形の関係

等高線と直交している道は、斜面の真上または真下に向かう道である。等高線と平行か斜めに交わる道は、斜面を横切る道で、トラバース道や巻き道と呼ばれる。

地形を表す言葉と等高線パターン

図5-13 写真と地図で見る地形

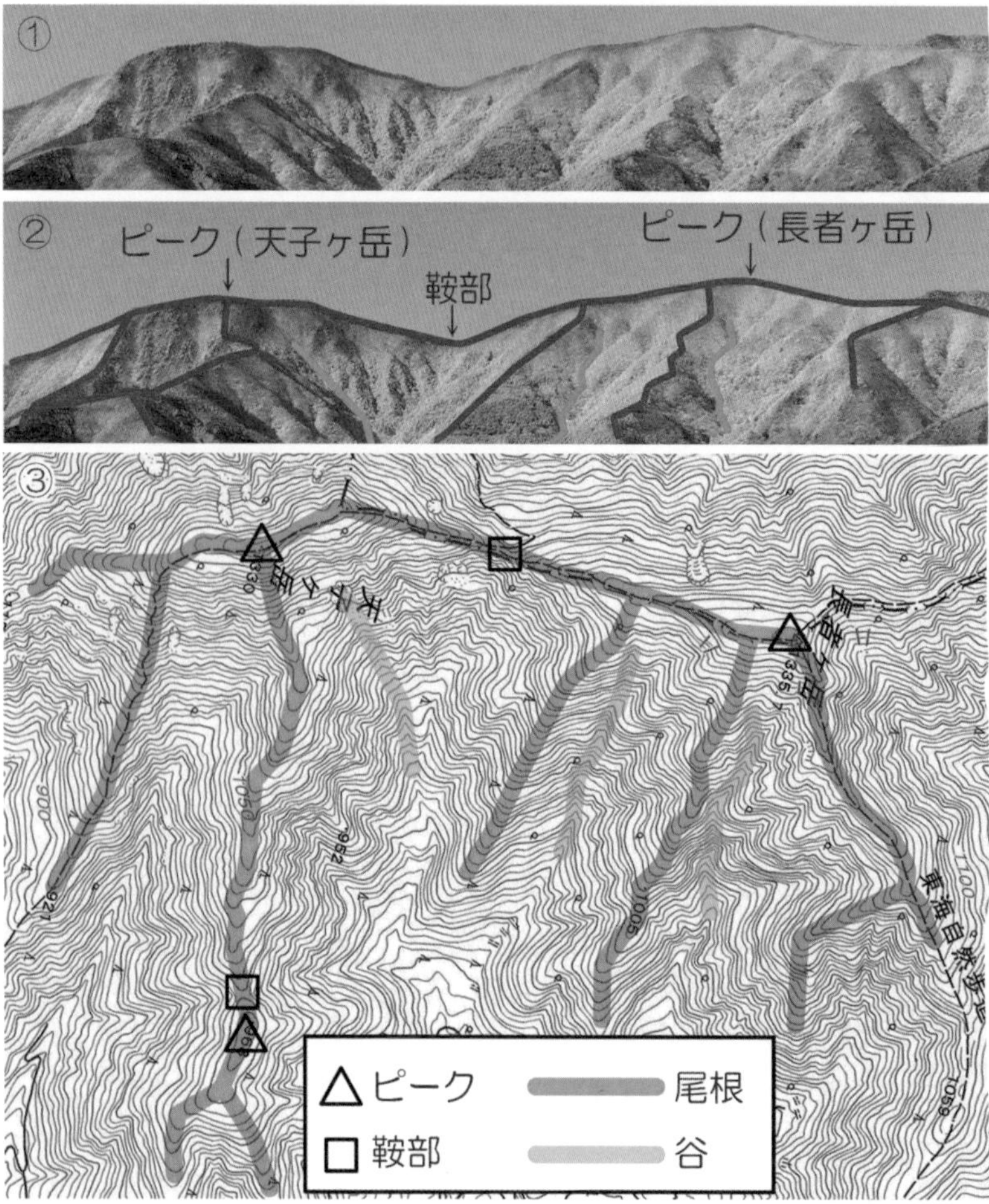
①
②
ピーク（天子ヶ岳）
ピーク（長者ヶ岳）
鞍部
③
天子ヶ岳
長者ヶ岳
東海自然歩道
1330
1335
1050
952
900
921
1005
1100
1059
ピーク
尾根
鞍部
谷

地形を表す言葉

地形を表す言葉として、ピーク、尾根、谷、鞍部（コル）の４つを知っておきたい。

ピークは、山頂のように周りより高くなっているところ、尾根は山の稜線のように線状に高くなっているところ、谷は線状に低くなっていて川が流れるような地形のところだ。鞍部は尾根上にあって低くなっているところ。尾根道を歩いているときに、道が下りから登りに転じる場所、そこが鞍部である（図5－13②参照）。

図5-14 地形を表す等高線パターン

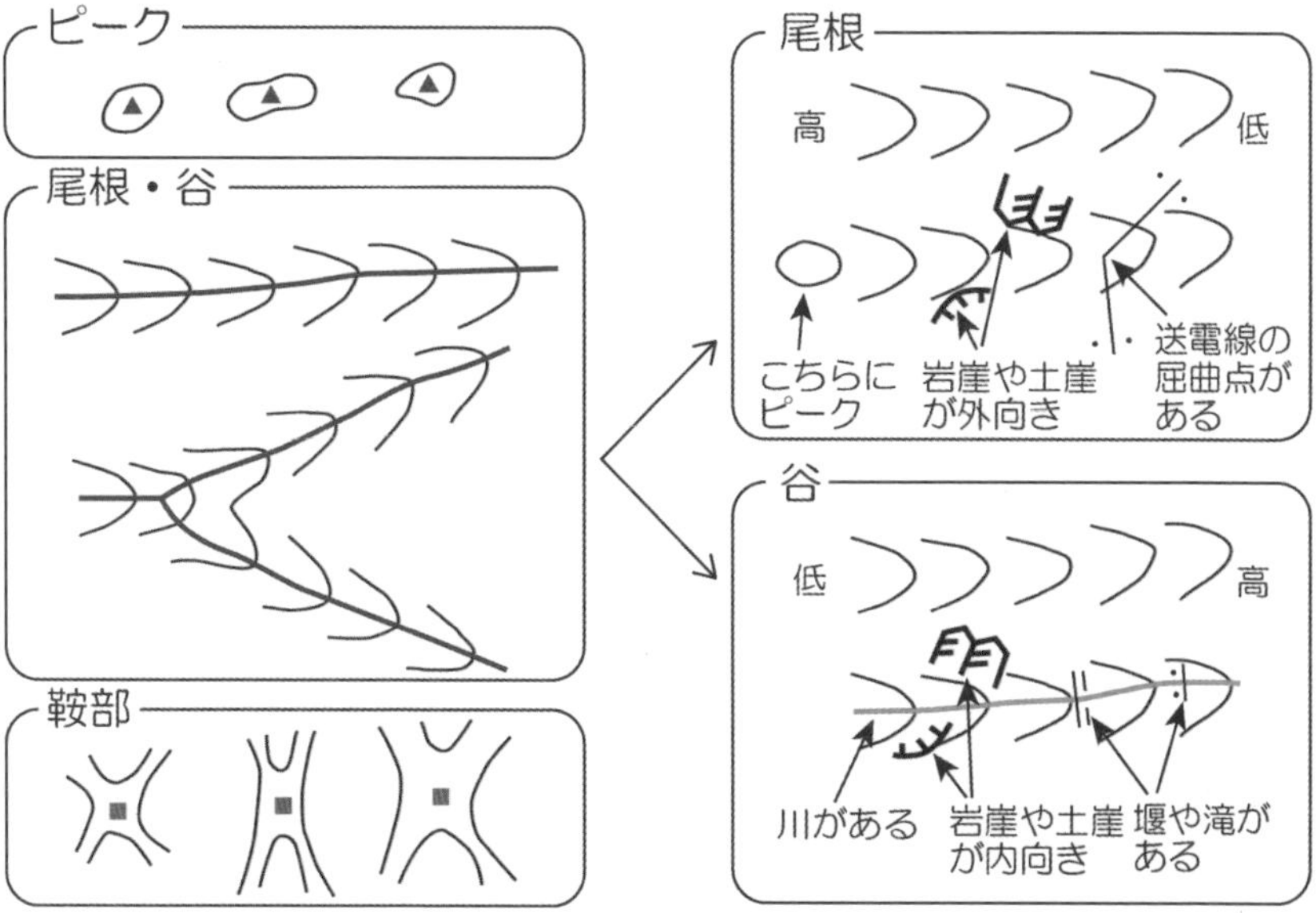
ピーク
尾根・谷
鞍部
尾根
高
低
こちらに
ピーク
岩崖や土崖
が外向き
送電線の
屈曲点が
ある
谷
低
高
川がある
岩崖や土崖
が内向き
堰や滝が
ある

地形を表す等高線パターン

等高線から地形を読み取る第一歩が、ピーク、尾根、谷、鞍部（コル）の等高線パターンを覚えることだ。

まず図5-14の左側（ピーク・尾根・鞍部）を覚えよう。

尾根と谷の区別は慣れた人でも難しいことがある。最初は、川があれば谷、ピークがあれば尾根、など、わかりやすいものを使って大まかな地形を読み取ることから始めるとよい。

慣れてくると地図から尾根や谷を読み取り、図5-13②と③のように景色と対比させられるようになる。ここまでできると山頂で景色を見る楽しさも倍増する。

日本の山の地形

例外はあるものの、日本の山の多くは水などで削れたり崩れたりしてできた地形である。谷は地図に川の記号がなくても雨が降れば水が流れ、それらが次々に合流し、大きな川となって海にそそぐ。そのため、基本的に谷は源流から海に向かって下り続ける。谷のように大きく浸食されず、高く残っているのが尾根である。尾根は、大きな傾斜の中にも大小のピークと、その間で低くなっているところ「鞍部」があり、尾根道はアップダウンを繰り返すことも多い。

地図を使ったナビゲーション

確実に見つけられるチェックポイントを設定する

ナビゲーションとは、登山者が迷わずに目的地までたどり着けるようサポートすること。我々は日常生活でも、カーナビやスマホのマップなどでナビゲーションに慣れ親しんでいる。山では地図を使って自らを安全に目的地に導かねばならない。

はじめにしたいことは、ルート上にチェックポイントを設定し、ルートを区切ること。

チェックポイント設定のコツは、確実に見つけられる目印を探すこと。例えば登山の開始時であれば駅や道路の交差点名、山中であれば山頂や山小屋を目印にすると、確実に見つけられるだろう。

現在地と行程を確認をしながら進む

そのほかにも目印になるチェックポイントがある。等高線を読み慣れてきたら、尾根が分岐する地点も目印にできる。よく整備された登山道であれば、分岐の看板でもいい。

注意したい点は、迷いやす

図5-15 ナビゲーションの流れ

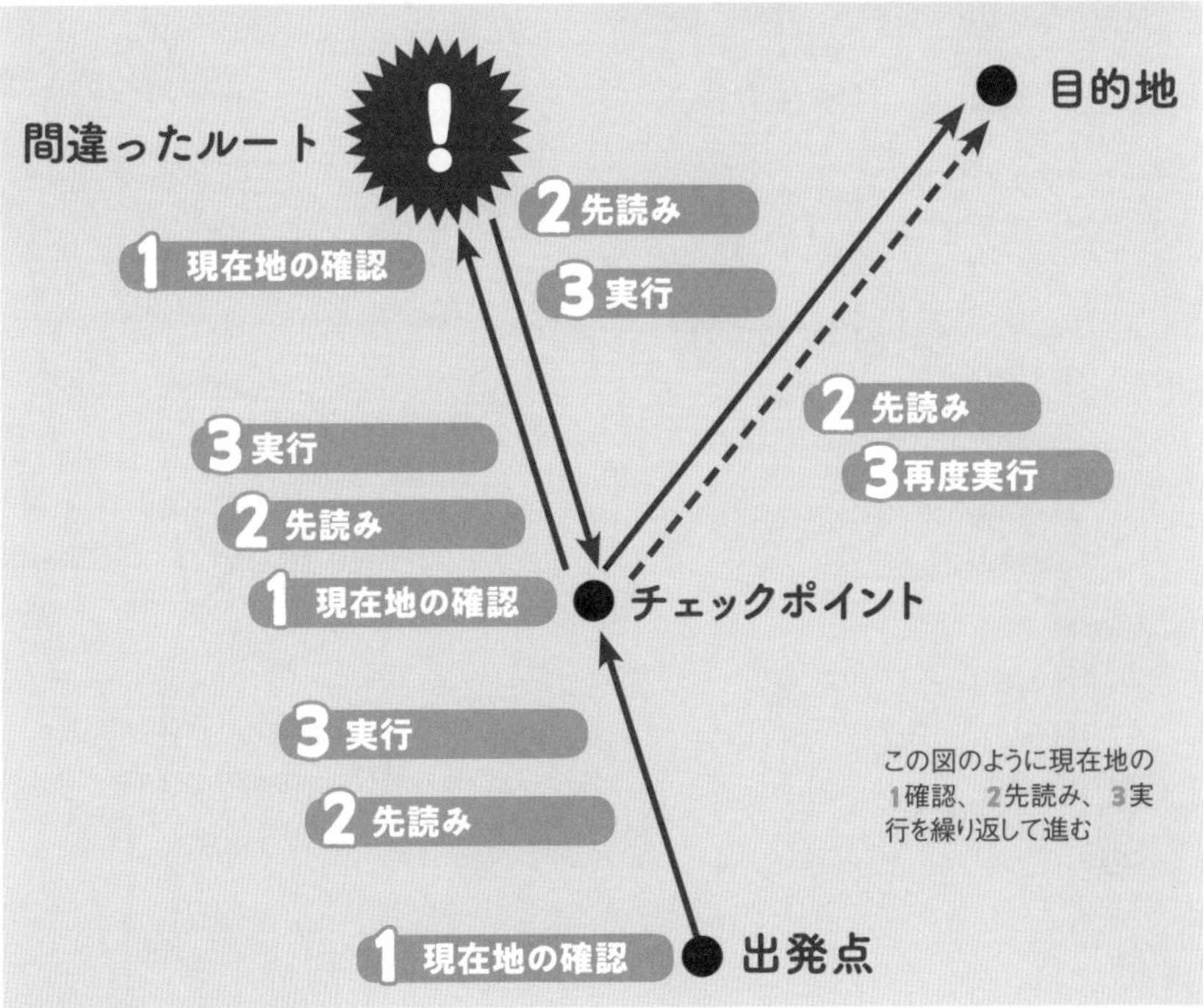
間違ったルート
!
目的地
2 先読み
3 実行
1 現在地の確認
2 先読み
3 再度実行
3 実行
2 先読み
1 現在地の確認
チェックポイント
3 実行
2 先読み
この図のように現在地の1確認、2先読み、3実行を繰り返して進む
1 現在地の確認
出発点

1 現在地の確認　今いる場所を確認する。GPSを使うのもいい

2 先読み　地図を見なくてもその内容だけで現地までたどり着けるような具体的な行動計画を立てる

例「この川に沿って歩き、川の出合いまで700m ほど遡上する」、「眼下に見えているあのコルまで下る」、「北東に延びる尾根が東に向きを変えるまで緩やかに下る」など

3 実行　読んで字のごとく「先読み」どおり行動すること。途中でおかしいと思ったら、現在地の確認に戻ること

い場所。迷いやすい場所の例は154ページで紹介するが、このような地点もチェックポイントにし、現在地と進む方向を確認したい。迷いそうな場所に目印がなければ、事前のチェックポイントからの距離やアップダウンの変化などを総合して、場所を特定するといいだろう。

　では、チェックポイントはいくつ設定するのがベストなのか。これはルートの迷いやすさを基準に決める。たくさんの道が枝分かれしている尾根を下る場合には多くのチェックポイントを設定しなければならない。逆に山頂までひたすら尾根を上り続けるような場合は、チェックポイント

図5-16 チェックポイントの設定

スタート

ピンク色の線のルートを歩くとき、地図アプリを使う場合は○の地点をチェックポイントにすれば事足りる。しかし、その判断をするためには「尾根線を歩く」「ここで大きな尾根（➡と➡の尾根）との分岐がある」「手前にも尾根の分岐があり、そこでは主尾根を進む」といったことが読み取れていることが必要である。また、チェックポイントは尾根の方向が変わる場所だということを認識できていれば、そこまでスマホを見ずに行くことができるが、そのイメージができていない場合は道の分岐のたびにスマホを見ることになる。地図とコンパスだけでナビゲーションをする場合は、➡で示した尾根との分岐や他にも地形的な特徴のある場所（いずれも○で示した）をチェックポイントにするといい

図5-17 道標もいい目印

よく整備された山では道標もいい目印になる。この道標は136ページで地図を紹介した山だが、どの地点になるかわかるだろうか？（正解は173ページ）

根石岳・天狗岳
オーレン小屋 桜平
夏沢峠硫黄岳

を設定しなくても問題ない。

　このようにしてチェックポイントが決まったら、チェックポイント間で、①現在地の確認、②先読み、③実行、再び現在地の確認という作業を繰り返しながら進んでいく。

　そうはいっても、これらのことを地図とコンパスだけで道標の整備されていない山でできるのは上級者ぐらいだろう。現在地の確認が難しいときは、スマートフォンの地図アプリが役に立つ。

　地図アプリを使う場合も、基本的なナビゲーションの流れは変わらない。しかし、「現在地は確実にわかる」ので、チェックポイントは「ルートから逸れてしまう可能性のある場所」や「区切りのよいところ」に設定すればよい。ただし、そのような場所を自分自身が地図を見て判断しなければならない。

　地図上で間違いやすい場所を見逃せば、間違った方向へ進んで気づかないかもしれない。154ページを参考にして適切なチェックポイントを設定できるようになろう。最初は適切なチェックポイントを見つけること自体が難しいこともあるので、そのような場合は定期的に現在地を確認するとよい。

　下りすぎて登り返すのは辛いものだ。下りでは意識して定期的に現在地を確認しよう。

迷いやすい場所と対策

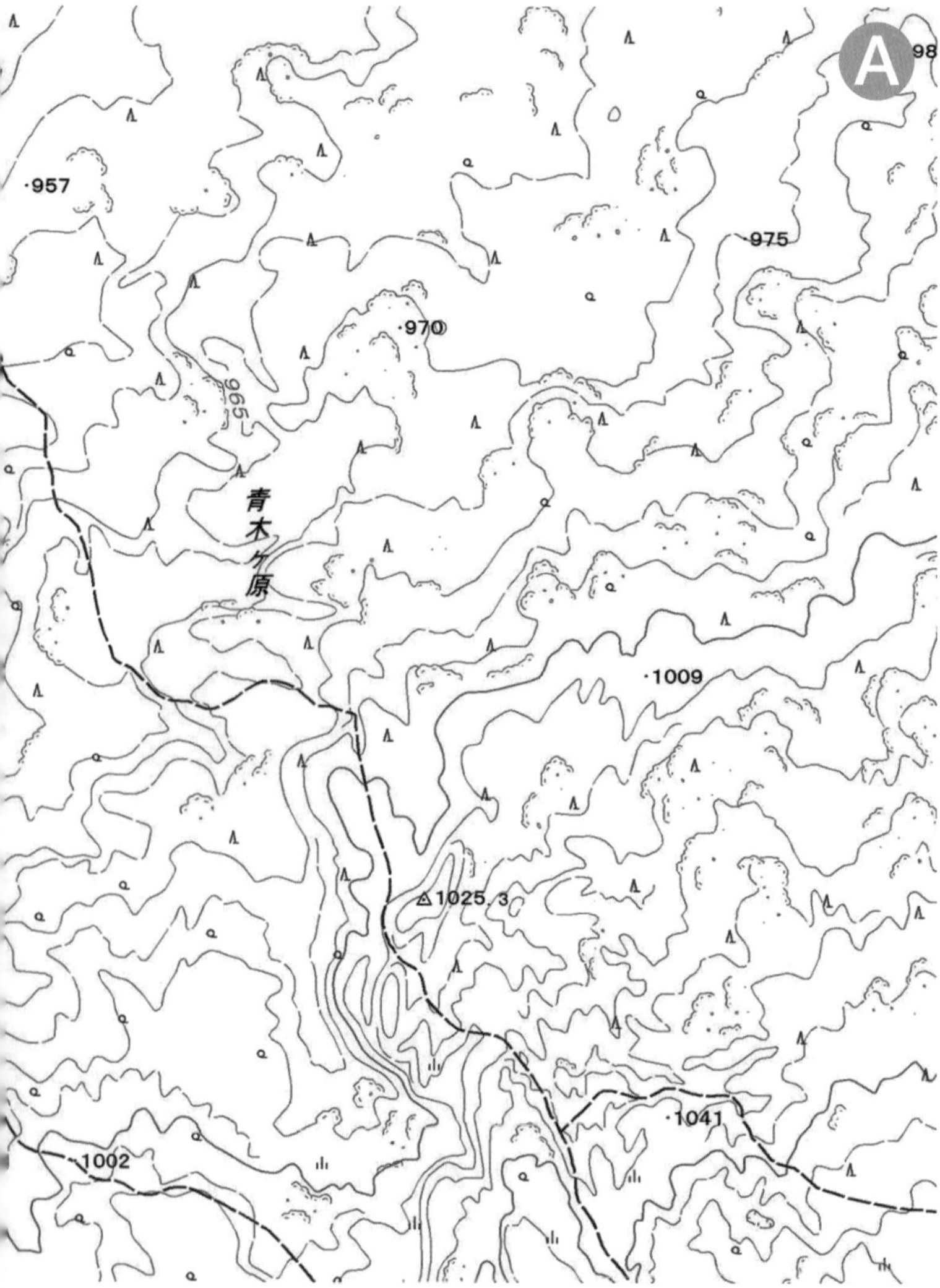
A
98
·957
·975
·970
965
青木ケ原
·1009
△1025.3
·1041
·1002

迷いやすい登山道の特徴

行動中に迷いやすい場所の特徴を知り、対策をすることで「道迷い」のリスクを下げることができる。代表的ないくつかのパターンを紹介するので、対策と合わせて覚えてもらいたい。

①山頂からの下山路

信じられないかもしれないが、「広い山頂で休憩をし、あちらこちらの景色を見ていたら方向がわからなくなってしまった」ということが起こり

B
186
314
?
?
?
?

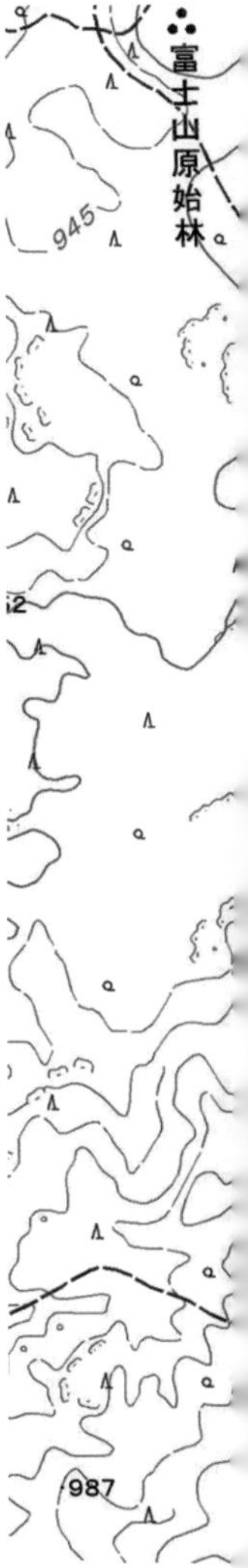
∴富士山原始林
945
987

「地形がはっきりしない例」

Ⓐは全体的に地形がはっきりしない場所、Ⓑは地形は概ねはっきりしているもののルートを逸れてしまいやすい場所の例である。Ⓑでは赤い矢印が正しい道だが、①青矢印部分に比較的はっきりとした尾根が分岐しているため、間違える可能性がある。②青丸の場所は、尾根の方向がはっきりせず（等高線が尖っていない）、コンパスなどで方向をしっかり見定めて進まなければならない

やすい。また自信満々で、違う方向へ下ることも多い。広い山頂からはどの方向へ進んでも下りになるため、間違いに気づきにくいのだ。そのため山頂から下りはじめるときに、必ず方向を確認する習慣をつけたい。

②尾根下りや谷登り

谷沿いの道を登っている時や、尾根道を下っているときは要注意だ。谷は登るにつれて、尾根は下るにつれて分岐していくため、この地点で方向を間違えてしまうことが多い。しかしこのようなケースでは、間違いにさえ気づけたら、元の地点へ戻ることは難しくない。

分岐が多い地形が想定され

図5-18 広い山頂は出発前に方向を確認

地図の矢印方向を見ている画像。砂礫地で踏み跡がつかないため写真のように霧が出ていると登山道がわかりにくいが、方向を確認して進むことで登山道を見つけられる

硫黄岳
2760

たらチェックポイントを多く設定し、頻繁に現在地を確認すること。

等高線を読めれば、大きな尾根の分岐や、谷の出合い、自分が枝尾根や支流に入って行く入口をチェックポイントにし、ナビゲーションをしたい。

③地形がはっきりしない場所

平らな場所や広い尾根は、木がまばらに生えていると、どこでも歩けるように見える。そのため、道を見失いやすい。またこのような場所は道が複線化していることも多く、正しい道から外れやすい。大まかにどちらの方向に進むのかを、コンパスを使ってこまめに確認するといい。

④広場を通過するとき

このような場所の難点は、地図からは読み取れないこと。そのため開けた場所に出た場合は、広場を通過した先の道（方向）が正しいのかを警戒してもらいたい。もしかするとつながっている道は獣道で、正しい道からそれているかもしれないからだ。

対策としては、広い場所に出たときに進む方向を確認すること。また、少し進んでから道の方向を確認したり、道が不明瞭になってきていないか気にかける。ＧＰＳやスマホを使っている場合は、正しいルート上にいるかどうかを確認する習慣をつけたい。

図5-19 開けた場所では、通過前に方向を確認

広場のような開けた場所を通過する際にも、進む方向を確認したい

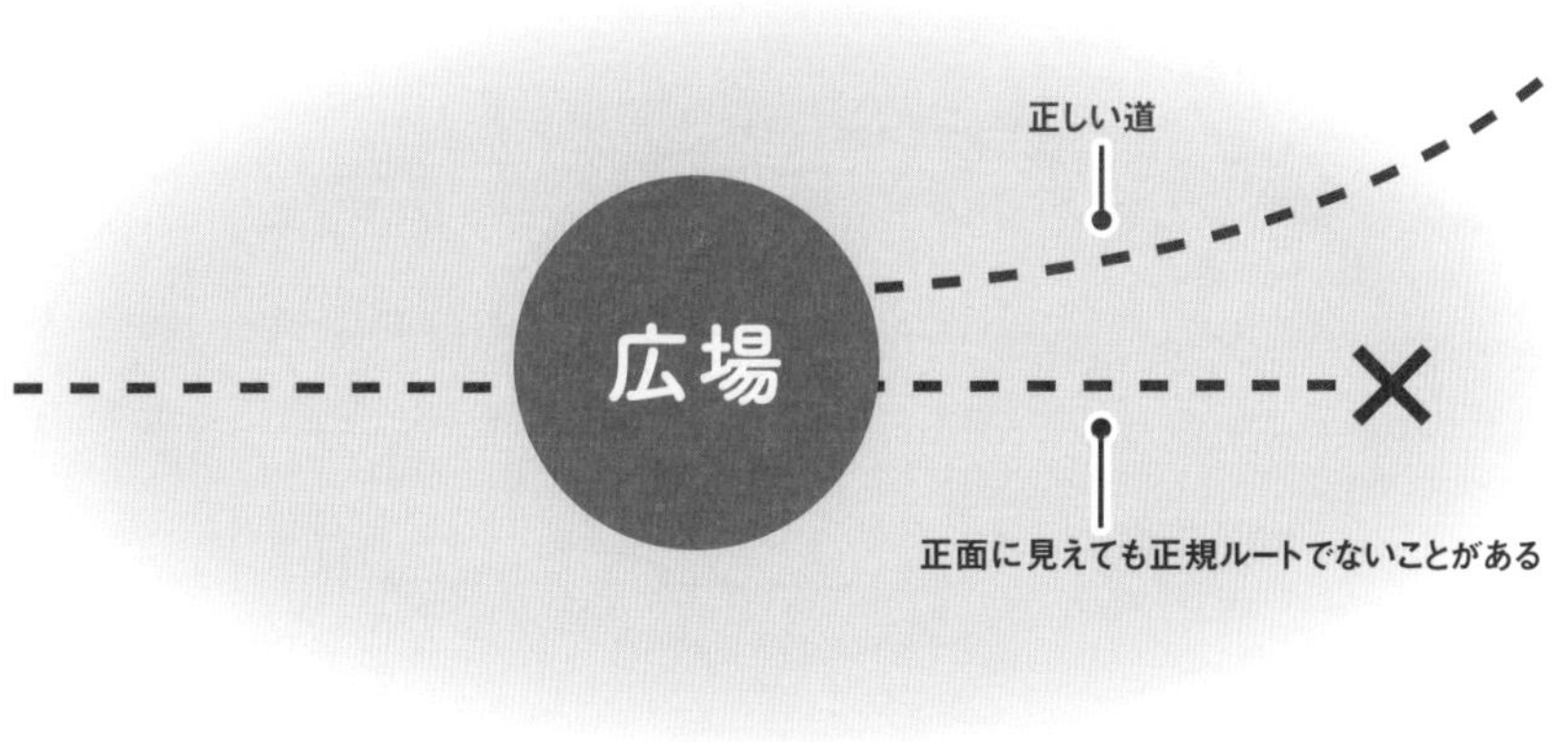
正しい道
広場
正面に見えても正規ルートでないことがある

図5-20 等高線が広い場所は迷いやすい

狭い尾根は等高線が尖っているため、尾根の方向がわかりやすいが、広い尾根は等高線が丸く、尾根の方向がわかりづらい。丸い等高線（広い尾根）を下る際には、定期的にコンパスで方向を確認したい

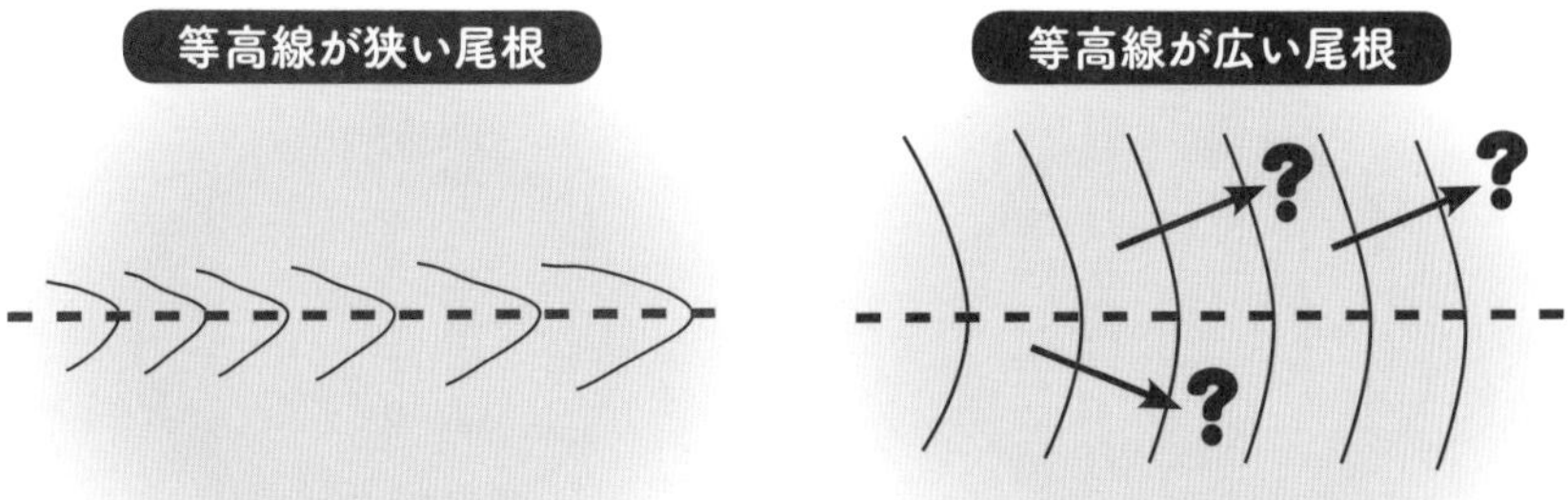
等高線が狭い尾根
等高線が広い尾根

等高線が比較的尖っている尾根（狭い尾根）は尾根の方向がわかりやすい

等高線が丸い尾根（広い尾根）は尾根の方向がわかりづらい。コンパスで方向を確かめよう

⑤その他

里山では、地図にのっていない作業道も多い。低山ではしっかりと等高線が読めなければ、ナビゲーションが難しくなる。この場合はナビゲーションの練度を上げたり、GPSを使うなどの対策をしたい。

以上、登山道における注意点と対策を挙げた。しかし、道に迷う要因として、自分の体調や状態も考えられる。足元に不安があったり、疲れていたりすると視線が下がりやすい。すると道の分岐を見落としやすいのだ。疲れたときこそ、周りを見るよう心がけよう。

高度計やGPS、スマホを活用する

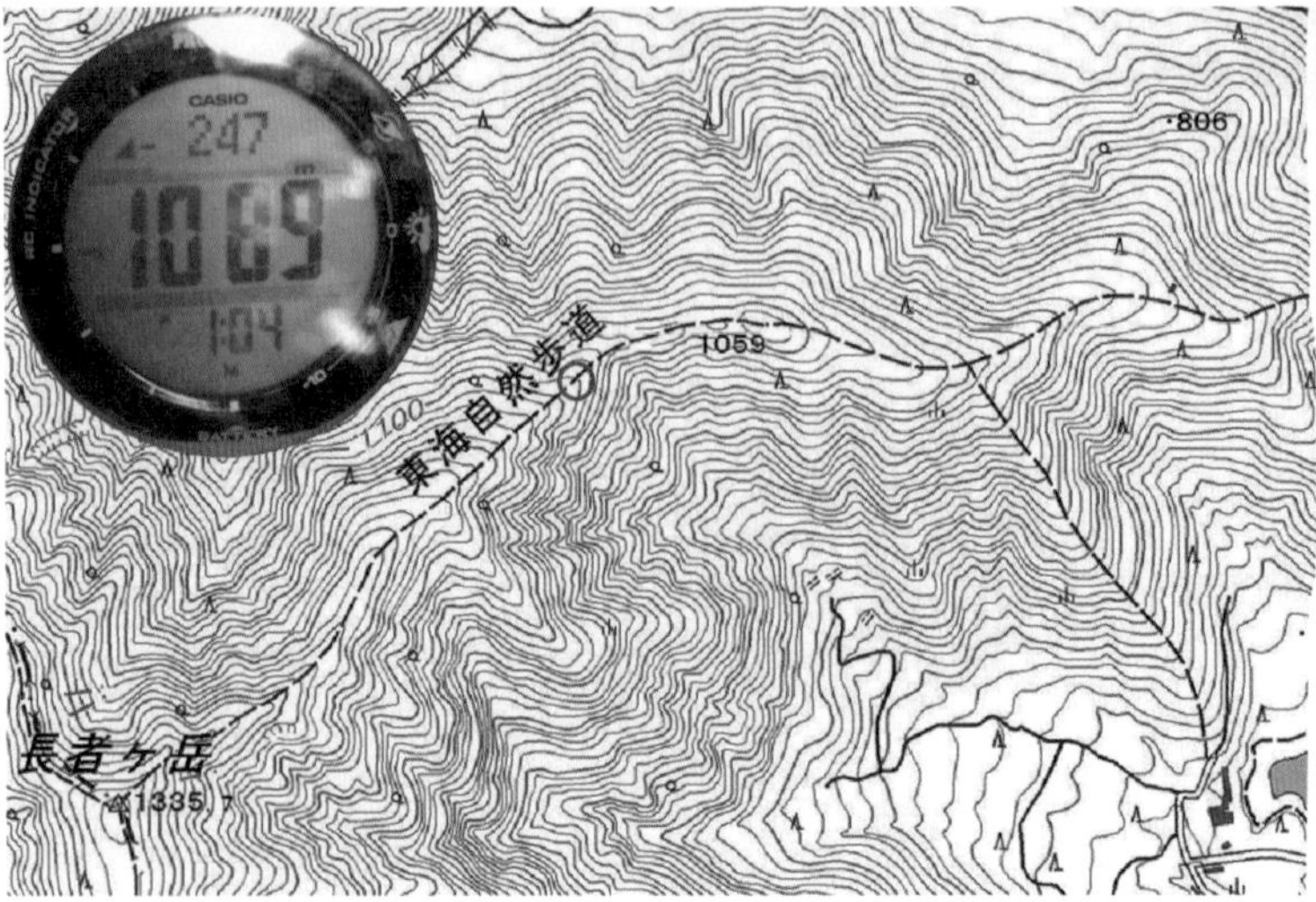
CASIO
247
1089
1:04
東海自然歩道
1059
806
長者ヶ岳
1335.7

左上の高度計では、中段の数字が標高になる。地図上（長者ヶ岳から東に下っている場面）では、赤丸の付近にいることがわかる。また高度計の上段には、山頂からの高度差を表示させている

高度計やスマホを積極的に利用する

地図とコンパスだけでナビゲーションできる技術はできれば身につけたいが、高度計やスマホも使えると登山がさらに安全になる。

高度計が役に立つのは長い登りや長い下り

高度計には、気圧を元に標高を計算するものと、GPSから高度を導き出すものがある。

気圧を使うものはかなり正確だが、気圧の変化の影響を受けて誤差が出てしまう。そのため正確な標高を知りたい場合には、登山口や山頂など、標高が正確にわかる場所で補正しておく。もし補正を忘れた場合でも標高差は正しく計れることも覚えておきたい。

GPSから高度を導き出すものは、空が大きく開けている場所では正確だが、深い谷底では誤差が出やすい傾向にある。

高度計がナビゲーションで威力を発揮するのは、長い登りや下りである。傾斜が急な

図5-21 スマホ、地図アプリで起こりやすいトラブルと対策

濡れによる故障	防水の機種を選ぶ。防水ケースに入れる。
スマホの破損	落とさないようストラップを装着する（紛失防止としても有効）。 ポケットには画面を身体のほうに向けて入れ、画面割れを防ぐ。 画面の割れにくい機種を選ぶ。骨に当たるポケットには入れない。グループで複数台持つ。
バッテリー切れ	機内モードにする。モバイルバッテリーを十分に持つ。なるべく冷気にさらさない。
地図が表示されない	必要な地図の範囲とズームレベル（紙の地図でいう縮尺のこと）を確認して手元に保存（キャッシュ）しておく。キャッシュした地図が消えないように注意する。
アプリが正しい方向を指さない	カメラやマグネット付きスマホケースなど、近くに磁石に影響を与えるものがないかを確認する。表示などを調整、補正する（キャリブレーション）。

道なら、かなり正確に現在地を知ることができる。あとどれぐらいで山頂に到着するのかわかれば、延々と続くように思える登りでも自分に合ったペースで歩けるだろう。

平坦な道や、アップダウンを繰り返すようなところではナビゲーションの手助けにならないことも覚えておきたい。

スマホに地図アプリを入れておこう

スマホのGPS機能を使ってたちどころに現在地がわかる地図アプリは便利なので、まだ使っていない人はすぐにでも使い始めてほしい。おかしいな、と感じたときにどこでも現在地を知ることができるので、道迷い防止や、早い段階で道迷いに気づくきっかけにもなる。万が一、道を間違えたときにも今いる場所がわかれば対策も考えやすい。

アプリの選び方

登山用の地図アプリは、機内モードでも地図を表示させて使えることが重要だ。表示させる地図は登山用のもの。例えば、地形図や登山地図。自分が歩く予定の範囲より少し広い範囲の地図があることも確認したい。登山地図は登山者が多い山域のものしかなく、地形図を表示するアプリも、表示できる地図の範囲が限られているものがある。全国の地図をシームレスに表示

図5-22 スマホのコンパス機能で整置する手順

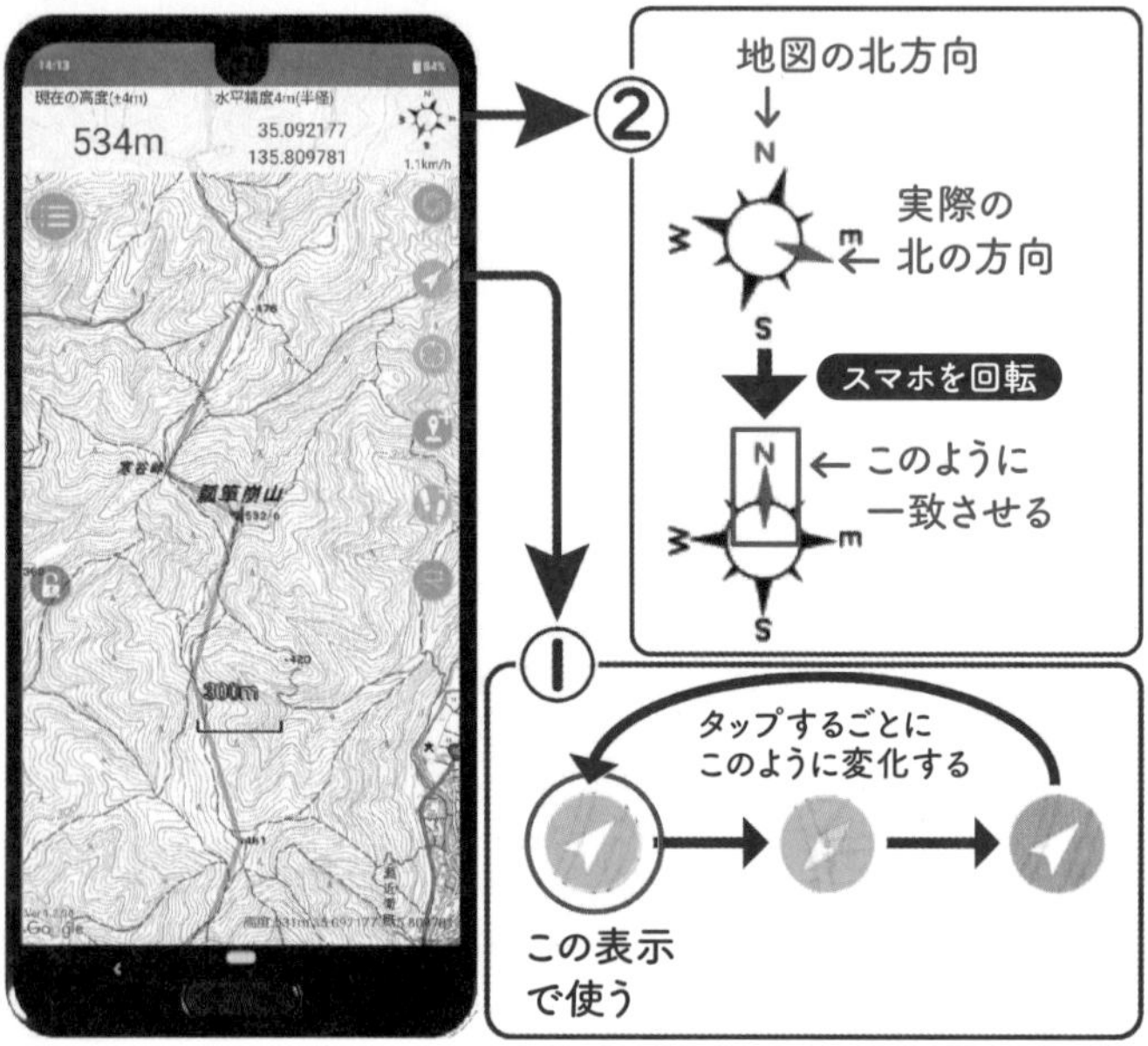

534m
35.092177
135.809781
②
地図の北方向
N
W
E
S
実際の
北の方向
スマホを回転
このように
一致させる
①
タップするごとに
このように変化する
この表示
で使う

できるアプリを入れておけば安心だ。

地図アプリを使うときも「整置」する

進行方向に自信がないとき、スマホを見ながら歩きがちだが、安全のため、しっかり前を見て歩くこと。そのためには、スマホのコンパス機能を使って進行方向を確認することが有効である。

アプリによって使える方法は何種類かある。

高い精度が必要なければ、「ヘディングアップ」（地図が進行方向に合わせて自動的に回る設定）にすることで地図が整置される、すなわち「地図上での進行方向」＝「実際の進みたい方向」になることを利用して、進行方向を定めるとよい。

しっかり進行方向を知りたい場合は、「ノースアップ」（地図の向きが常に北が上で固定される設定）にし、144ページの「整置」と同じ作業をする。詳細は図5-22にアプリ「ジオグラフィカ」での操作例を示したので、参考にしてほしい。

どちらの方法も、スマホのコンパス機能を使って行うこと。方向を検知するのにGPSの位置情報を使っている場合は前述の方法は使えない。

図5-23 整置されたスマホと道の向きの関係

アプリの設定を「ヘディングアップ」することで、地図上での進行方向と実際の進行方向が一致する

実際の進行方向
地図上の進行方向
整置されている
534m

スマホがあれば地図はいらない？

結論からいうと、紙の地図も持つべきである。

スマホの地図アプリがあればあまり困ることはないが、ルート変更を検討するときには地図が必要である。ルート変更が必要なときは何かトラブルを抱えていることも多い。その中で小さい画面で地図をスワイプして見るのはミスの元だ。道のつながりを勘違いして違う道を進んでしまうと状況が悪化する。

地図アプリを使う際の注意点

深い谷底などでは現在地の精度が低くなることがある。そのようなときに不用意に現在地を信用しないよう、精度が低い場合の表示を把握しておくことも大切である。

自分が歩いた道筋をトラックと呼ぶが、できれば登山の際にはトラックを記録しながら歩きたい。道に迷った時に帰る方向がわかるようにするためだ。トラックを記録していないときに道に迷ったら、すぐにトラックの記録を開始しよう。状況が悪化したときに今いる場所まで戻る手掛かりは残しておきたい。

スマホの破損やバッテリー切れは、ナビゲーションの道具とともに通信手段も失うことを意味する。大切に扱おう。

読図の練習 初級編①

左の地図は1：25000地形図です。
地図にピンクで示したルートに関して、次の問いに答えてください。

問1 この場所での磁針方位は西偏約7度20分です。磁北線として正しいものはa～dのどれですか。

問2 このルートの距離は何kmぐらいですか。

問3 このコースのスタート地点の標高は何メートルですか。

問4 コースの最高地点を示してください。また、その場所の標高は何メートルですか。

問5 登山口が気温15℃の時、コース最高地点の気温は何℃ですか。（100m登ると気温が0.6℃下がるとして計算してください）

問6 e～gの区間を、道の傾斜が緩やかな順に並べてください。

青崩
あおげ
ゴール
375
624
水越
スタート
水越峠
祈りの滝
603
735
777.7
895
960
831
809
1094
989
985
1125
葛木神社
金剛山
表忠塔
1111.9
842
981
a
b
c
d
e
f
g
h
i
j
k
l
m
n
o
p
q

読図の練習 初級編②

問7

次の写真の撮影場所を地図上で示してください。

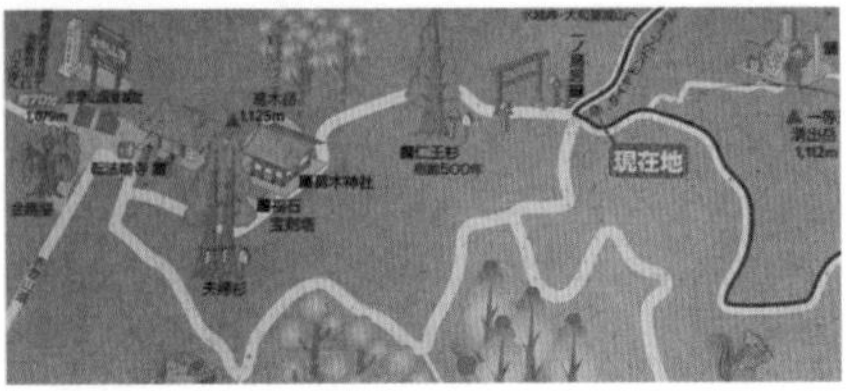

1,125m
樹齢500年
現在地
1,112m
夫婦杉

問8

下の❶〜❺の写真は、h〜lのいずれかの地点で進行方向を向いて撮ったものです。それぞれの撮影位置を選んでください。

1

2

3

4

5

問9

右の図は、コース上のある地点で地図アプリを確認した時の画面です。その地点を地図上で示してください。

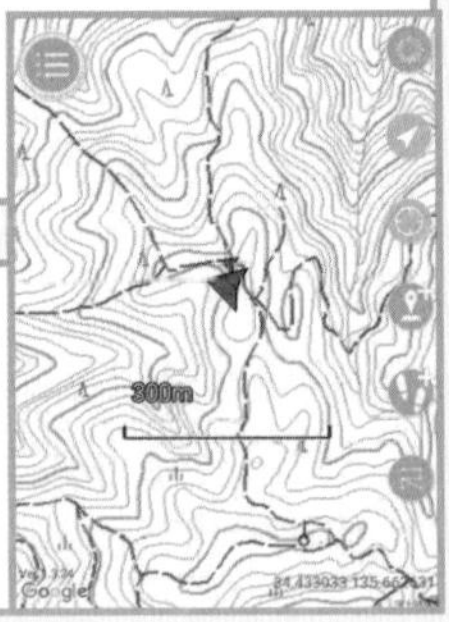
300m

問10

m〜qで囲った記号のうち、道を表さないものをすべて選んでください。

答えは170ページ

青崩
あおくずれ
ゴール
375
624
水越峠
スタート
水越峠
祈りの滝
603
m
g
f
△777.7
735
p
q
550
n
o
h
895
960
831
i
a
750
b
c
d
1094
950
j
850
k
985
989
e
l
1125
葛木神社
金剛山
表忠塔
1111.9△
842
981

読図の練習 中級編①

左の地図は1：25000地形図を125パーセントに拡大したものです。
地図にピンクで示したルートに関して、次の問いに答えてください。

問1 この場所での磁針方位は西偏約7度0分です。磁北線を引いてください。

問2 このコースには、一気に高低差50mを登る急な区間が4か所あります。4か所すべてを地図上で示してください。

問3 このコースは大部分が尾根道ですが、大きく尾根から外れる区間が4か所あります。4か所すべてを地図上で示してください。

問4 このコースで谷を下る場所が1か所あります。地図上で示してください。

問5 a〜gはどのような地形の場所ですか。ピーク、鞍部、尾根、谷から選んでください。

ヒント：鞍部とは、尾根上で低くなっているところです。↓の場所が鞍部（コル）

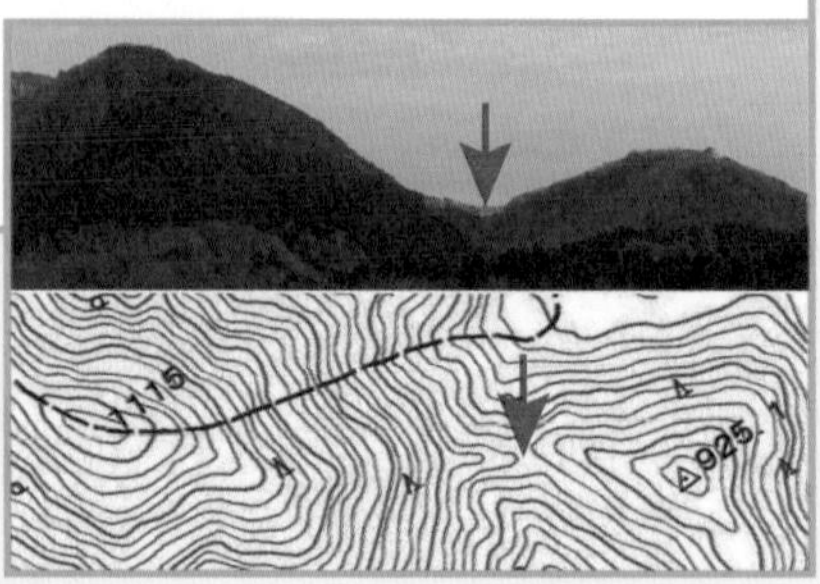

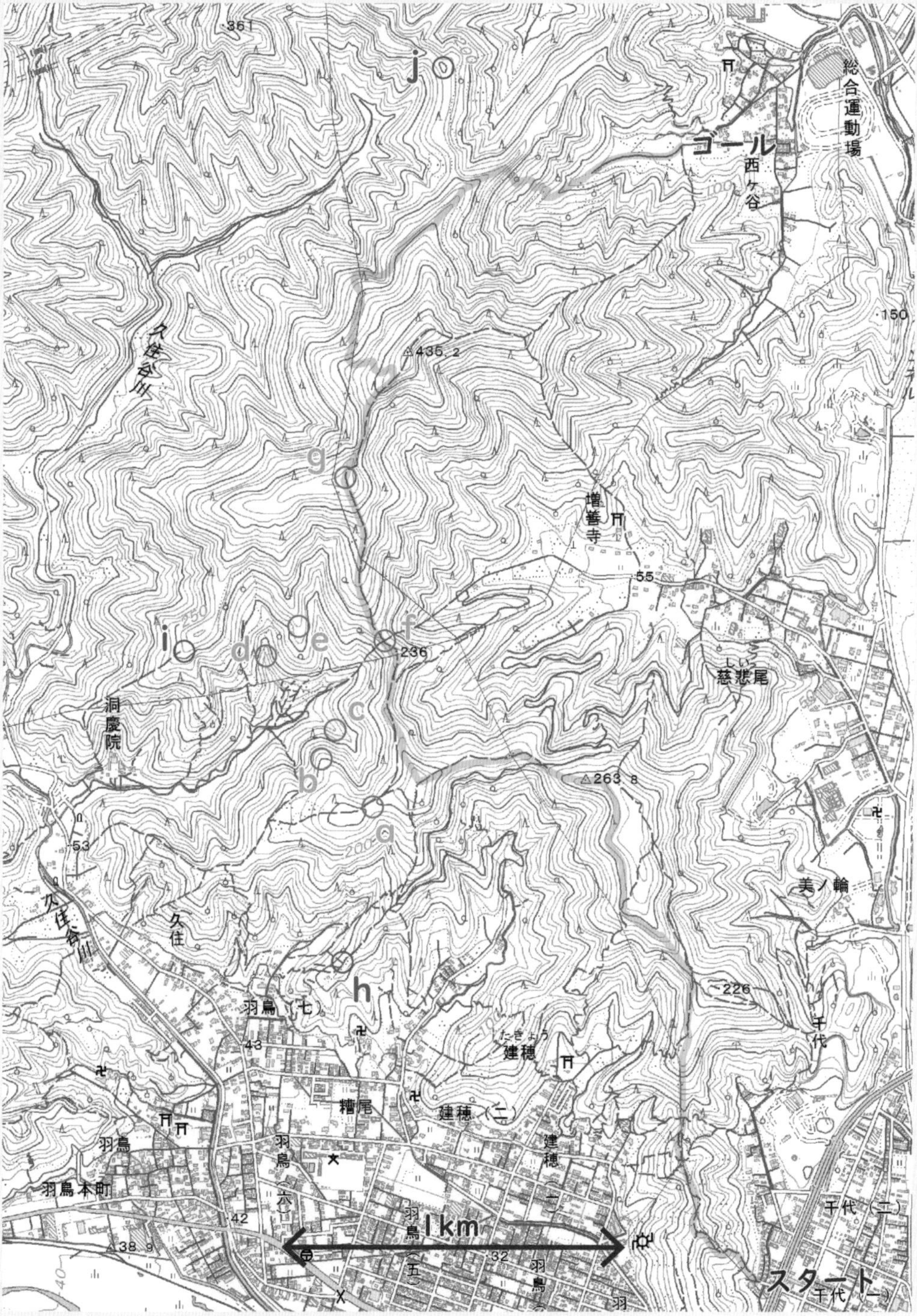

j
ゴール
総合運動場
西ヶ谷
久住谷川
g
増善寺
i
d
e
f
236
c
洞慶院
b
a
△263.8
久住谷川
久住
h
羽鳥（七）
建穂
建穂（二）
慈悲尾
美ノ輪
千代
糟尾
羽鳥
羽鳥本町
羽鳥（六）
建穂（一）
千代（二）
1km
羽鳥（五）
スタート
千代（一）

読図の練習 中級編②

問6 尾根道をたどっていてコースから逸れ、h～jの各地点にたどり着いたとします。コースを逸れてからh～jの各地点までのルートを地図上で示してください。

問7 問6でルートから逸れた地点で、本来進むべき方向を向いて撮った写真として正しいのはそれぞれ❶～❺のどれですか。

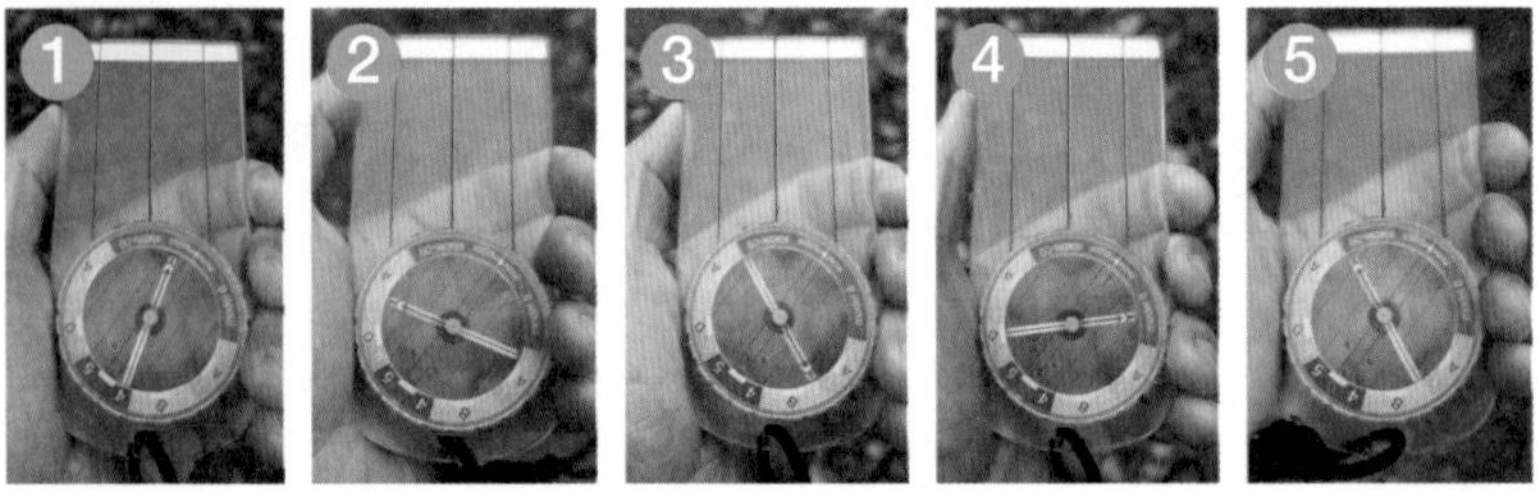
1
2
3
4
5

問8 次の❶～❺を合わせて考え、現在地を推測してください。ただし、ルートから外れていないものとします。

①
道路を横断した後、ここまでずっと尾根道を歩いてきた。

②
今、道の方向（=尾根の方向）は北北東を向いている。

③
少し前に標高差200m近くを一気に登った。

④
❸の一気登りの途中、送電線の鉄塔のすぐ近くを通った。

⑤
ここまで短い下りで、ここから道は緩やかな登りになる。

答えは172ページ

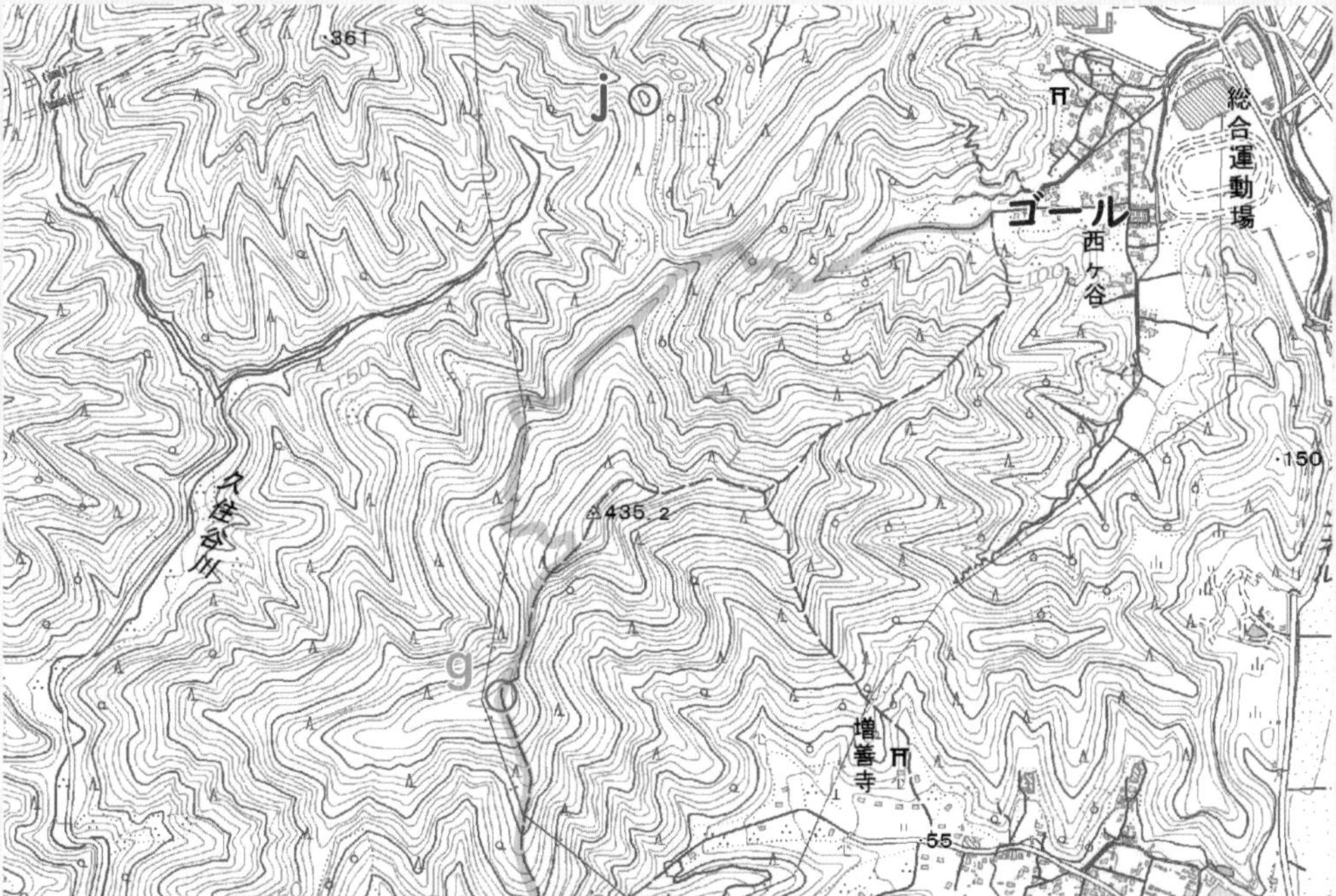

ゴール
スタート
1km
総合運動場
西ヶ谷
増善寺
慈悲尾
洞慶院
久住谷川
久住
羽鳥（七）
糟尾
たきょう
建穂
建穂（二）
建穂（一）
羽鳥（六）
羽鳥（五）
羽鳥
羽鳥本町
美ノ輪
千代
千代（二）
千代（一）
a
b
c
d
e
f
g
h
i
j
361
△435.2
△263.8
236
226
150
55
53
43
42
32
△38.9

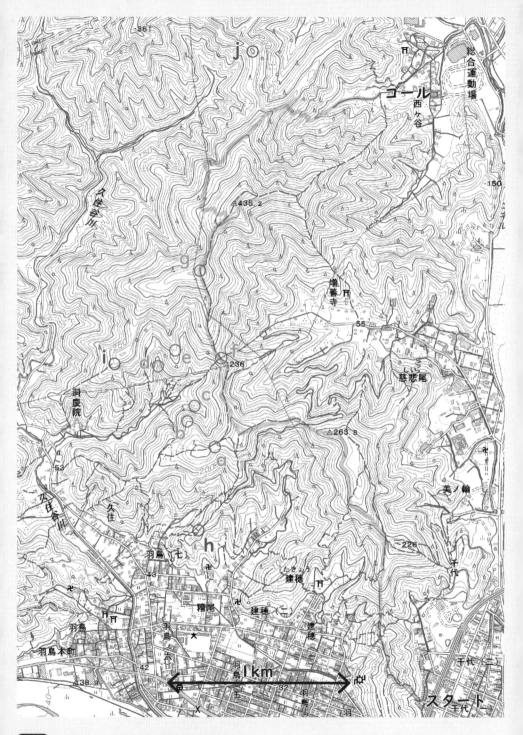

読図の練習の答えと解説

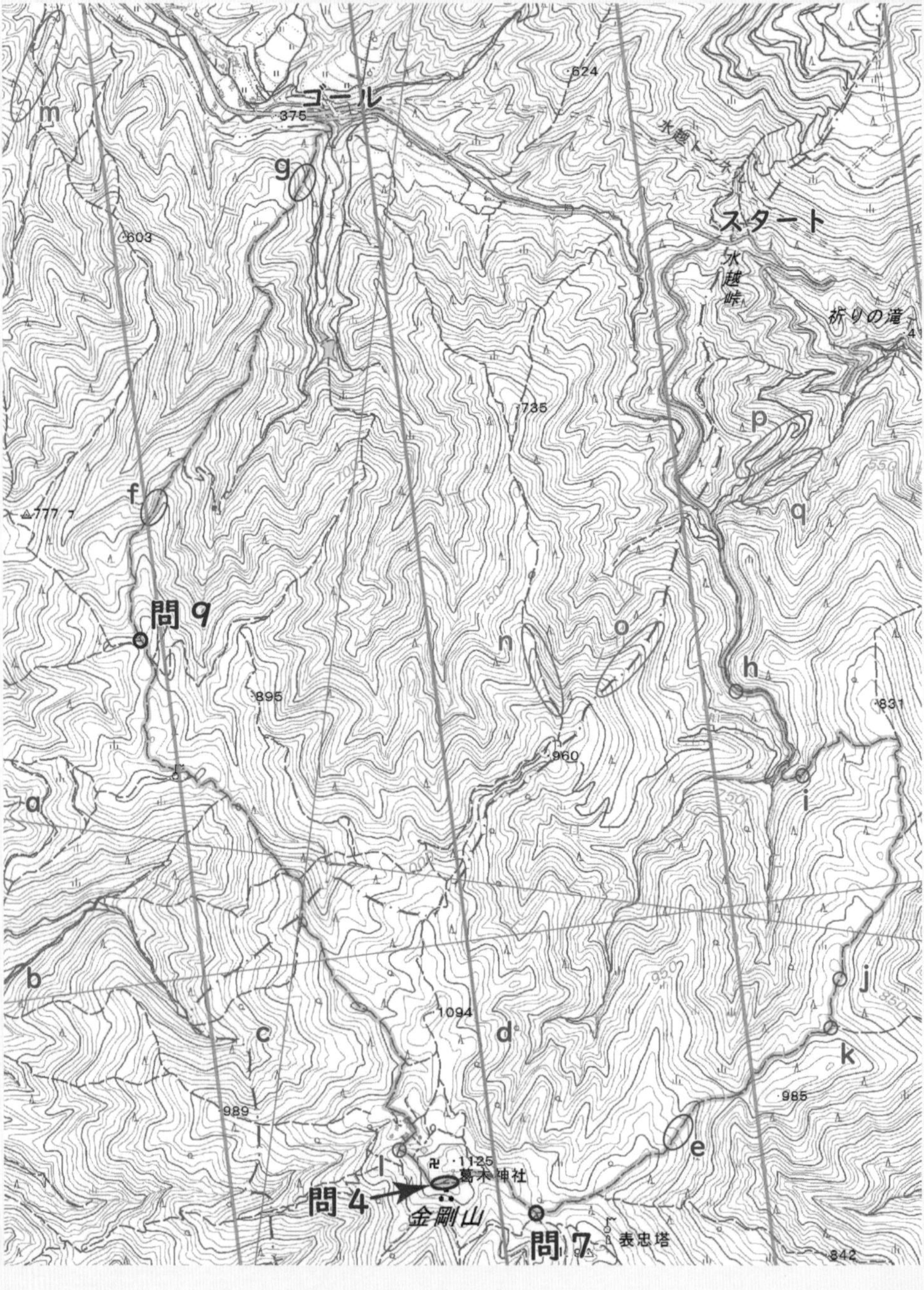
ゴール
375
624
水越トンネル
スタート
水越峠
祈りの滝
m
g
603
735
p
q
550
f
△777
問9
n
o
h
895
831
960
a
i
b
j
850
950
1094
c
d
k
985
989
e
l
卍 ·1125
葛木神社
問4
金剛山
問7
表忠塔
842

初級編の答え

問1 d

問2 約8.8km
(7.5km〜9.5kmで正解)

問3 約510m

問4 場所は図の通り。標高は1110m〜1120m。

問5 11.4℃

問6 f e g

問7 右ページの図の通り

問8 ❶ l ❷ j ❸ i
❹ k ❺ h

問9 右ページの図の通り

問10 m o q

問1

磁北線は、ルート上のどこを見ていても近くに磁北線があるようにしておくと便利だ。図では距離を認識しやすいように横方向に4cm(実際の1km)ずつ、ずらして引いている。

問2

ルートが曲がっているので正確に長さを測るのは難しい。また、地図で正確に測っても実際の道は地図以上に曲がっていることが多く、目安にしかならない。神経質にならず、適当に簡略化して測るとよい。地図上での長さが約35cmなので、35 ÷4=8.75により、約8.75km。

問5

標高差が約600mなので、15−600÷100×0.6=11.4により、11.4℃。気温は標高以外の影響も受けるが、装備を考える目安としてこのように計算するとよい。

問8

❶は建物が特徴的。❷❸❹はいずれも比較的平坦な徒歩道だが、❸は右手、❹は左手が高くなっていて、❷はどちらも高くなっていない。❺は道にわだちがあるので、車が走れる道ということがわかる。また、左右が高くなっているので谷道である。

問10

mは送電線。山では良い目印になるが、谷底を歩いているときは見えないことが多い。直線の両側にある:が鉄塔の位置ではないので要注意。線が曲がっているところに鉄塔があることはわかるが、それ以外の鉄塔は地形から想像するしかない。nは徒歩道。oは都府県の境。現地には境界であることを示すものがあることもあるが、何もないことも多い。pは3.0m未満の道路。林道はこの記号で描かれることが多い。舗装路も未舗装路もある。qは川。

読図の練習の答えと解説

j
問3
総合運動場
問6
ゴール
西ケ谷
l
問4
問3
△435.2
久住谷川
n
問2
g
問8
問6
増善寺
問2
55
i
d
e
f
236
慈悲尾
洞慶院
c
m
k
b
△263.8
53
a
問6
問3
久住谷川
久住
h
226
羽鳥（七）
問3
43
千代
建穂
問2
糟尾
建穂（二）
羽鳥
羽鳥本町
建穂一
千代（二）
42
1km
△38.9
32
問2
スタート

中級編の答え

問1 右ページの図の通り（同じ場所でなくても傾きが同じならよい）

問2 右ページの図の通り

問3 右ページの図の通り

問4 右ページの図の通り

問5 a:鞍部、b:尾根、c:谷、d:谷、5 e:尾根、f:鞍部、g:ピーク

問6 右ページの図の通り

問7 h:❶、i:❺、j:❸

問8 右ページの図の通り

P153の答え

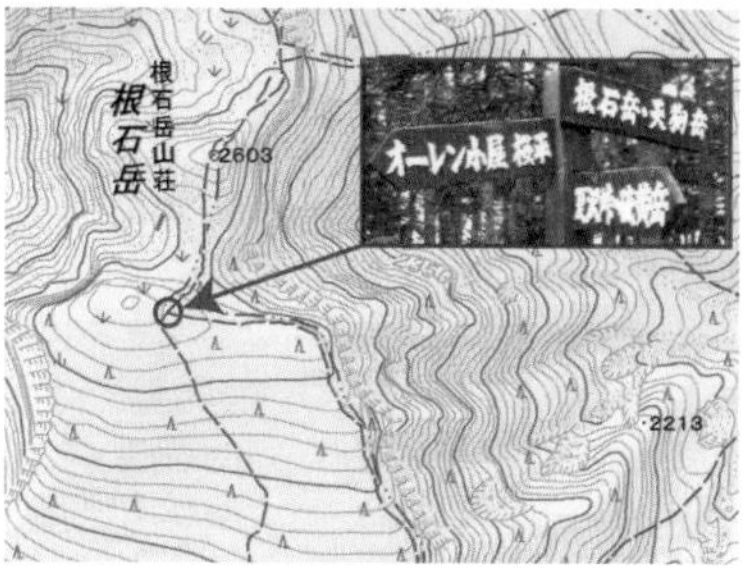
根石岳
根石岳山荘
2603
オーレン小屋 桜平
2213

問3、4

コースの大部分は等高線の曲がっているところをまっすぐ横切っていることから、尾根道か谷道である。そして、コース上にあるピークとの位置関係からその殆どが尾根道だということもわかる（148ページ図5-13参照）。等高線に沿って進む部分や、等高線と斜めに交わる部分は尾根道でない。ゴール直前も等高線の曲がっているところをまっすぐに横切るが、川との位置関係から谷だということがわかる。

問6

尾根に線を引くためには、等高線の折れ曲がっているところを丁寧につないで線を引く。

問7

問6の答えから、h地点にたどり着いたときはk地点で、iにたどり着いたときはgで、jにたどり着いたときはlでルートから逸れたことがわかる。コンパスを使って進行方向を確認する方法は142ページ参照。

問8

❶このコース上で道路を横断する場所はm地点のみ。その後尾根から外れる所はn地点なので、m-n間にいることがわかる。その区間で❸に該当するのはf-g間。f-g間に送電線が曲がっているところがあるので、❹とも合致する。❺から、鞍部にいることがわかる。❷とも合致することから現在地を確定できる。

現在地を確認する際には、現在地周辺の特徴に加え、直前までの記憶も役に立つ。どのような地形の道を通ってきたか、まとまった登りや下り、山頂を出発した時刻なども無理のない範囲で覚えておくとよい

COLUMN
5
山岳保険の種類と選び方

山岳保険とハイキング保険

「登山」をカバーした保険は、遭難捜索費用や救援者費用担保特約付きの傷害保険で、登山中のケガなどによる遭難救助にかかった費用を補償する保険となる。特に高額となるのが捜索のための費用であり、一般的にはヘリコプターを飛ばした場合には1時間で50~60万円かかるといわれている。また費用が発生しないと思われがちな公的機関による遭難捜索でも、地元の山岳遭難対策協議会のメンバーが出動するケースも少なくない。その場合、メンバーへの人件費や装備費などの費用が発生することになるため、いずれにせよ費用がかかると考えてもらいたい。

この登山の保険だが、「山岳保険」と「ハイキング保険」に分かれる。山岳保険は、ロープやヘルメット、ピッケルなどの登はん用具を使った山岳登はんが対象になる保険である。

ハイキング保険は、登はん用具を使用しない一般登山が対象となる。そのためハイキング保険に加入している人が登はん用具を使用してケガをした場合などは、保険の対象外となるので注意したい。例えば冬の高尾山で軽アイゼンを使用していてケガをした場合、これが「登はん用具を使用」に含まれる可能性がある。そのため、年間を通じて登山をする場合には、山岳保険を選ぶほうがいいだろう。

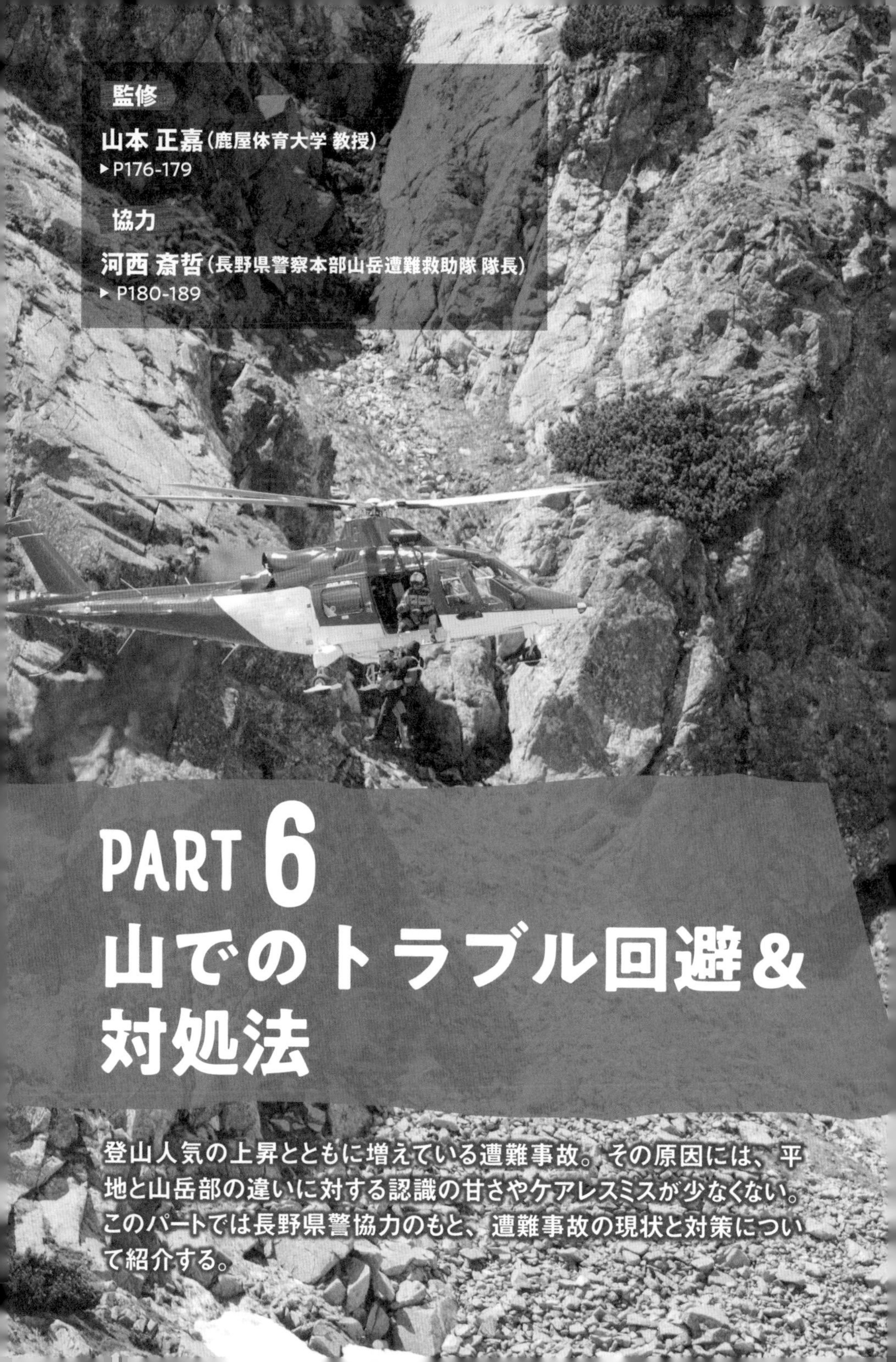

監修

山本 正嘉（鹿屋体育大学 教授）
▶P176-179

協力

河西 斎哲（長野県警察本部山岳遭難救助隊 隊長）
▶ P180-189

PART 6 山でのトラブル回避&対処法

登山人気の上昇とともに増えている遭難事故。その原因には、平地と山岳部の違いに対する認識の甘さやケアレスミスが少なくない。このパートでは長野県警協力のもと、遭難事故の現状と対策について紹介する。

山での燃料切れを防ぐ

簡単な計算式で求められるエネルギーの消費量

これまで登山時のエネルギー消費量を推定することは困難とされてきた。しかし登山中のエネルギー消費量を実測することで、ある程度の法則性を見出すことができた。それが図6－1である。

これは軽装で整備された無雪期の登山道を、標準タイムで歩くときの簡易式で、体重にはザックの重さを含めない。

体重60kgの人が6時間の登山をする場合には、60×6×5となり、エネルギー消費量は1800kcalとなる。これはおおよそ、おにぎり10個分だ。

中高年や登山初心者、体力のない人は、この7～8割を朝食と行動中に分けて食べる。行動中は1、2時間ごとに分けて食べること。

さらに3時間以上の登山では、塩分補給も重要になるため、塩気のある食べ物やスポーツドリンクを摂ることも大切になる。

水分補給の目安も簡単な式で求められる

体温調節に大切な汗は、適度な水分補給によって生じるのだが、体内の水分が失われると発汗作用が低下してしまう。車のエンジンに例えると、冷却水が不足した状態であり、オーバーヒート（脱水症状）を起こす危険が高くなる。人は体重の2％の水分が失われると、脳や神経系も含めた体の機能が大きく低下してしまうため、適量の水分をこまめに補給することが必要になる。

図6－2は、脱水量を求める計算式だ。脱水量の7～8割を朝食と行動中に分けて飲む。行動中は、小分けにして、30分から1時間に1回補給すること。また気温が高い日や運動が激しい場合、汗をかきやすい人は、右の「5」という係数を「6～8」に変えて計算する。逆にゆっくり歩く場合や汗をかきにくい人は、「5」を「3～4」に変えるとよい。

給水場を頼りにして「持っていく水は少なめ」という方もいるだろうが、せめてこの式で求められる必要最低限の水分は出発前に準備しておきたい。

図6-1 エネルギー消費量の簡易計算式

エネルギー消費量(kcal) = 体重(kg) × 行動時間(h) ×5

例 体重60kgの人が6時間、整備された無雪期の登山道を標準タイムで行動する場合

60kg × 6h ×5= 1,800kcal

この7~8割となる1,260~1,440kcalが、朝食時と行動時で分けて補給する食料の目安となる

図6-2 脱水量の簡易計算式

脱水量(mℓ) = 体重(kg) × 行動時間(h) ×5

例 体重60kgの人が6時間、整備された無雪期の登山道を標準タイムで行動する場合

60kg × 6h ×5= 1,800mℓ

この7~8割となる1,260~1,440mℓが、朝食時と行動時で分けて補給する水分の目安となる

山での疲労と高山病の対策

疲労の種類と防ぎ方

疲労といっても要因は1つではない。

①登りでのオーバーペースによる疲労
②下りでの筋の疲労
③エネルギーの欠乏による疲労
④水分の欠乏による疲労

などがある。

③と④は176〜177ページで説明したので、ここでは①と②を紹介する。

初心者が山道を歩くと、必ずといってよいほどバテる。これは平地と同じ速さで歩こうとするからだ。

過去にトレッドミルという歩行用のベルトコンベアを使って実験を行ったことがある。平地を時速6kmの速さで歩いたときは、心拍数が100拍程度であり、楽な運動になる。ところが同じ時速6kmで10kgのザックを担ぎ、14%の傾斜を歩いた場合には、心拍数は190拍まで上昇したのだ。これでは、全力疾走をしたときくらいの負荷を心臓にかけることになる。登りの目安として、平地の半分以下の速さで歩くことを心がけたい。

また下りの疲労だが、ただ歩くだけでは徐々に加速してしまうため、何らかのブレーキをかけることが必要になる。そのブレーキをかけるのが脚の筋である。ブレーキをかけ続けることによって脚の疲労となって現れるのだ。下りの場合は、登りと違ってゆっくりと歩くだけでは疲労を防げないため、歩幅を小さくしたり、ストックを使うなどの工夫が必要になる。

図6-3 山での主な疲労の要因

①登りでのオーバーペースによる疲労
②下りでの筋の疲労
③エネルギーの欠乏による疲労
④水分の欠乏による疲労

要因に応じて予防法や対策が異なるため、QCシート（62-63ページ）とPDCAサイクル（64-65ページ）を活用しながら、自分の体を知り、対策を練るようにしたい

高山病を起こしやすい条件と対処の仕方

高山病は高地に登ったとき、気圧が低く酸素が少ないために起こる、頭痛に加えて吐き気やめまい、疲労感を伴う症状である。「そこまで高い山には登らない」と思う方もいるだろうが、2000m台の山でも高山病は起こるのだ。

図6－4は、高度の上昇に伴う高山病の起こりやすさをまとめたものである。意外と標高が低い場合でも注意が必要なことがわかるだろう。

高山病を起こしやすい条件には、高度そのものの影響だけでなく、①急激に高度を上げる、②高度を上げるときに激しい運動を伴う、③そのような登り方をした後に高所で眠る、という3つの影響も加わってくる。

麓からバスなどで一気に高所へ登るような場合は注意が必要だ。できれば1日あたりでは、図6－4に示した区分の1段階ずつ高度を上げるように計画するとよい。

可能であれば、事前に準高所（1500m以上）の山に行き、体を慣らしておくことが望ましい。さらには、深くゆっくりと呼吸をする方法も知っておきたい。

このような対策をしても高山病になってしまった場合には、それ以上高度を上げないようにする。

図6-4 高度ごとの高山病の起こりやすさ

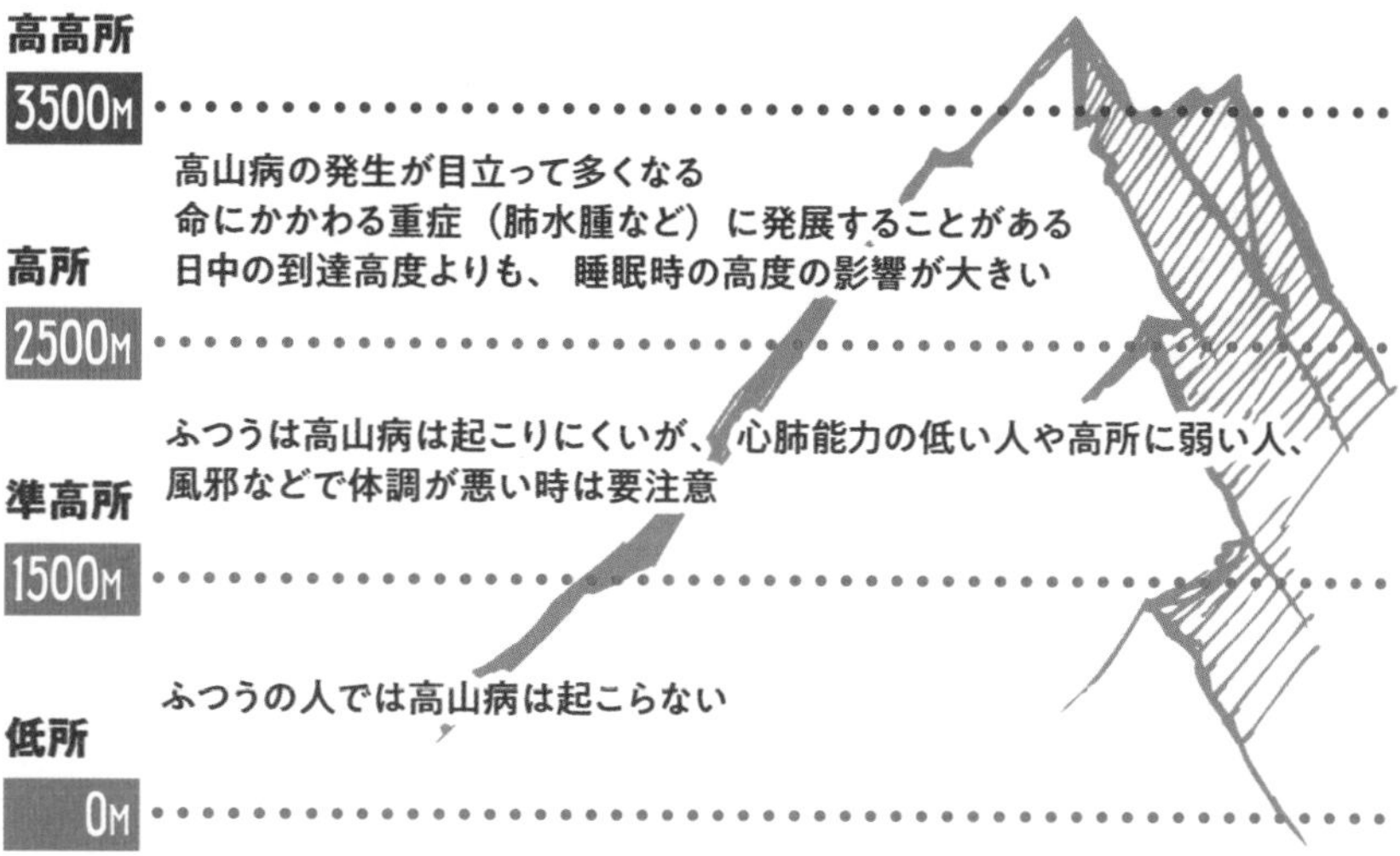
高高所
3500M
高山病の発生が目立って多くなる
命にかかわる重症（肺水腫など）に発展することがある
日中の到達高度よりも、睡眠時の高度の影響が大きい
高所
2500M
ふつうは高山病は起こりにくいが、心肺能力の低い人や高所に弱い人、
風邪などで体調が悪い時は要注意
準高所
1500M
ふつうの人では高山病は起こらない
低所
0M

山中での宿泊をする場合には、なるべく低い高度で眠るようにしたい。また深くゆっくりとした呼吸をすることで血液中の酸素飽和度（SpO_2）が上昇し、高山病の予防や改善に効果がある

単独登山は避け、必ず複数で行動する

パーティ人数が少ないほど遭難率が高くなる

図6－5は、遭難時のパーティ構成人数である。圧倒的に多いのは単独行動で、全体の40％にもおよぶ。これはある程度経験のある方に多く、自分のペースで行動できることから、非常に人気が高いスタイルである。当然当人たちもリスクは承知しているであろう。

単独行動では、行動不能になった際に連絡を取る手段がない場合が多い。また捜索がはじまるのは、行動予定日を

図6-5 遭難時のパーティ構成人数

区分＼人数	遭難者数	遭難者（人）				比率
		死者	行方不明	負傷者	無事救出	
単独	40	9		21	10	38.8%
2人	32	5		17	10	31.1%
3~5人	14	3		6	5	13.6%
6~9人	8	2	1	4	1	7.8%
10人以上	9	1		8		8.7%
合計	103	20	1	56	26	

単独行動や2人パーティでの遭難率が高いことがわかる。できるだけ3人以上のパーティで、最後まで一緒に行動することを心がけたい

出典：長野県警察本部,2017年（図6-6、7も同様）

過ぎ、心配した家族や職場などから連絡が入った後になる。つまり捜索の初動が遅くなり、その結果、重症度や致命率が高くなってしまうのだ。

　また「1度目はガイドをつけて登れたから、今度は1人で来た」という理由も少なくない。専門知識を有するガイドがいる場合と自分1人とでは、危機管理もルートの選択もペース配分も圧倒的に異なる。これもしっかりと意識してもらいたいことである。

2人パーティであっても別れたら単独行動と同じ

　次に多いのは2人での行動。しかし2人が同時に行動不能になるというケースよりも、2人が別々に行動した結果が多い。つまり2人で登山をはじめたものの、途中からは単独行動と変わらないのだ。その理由は①行動が速い側が待てなくなる、②行動が遅い側が引け目を感じる、のどちらかだ。また稀に、口論になったりして別行動になるケースもある。そして「待ち合わせ場所にいない」となった時点で慌てて通報するのである。

ただし2人の行動であっても、親子で行動するパーティは、別々の行動をすることはほとんどない。これは親側が子どもを待つことが当たり前で、子どものペースに合わせて行動をするからであり、根底に愛情があるからである。他人

図6-6 経験年数別にみた遭難発生状況

区分／人数	遭難者数	遭難者（人）				比率
		死者	行方不明	負傷者	無事救出	
2年以下	11	3		7	1	10.7%
3~5年	27	5	1	16	5	26.2%
6~9年	9	2		4	3	8.7%
10年以上	50	6		29	15	48.5%
不明	6	4			2	5.8%
合計	103	20	1	56	26	

経験10年以上の遭難がもっとも多いが、これはベテランの単独行動によるもの。それよりも3～5年の遭難が多いことに注目。自分に合った山を選ぶことを心がけてもらいたい

同士のパーティにここまでの感情を持って行動することを促すのは難しいかもしれないが、パーティの人数を増やすなどして、別行動になるリスクを減らす必要がある。

60歳代と登山経験10年以上がもっとも多く遭難している

遭難者の状況を、①登山の経験年数別（図6-6）と、②男女比と年齢比（図6-7）で分けると、中高年や経験10年以上がもっとも多くなっている。しかし経験10年以上の方々は単独行動が多く、登る山の難易度も高い。それに比例して遭難率が高いのだろう。それよりも注目してもらいたいのが、登山経験3～5年で

図6-7 男女別にみた遭難発生状況

	男性				女性			
	死者	行方不明	負傷者	無事救出	死者	行方不明	負傷者	無事救出
19歳以下				1			1	
20歳代	1		1	2			1	
30歳代	1		6	2	1		1	1
40歳代	3		7	2			2	2
50歳代	3		8	1	1		4	
60歳代	6	1	7	8	1		9	4
70歳代	3		5	1			4	2
合計	17	1	34	17	3	0	22	9

60歳代の発生がもっとも多く、総じて中高年に遭難が多いといえるだろう。体力は加齢とともに低下するため、自分の体力を知っておくことが登山では重要なポイントになる

ある。初心者のうちは、慎重に登る山を選ぶものだが、慣れてきた頃に難しい山を選び、それが自分のレベルに合っていないと、当然遭難する確率も高くなってしまう。この登山経験が3~5年目というのが、ちょうどその時期ではないだろうか。

登山者のみなさんに肝に銘じていただきたいのは、「山は逃げない」ということであり、「登りたい山よりも登れる山」ということである。最近は自分に合った山の難易度を一覧にした「グレーディング」が発表されている。このような資料を参考にして、できるだけ無理のない行動をしてもらいたい。

山のグレーディング表で登れる山を見つける

自分の体力と5つの項目をチェックしておく

雪のない無雪期の登山は、登頂に必要な要素の80％程度が体力になる。図6－8は長野県山岳総合センターが作成した、山のグレーディング一覧である。このような情報を有効に活用してもらいたい。

登山で重要なことは、①日程と時間、②同行する仲間の人数、③情報の把握（山の状況、危険な場所、天気予報など）、④リスクへの対処（情報と装備）、⑤当日、特に出発前の自分のコンディションなどがある。

まずは①。自分にとって難易度が高い山であるほど、できるだけ余裕を持ちたい。遭難まではいかないものの、途中でバテてしまい、行動不能になるケースは少なくない。これは⑤とも関連するが、体力は当日のコンディションに大きく左右される。そのため、夜に移動をして朝から登るのではなく、前日にしっかりと体を休め、万全の体調で登山に臨みたい。

②だが、2人以下のパーティは遭難率が高くなるため、3人以上での行動を心がけたい。もちろんパーティにはリーダーとなる経験も知識も豊富な人がいることが望ましい。

次に③についてだが、近年インターネットでも多くの情報が発信されている。特に危険個所や緊急時の避難場所、避難場所の連絡先、天気予報は事前に確認をしておくこと。警察や山岳遭難防止対策協会、山小屋のホームページを見て、事前に把握する習慣をつけてもらいたい。

④は登山ツアーの場合は、ガイドが入念な準備をしているが、自分たちだけで行動をする際には、そこまでの準備をしていないケースがある。また荷物の重量を減らしたい気持ちはわかるが、厚手の衣類や雨具、三角巾や薄いナイロンのシートくらいは持っておきたい。

⑤は何度も書いていることだが、カツカツの日程にしないこと。ベテランの登山者は、ほとんどが予備日を設定している。体調不良であっても「せっかく来たから行こう」というのはもってのほか。山は逃げないのだから。

図6-8 山のグレーディング表

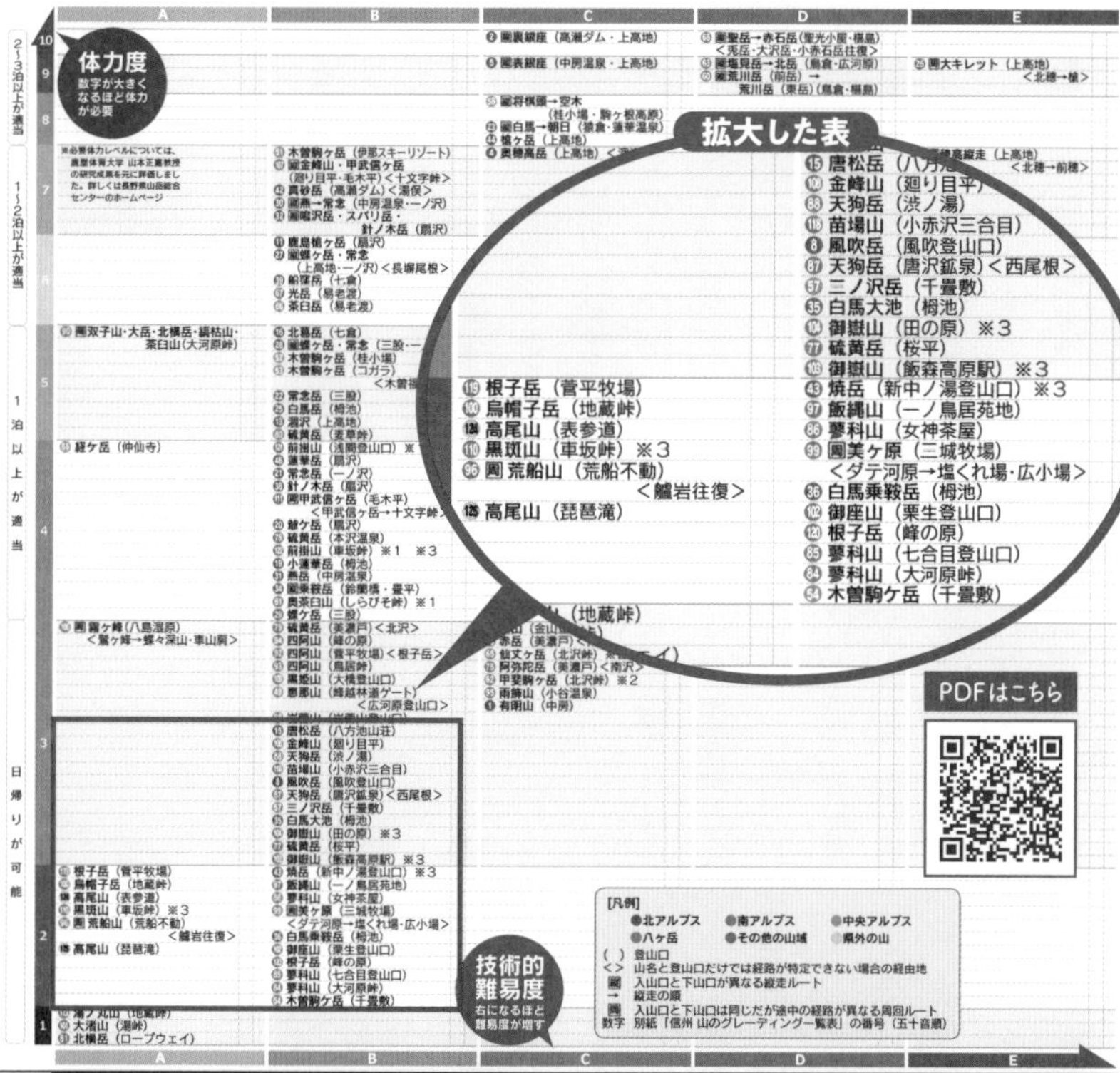
体力度
数字が大きくなるほど体力が必要
技術的難易度
右になるほど難易度が増す
2～3泊以上が適当
1～2泊以上が適当
1泊以上が適当
日帰りが可能
A
B
C
D
E
拡大した表
根子岳（菅平牧場）
烏帽子岳（地蔵峠）
高尾山（表参道）
黒斑山（車坂峠）※3
圓荒船山（荒船不動）
＜艫岩往復＞
高尾山（琵琶滝）
唐松岳
金峰山（廻り目平）
天狗岳（渋ノ湯）
苗場山（小赤沢三合目）
風吹岳（風吹登山口）
天狗岳（唐沢鉱泉）＜西尾根＞
三ノ沢岳（千畳敷）
白馬大池（栂池）
御嶽山（田の原）※3
硫黄岳（桜平）
御嶽山（飯森高原駅）※3
焼岳（新中ノ湯登山口）※3
飯縄山（一ノ鳥居苑地）
蓼科山（女神茶屋）
圓美ヶ原（三城牧場）
＜ダテ河原→塩くれ場・広小場＞
白馬乗鞍岳（栂池）
御座山（栗生登山口）
根子岳（峰の原）
蓼科山（七合目登山口）
蓼科山（大河原峠）
木曽駒ケ岳（千畳敷）
PDFはこちら
[凡例]
北アルプス
南アルプス
中央アルプス
八ヶ岳
その他の山域
県外の山
( ) 登山口
<> 山名と登山口だけでは経路が特定できない場合の経由地
縦 入山口と下山口が異なる縦走ルート
→ 縦走の順
圓 入山口と下山口は同じだが途中の経路が異なる周回ルート
数字 別紙「信州 山のグレーディング一覧表」の番号（五十音順）

	技術的な難易度				
	A	B	C	D	E
登山道	概ね整備済	沢や崖、場所により設計などを通過する	ハシゴ・くさり場、また場所により雪渓や渡渉箇所がある	厳しい岩稜や不安定なガレ場、ハシゴ・くさり場、藪漕ぎを必要とする箇所、場所により雪渓や渡渉箇所がある	緊張を強いられる厳しい岩稜の登下降が続き、転落・滑落の危険箇所が連続する
	転んだ場合でも転落や滑落の可能性は低い	急な登下降がある	ミスをすると転落・滑落などの事故になる場所がある	手を使う急な登下降がある	深い藪漕ぎを必要とする箇所が連続する場合がある
	道迷いの心配は少ない	道がわかりにくいところがある	案内標識が不十分な箇所も含まれる	ハシゴ・くさり場や案内標識などの人工的な補助は限定的で、転落・滑落の危険箇所が多い	
		転んだ場合の転落・滑落事故につながる場所がある			
技術や能力	登山の装備が必要	登山経験が必要	地図読み能力、ハシゴ・くさり場などを通過できる身体能力が必要	地図読み能力、岩場、雪渓を安定して通過できるバランス能力や技術が必要	地図読み能力、岩場、雪渓を安定して通過できるバランス能力や技術が必要
		地図読み能力があることが望ましい		ルートファインディングの技術が必要	ルートファインディングの技術、高度な判断力が必要
					登山者によってはロープを使わないと危険な場所もある

遭難時の行動が命運を分ける

遭難したら基本はその場から動かない

実際に遭難をしてしまった場合には、①警察や山小屋などに連絡する、②仲間の手当てをする、という順で行動する。もちろんパーティで解決できるようであれば、自分たちで対応すること。

【転・滑落】

「転・滑落」が起きた場合、無理をして滑落した仲間のところへ行く必要はない。まずは救助を要請するために連絡をすること。要請がなければ警察も救助隊も動けないからだ。その後、可能であれば仲間を助けにいく。もし滑落場所へ降りられるのであれば、止血や添え木など、できる範囲の応急処置を行う。

【道迷い】

基本的には休憩時や分岐点などのポイントで現在地と目的地の確認を行う。この場合、「迷ったか？」と思った時点では遅いことがある。その場合、元の道を戻れるようであれば戻り、少しでも不安であれば動かないこと。そして救助の連絡をする。その際には目標物や行程を伝達することで、捜索がしやすくなる。

道に迷って、焦って歩き回り、その結果転・滑落というケースも想定できるため、少しでも不安があれば動いてはいけない。

道迷いの原因で特に多いのは、前のパーティが歩いている道を、無意識について行ってしまうケース。すると道標を見たり、道が険しくなってからはじめて、「自分たちのレベルに合わないルートだ」と気づくといった事態になりかねない。

【病気や疲労】

病気は持病を持っている方が意外と多く、バテや熱中症、低体温症などは、水が足りなくなることで起こるケースが多い。特に春から夏にかけては、地図上では水場と書かれているが、まだ上部が凍結していて水が出ていないことがある。そのため、十分に水の配分をしておくこと。ザックに入れる荷物には、減らしていい物とそうでない物があり、水は減らしてはいけないものの代表だ。

また汗をかいたまま登り続

けたり、休憩をとると、一気に体が冷えてしまう。これを防ぐためには、汗をかきすぎないようにこまめに衣類を調節したり、速乾性の衣類を身につけたりすること。

これらの場合は対策というよりも事前の準備の問題だが、もし起きてしまったら、体が冷えないように暖かくし、安静にさせて救助を要請する。水があれば適度に飲ませること。

救助やヘリはすぐには来ない

救助を要請した後は、できるだけ体を休められるようにし、保温と給水に気をつけたい。

ハイシーズンであれば、山小屋に救助隊員が常駐していたり、常駐隊という救助活動を行ってくれる方々がいる。しかしそれ以外の時期では、連絡を受けた後、市内から出動する必要があり、到着まで数時間かかってしまう。救助要請＝すぐにヘリが来ると思っている方もいるだろうが、ヘリは場所や天候、風などの影響を受けやすく、常に飛べるものではない。そのためできれば1日や2日はビバークできるように、ツェルト（簡易テント）や非常食を持っておきたい。

図6-9 具体的な行動

転・滑落
- ①救助を要請する
- ②滑落場所へ降りられたら応急処置

道迷い
- ①戻れる道であれば戻る
- ②無理であれば救助を要請する
- ③不安があればその場を動かない

病気や疲労
- ①水分を補給する
- ②体を温める
- ③救助を要請する

遭難をしない大前提として

転・滑落を防ぐ
- ・体力を把握し、登れる山に登る（Part1,2）

道迷いを防ぐ
- ・事前にルートを把握する（Part5）

病気や疲労を防ぐ
- ・体力を把握し、登れる山に登る（Part1,2）
- ・気象を事前に確認し、行程中も観天望気で判断をする（Part4）

Q1 安易に救助を呼んでいいものか？

A1 道迷いなどの場合、自分が遭難をしたか否かの判断は難しいものです。しかし躊躇をして取り返しのつかない事態になるよりは、救助を呼ぶべきです。パーティで解決ができるのであれば、自分たちで解決するという意識を大前提で持っておいてください。

Q2 救助には高額な費用が発生するのでは？

A2 発生します。遭難の連絡が入ると、捜索隊が出動することになります。少なくとも数人、多いと数十人規模になり、当然人件費がかかってきます。またヘリが出動した場合には、さらに費用は高額になりますので、万が一に備えて、保険には必ず入ってください。

Q3 救助を呼んだら大ごとになってしまうのでは？

A3 救助を呼ばずに、日没直前や日没後の捜索になるほうが、より大ごとになります。たとえば登山届を提出している場合、予定時間を過ぎても目的地に到着していなければ、緊急連絡先へ連絡がいきます。そうすると緊急連絡を受けた方たちは心配し、捜索を依頼する可能性が高くなります。自分たちでどうにもできない場合は早めに救助を要請してください。特に昼頃に動けなくなった場合でも、日没前になって救助を要請してくる方も少なくありません。しかし日没後は捜索が難しく、ヘリを飛ばすこともできないため、自分たちで対処ができないと思ったら、早めに救助を要請してください。

Q4 自分たちでできる応急処置は？

A4 骨が折れていたり、折れている可能性がある場合には、添え木を当てます。周りに木がない場合には、ポールなどの硬いものをガーゼで縛りつけてください。応急処置の基本に「RICE」処置があります。「Rest」は安静にすること、「Ice」は患部を冷やすこと。「Compression」は圧迫を意味し、出血があればガーゼなどで出血部分を押さえます。その際、処置をする人は血液に直接触れないようにしてください。最後の「Elevation」は挙上のことで、患部を心臓よりも高い位置に挙げると、出血を抑えることができます。可能であれば、これらの処置を行ってください。

Q5 発見してもらうためには何をすべき？

A5 救助の要請時に現在地と目標物を伝えることと、要請後はできるだけ動かないことが大切です。もしも現在地がわからなければ、休憩地点やゴールを伝え、それらに対してのおおよその位置や休憩地点からの行動時間を伝えてください。そのためには最低限のルートを覚えておいたり、地図を持ち歩くことが大切になります。

Q6 発見してもらうまでは どう過ごせばいい？

A6 体温が下がらないようにし、安静にしてください。また町中と違って救助の要請後、すぐに救助隊が到着するわけではありません。そのため一晩を山中で過ごせるように、行動食や水分の予備、ツェルトを持っておくようにしましょう。

Q7 遭難に対応できるような知識や スキルを身につけるためには？

A7 山岳会や登山学校で習うことができます。また山のグレーディングを制作した「長野県山岳総センター」のような施設であれば、レベルに応じた講習会を実施しています。

おわりに

登山は楽しいものですが、「危険」や「疲れる」というマイナスイメージから、なかなか挑戦の1歩を踏み出せない方も少なくなりません。

本書はこれから登山をはじめる方はもちろん、すでに登山を楽しんでいる方にも、もっと登山が楽しくなる知識やエクササイズを詰め込みました。

それぞれの分野のエキスパートを監修にお

願いし、できるだけ「わかりやすい」、「すぐに実践できる」内容をまとめました。

本書でもたびたび「山は逃げない」という言葉が出てきます。これは「無理をしないこと」や「引き返す勇気を持つこと」を意味します。

挑戦することもスポーツの喜びの1つですが、自分の体力や疲労、天候や計画性を十分に把握し、安全を疎かにせずに、思う存分に登山を楽しんでください。

監修

能勢博（のせ・ひろし）
信州大学 医学部特任教授

山本正嘉（やまもと・まさよし）
鹿屋体育大学 教授

猪熊隆之（いのくま・たかゆき）
株式会社ヤマテン 代表取締役

宮内佐季子（みやうち・さきこ）
アドベンチャーレーサー、読図講習講師

STAFF

●モデル
角皆優人、角皆美穂

●本文写真提供
株式会社ヤマテン、宮内佐季子

●企画・制作・編集・執筆
佐藤紀隆（株式会社Ski-est）
稲見紫織（株式会社Ski-est）

●デザイン
三國 創市（株式会社多聞堂）

●本文イラスト・図版作成
楢崎義信

●協力
大野員正（パーソナルトレーニングスタジオ大野DOJO代表、JHCA（日本ホリスティックコンディショニング協会理事・専任講師）
河西斎哲（長野県山岳総合センター）

科学が教える
山歩き超入門

2021年7月27日　初版第1刷発行

監修者　能勢博・山本正嘉・猪熊隆之・宮内佐季子©

発行人　畑中敦子
発行所　株式会社エクシア出版
〒101-0031　東京都千代田区東神田2-10-9-8F
印刷・製本　サンケイ総合印刷株式会社

ISBN 978-4-908804-78-6　C0075

エクシア出版ホームページ　https://exia-pub.co.jp/
Eメールアドレス　info@exia-pub.co.jp